中国人的
人际和谐心理

ZHONGGUOREN DE RENJI HEXIE XINLI

陈浩彬 ◎ 著

北京师范大学出版集团
BEIJING NORMAL UNIVERSITY PUBLISHING GROUP
北京师范大学出版社

图书在版编目(CIP)数据

中国人的人际和谐心理/陈浩彬著. —北京：北京师范大学出版社，2019.4
ISBN 978-7-303-24477-5

Ⅰ.①中… Ⅱ.①陈… Ⅲ.①人际关系学－研究－中国
Ⅳ.①C912.11

中国版本图书馆 CIP 数据核字(2019)第 002993 号

营 销 中 心 电 话 010-58805072 58807651
北师大出版社高等教育与学术著作分社 http://xueda.bnup.com

出版发行：北京师范大学出版社 www.bnup.com
北京市海淀区新街口外大街 19 号
邮政编码：100875
印 刷：北京京师印务有限公司
经 销：全国新华书店
开 本：730 mm×980 mm 1/16
印 张：20.75
字 数：305 千字
版 次：2019 年 4 月第 1 版
印 次：2019 年 4 月第 1 次印刷
定 价：78.00 元

策划编辑：何 琳 责任编辑：张 爽
美术编辑：李向昕 装帧设计：尚世视觉
责任校对：段立超 陈 民 责任印制：马 洁

序

　　进化心理学的研究成果表明，人的许多心理与行为（尤其是人与动物共有的心理与行为）是通过自然进化得来的。文化心理学的研究成果又证明，人的一些心理与行为（尤其是高级心理与行为）是在文化中生成的。总而言之，人心是自然与文化交互作用的结果。① 因此，当代心理学有两大任务：往内走，想方设法打开大脑这个"黑箱"；往外走，千方百计解开弥漫在人的心理与行为之间的"文化迷团"。② 中华民族作为一个至少拥有五千年文明历史的民族，其心理与行为方式是五千年中国文化的结晶，即使身处当代，当代中国人的心理与行为无不带有深深的民族文化烙印。这就意味着，他们虽"身"在 21 世纪，"心"中却有许多传统的东西。③ 因此，对于中国文化心理学而言，它的主要任务之一便是千方百计地揭示中国人心理与行为的文化机制，提高研究成果的文化生态效度。

　　为了给最终建成的完全吻合中国文化特质的新体新用式心理学"添砖加瓦"，在具体研究中，从正面来讲，我们要挑选一个具有浓厚中国文化意蕴

---

① 汪凤炎、郑红：《智慧心理学的理论探索与应用研究》，1 页，上海，上海教育出版社，2014。
② 汪凤炎：《论我国心理学研究的时代使命》，载《南京师大学报（社会科学版）》，2017(4)。
③ 汪凤炎：《中国文化心理学：研究意义、内涵与方法》，载《江西社会科学》，2017(9)。

的主题,先摸清"家底",然后构建一套具有中国文化特色、用以解释此主题的小型心理学理论观点、理论模型或理论体系,随后再选择恰当的检验方法(通常是实证检验法,但也不排斥诸如演绎法和推理法等方法)来验证此小型心理学理论观点、理论模型或理论体系,从而建构出较为成熟的小型心理学理论观点、理论模型或理论体系,用以更加准确地描述、解释、理解、揭示和预测中国人某一方面的心理与行为方式。[①] 陈浩彬博士的《中国人的人际和谐心理》的撰写与出版,就是按上述思路开展研究的一个较好范例。

首先,作者挑选了一个具有深厚中国文化意蕴的研究主题——"和"。"和"是中国传统文化的一个核心范畴,是中国文化的精髓。中国人很早就认识到"人和"的可贵,使得"天时不如地利,地利不如人和"成为中国人的共识。尚"和"心态是中国人心理的一个突出特点,渗透于中国人对人、对事的诸种态度中。"和"字无疑是打开中国人人际交往心态的一把"钥匙"。探究中国人的人际和谐心理,对于促进人际关系和谐、国民心理健康以及当前社会心态的稳定具有重要的理论价值与现实意义。

其次,作者构建了一个较具中国文化特色的、用以解释此主题的小型理论模型。开展中国文化心理学研究的一个有效方式是,建构出吻合中国文化传统的心理学理论或观点,以提高研究成果的文化生态效度。这就需要研究者深入中国文化的内部来考量中国人对此问题的重视或独特认知,然后对该主题进行理论建构与内涵把握。本书中,作者在横向上考虑了中国社会"差序格局"的关系维度,即亲人关系、熟人关系、陌生人关系;在纵向上考察了中国人人际交往原则的维度,即亲情原则、人情原则与利害原则等因素,建构了一种综合化、纵深化、中国化的中国人人际和谐的理论与机制模型。该理论与机制模型将中国人的人际和谐心理分为三类:情感性和谐、混

---

① 汪凤炎:《中国文化心理学:研究意义、内涵与方法》,载《江西社会科学》,2017(9)。

合性和谐与工具性和谐，并分析了三种人际和谐分别发生的人际关系圈层及其转化特征。这就能更好地解释中国人人际和谐心理的实质及其内部互动机制，也能更好地理解中国人社会行为的意义，提高研究的深度。

最后，作者运用实证检验法验证了此小型理论模型。为了将理论研究做得细致、深刻、规范，难能可贵的是，作者在建构了理论模型后，开展了较系统、较深入的实证研究，采用了内隐联想测验和情境实验法等实证方法，既让理论模型更有说服力，也进一步拓宽了研究的思路。

此外，作者在撰写过程中也注重研究内容的系统性、科学性，方法的实用性和语言的可读性，并适当插入一些典故和社会案例，做到学术性、趣味性与可读性相融合。

陈浩彬博士是我在"中国文化心理学"研究方向上招收的第三位博士生，他跟我研习中国文化心理学多年，自2013年博士毕业后仍然能够抗拒外在诱惑，沉下心来在该领域孜孜以求，这让我颇感欣慰！我希望，这部书的出版能成为其后续研究的一个重要支点，支撑他不断锐意进取，以便今后能推出更多、更佳的新作，为中国文化心理学的更好、更快发展贡献出自己的一份力量！

汪凤炎

2018 年 4 月 8 日

于南京之日新斋

目　录

第七章　中国人人际和谐心理的促进策略

参考文献/312

后　记/322

第一章

绪　论

　　当前，我国正处于经济社会快速转型期，人们的生活节奏明显加快，竞争压力不断加剧，个体的一些不良心理行为问题及其引发的社会问题也随之凸显，引起社会各界的广泛关注。党的十九大报告提出，要加强社会心理服务体系建设，培育自尊自信、理性平和、积极向上的社会心态。国家卫生计生委等22个部门联合印发的《关于加强心理健康服务的指导意见》（国卫疾控发〔2016〕77号）（以下简称《指导意见》）也明确指出，加强心理健康服务，健全社会心理服务体系是改善公众心理健康水平，促进社会心态稳定和人际和谐，提升公众幸福感的关键措施，是培养良好道德风尚，促进经济社会协调发展，培育和践行社会主义核心价值观的基本要求，是实现国家长治久安的一项源头性、基础性工作。《指导意见》还明确要求，到2020年，各领域、各行业普遍开展心理健康教育及心理健康促进工作，全民心理健康意识明显提高；到2030年，符合国情的心理健康服务体系基本健全，全民心理健康素养普遍提升。

　　从心理学的角度来看，心理的健康离不开人际关系的和谐。个体的心理健康问题实质上是其社会适应问题，而个体的社会适应问题在实质上又是个体如何平衡同群体、同他人的关系的问题。①	不同的社会文化群体，其平衡群我及人我关系的方式以及价值取向也不同。假如说"竞争"是西方人平衡人我关系与群我关系的基本手段，那么，"和"就是中国人平衡人我关系与群我关系的根本准则。因此，从"和"入手，探究中国人的人际和谐心理，对于促进人际关系和谐、国民心理健康以及社会心态稳定都具有重要的理论价值与实践意义。

那么，中国人为什么崇尚"和"？中国人在平衡群我及人我关系中是怎样去实现"和"的？其中体现了怎样的心理机制呢？这是本书要研究的问题。按照科学研究的一般程序，在正式进入主题之前，我先明确三个问题：一是研究什么，二是为什么要研究，三是怎样研究。

第一节　什么是中国人的人际和谐心理

一、崇尚和谐是中国人普遍的社会心态

"和"是中国文化的精髓。从字面上看，"和"，一般读作 hé，在《现代汉语词典》中主要指"和谐、和睦"之义。②	中国传统文化中主要有"和""和合""和为贵""和而不同"等表述，现代汉语中则多用"和谐"一词进行表达。在一般意义上，尚"和"即可理解为崇尚或注重和谐、和睦，如注重人与自然的和谐、人与社会的和谐、人与人之间的和谐，或是人与人相处的和睦等。

崇尚和谐是中国人的一种普遍的社会心态。所谓心态，泛指一定历史

①　李庆善：《中国人新论——从民谚看民心》，76 页，北京，中国社会科学出版社，1996。
②　《现代汉语词典》（第 7 版），526 页，北京，商务印书馆，2018。

时期中人们的心理状态或精神状态。它表现为心理的集体特征，指某个民族、某个人类群体特殊的思想和感觉方式，具体指涉影响着个人、人类群体和各民族思想的全部舆论、习俗、传统、信仰和价值体系。它构成特定社会的价值—信仰—行动体系，而且这一体系常以"集体无意识"的形式积淀在特定的文化中，并构成最基本的层次，诸如人们对生活、死亡、爱情、性、家庭、宗教、节日、各种政治和社会问题的基本观念、态度及行为方式等。① 按此理解，社会心态则指人们长期积淀起来的意识和心灵深处的稳定性倾向、定势。社会心态主要通过个体的价值取向、思维方式、行为模式、情感态度等知、情、意的结构表现出来。社会心态属于社会心理，是社会心理的存在或表现"状态"。② 并且，社会心态是在一定时空环境和文化背景下形成并为大多数社会成员表现出来的普遍的心理特点和心境状态。它一旦形成就会保持相对稳定，不会轻易改变，并直接影响人们的行动趋向和行为选择，进而对社会稳定产生潜移默化的影响。因此，将"和"或"和谐"纳入社会心态的范畴，从广义上讲，尚"和"的心态即指一种尊崇或注重和谐、和睦的社会心理现象。由于自古以来中国人一向推崇"和"，导致崇尚和谐或者说尚"和"已经成为中国人的一种集体潜意识。

一种社会心态的形成与发展是与个体或群体在社会生活实践中经过长期积淀并固化下来的思维体系与价值观念分不开的。在中国文化中，"和"是被普遍认同的、一般的原理、法则，亦是思维自由创造的理想价值。无论是天地万物的新生，人与自然、社会以及人与人的关系，还是政治经济制度、伦理道德、价值观念、心理结构、审美情感，都贯串着"和"或"和合"的精神。③ 之所以说中国人具有尚"和"心态，或者说，崇尚和谐是中国

---

① 蒋宝德、李鑫生主编：《对外交流大百科》，353 页，北京，华艺出版社，1991。
② 沙莲香主编：《社会心理学》（第 4 版），56—58 页，北京，中国人民大学出版社，2015。
③ 张立文：《和合学——21 世纪文化战略的构想》上卷，276 页，北京，中国人民大学出版社，2006。

人的一种普遍的社会心理现象，因为无论是在中国人社会生活的思想理论、道德风尚、文学艺术、文化教育等精神文化层面，还是在国家的行政管理体制、人才培养选拔制度、法律制度和民间的礼仪俗规等制度文化层面，抑或是在饮食、服饰、建筑、交通、生产工具等物质文化层面，都可以看到中国人崇尚"和谐""和睦"的印迹或表现。例如，在精神文化层面，"和而不同""礼之用，和为贵""天时不如地利，地利不如人和"等思想或观念贯串于上下五千年中华文明的各个历史时期，伴随着中华文明的延续发展而传承至今，并且中国人都将"以和为贵""和气生财""家和万事兴"等谚语名言内化为自己安身立命、行事处世的座右铭。党的十六大和十六届三中全会、四中全会，从全面建设小康社会、开创中国特色社会主义事业新局面的全局出发，明确提出构建社会主义和谐社会的战略任务，使和谐社会建设成为中国人不懈追求的社会理想与共同愿景，这与中国传统的和谐精神是一脉相承的。在物质文化层面，中国的很多建筑布局、园林构造都讲究对称中富有变化，变化中又保持统一、协调适中的和谐审美特点，而且一些建筑物的命名中往往都带有一个"和"字，如"太和殿""中和殿""保和殿"，就连现在的一些房地产都以"和悦""和兴""祥和""和美"等带有"和"字的词语命名，将人们对"和"的愿景蕴藏在其中。在民俗的制度文化层面，中国很多家庭在其房屋的正堂中都高挂着和合二仙图，企盼着一家人在一年里和和气气，幸福美满。在民间年画里面，经常是一个孩子一只手里拿着荷花，另一只手里拿着盒子，盒子里飞出五只蝙蝠，谐音就是"和合""五福临门"，表达了民间对于"和"的认同，寄托了人们的美好祝福。在日常生活中，邻里街坊之间走家串户，聊闲话拉家常，逢年过节则亲朋好友之间拜年看节、互相探访、互赠礼品，这些生活习俗都充满了和和睦睦、喜气融洽的人际关系色彩。在 2008 年的北京奥运会开幕式上，中国人更是以一个印刷术表演的"和"字，一方面向世界展现出中华五千年的灿烂文明，另一方面也向世人传达了中华民族自古以来就崇尚"和"、向往"和"、追求"和"的价值观与世界观，表明不论是个人的道德修养还是国家社会的发展战略，甚至面对宇宙大自然，"和"都是中国人的共同价值取向，是中国人的共同创造愿景。这些宏观与微观方面都可以说明，崇尚和谐是中国人的一种普遍心态，是中国社会一种常见的社会心理现象，并以"集体无意识"的方式影响着个人与群体的习俗和传统。

二、以和为贵是中国人交往的价值追求

人是社会性的动物。在社会生活中，人们几乎每天都要和他人打交道。从动机上说，人们需要通过人际交往寻求和建立与他人的各种关系。每个人在社会中都希望得到他所关联和重视的个人或群体的支持、喜爱、接纳。个体与他人在这样的社会互动过程中形成的相互依存和相互联系的心理关系即人际关系。① 这些关系包括亲属关系、朋友关系、同学关系、师生关系、雇佣关系、同事及领导与被领导的关系等，并且个体在与他人交往的过程中，会根据社会情境以及相互之间不同的关系成分，表现出不同的交往心态与行为。在社会心理学领域，人际关系向来是重要的研究主题之一。从关系的视角分析人们的心理和行为，考虑关系情境来发展社会心理学的理论和研究，已经成为一种趋势，甚至有学者提出了"关系科学"（relationship science）的概念。国内外学者从跨学科的角度，采用多元化的方法，对人际关系过程中的生物特征、社会文化现象和内在心理历程等都进行了深入的探究。

中国社会被认为既不是个人本位，也不是社会本位，而是一个"关系本位"或"关系中心"的社会。② "关系"是理解中国社会结构的关键性的社会

---

① 沙莲香主编：《社会心理学》（第4版），56—58页，北京，中国人民大学出版社，2015。
② 梁漱溟：《中国文化要义》，70—73页，上海，上海人民出版社，2005。

文化概念，是中国人用以处理其日常生活的基本储藏知识的一部分。① 可以说，关系在中国人的社会生活中扮演着重要的角色，甚至牵涉中国人社会生活的全部。在研究与分析中国人的心理和行为时，对中国社会中的"关系"的理解显得尤为重要。例如，杨宜音认为，中国社会心理学家以儒家"关系"概念为中心的群己关系研究范式与北美社会心理学家的个体主义方法论范式以及欧陆社会心理学家以群际关系为中心的研究范式都不同，在讨论中华文化背景下的群己心理联系时，人们应注重"关系"这一特有的文化心理机制。② 自20世纪80年代开始，心理学家和社会心理学家对中国社会中的"关系""脸面"和"人情"等进行了大量的理论与实证研究。在理论研究方面，学者们建构了一些试图揭示中国人的人际关系和人际互动规则的理论模式，如黄光国的"人情与面子"模式，何友晖、陈淑娟、赵志裕的"关系取向"理论，杨国枢的"社会取向"理论，杨中芳、彭泗清的中国人人际交往模式，黄囇莉的"人际和谐/冲突的动态模式"等。在实证研究方面，学者们探讨了中国人的人际关系界限和不同关系中的交往法则、人际关系的分类及认知维度、人际冲突与和谐的转化机制、关系运作的方法等。③

在中国人的人际交往中，个体之间的亲疏关系具有非常明显的表现，不少研究中国人心理与行为的学者对此有很深入的分析。例如，在20世纪30年代，费孝通根据在中国农村的调查研究，提出了"差序格局"的概念。他发现，中国人往往以自己为中心，把他人按照与自己关系的亲疏远近分为几个同心的圆圈：与自己越亲近的人，处于与中心越贴近的小圆圈内；

---

① 金耀基：《关系和网络的建构———一个社会学的诠释》，转引自《金耀基自选集》，93—116页，上海，上海教育出版社，2002。
② 杨宜音：《关系化还是类别化：中国人"我们"概念形成的社会心理机制探讨》，载《中国社会科学》，2008(4)。
③ 沙莲香主编：《社会心理学》(第4版)，56—58页，北京，中国人民大学出版社，2015。

而随着关系的疏远，情感依附的减弱，逐渐向外围的圈层扩散开去。同时，人们以不同的交往法则来对待属于不同圈层的人：跟中心越接近的，对他们也越好。① 在对人际关系类型的分析中，杨国枢将中国人的人际或社会关系，依其亲疏程度大致分为三大类，即家人关系、熟人关系以及生人关系。② 黄光国则从"感情性多寡"与"工具性强弱"找寻关系的解释途径，将中国社会中的这三种人际关系进一步概括为情感性关系、混合性关系和工具性关系。杨国枢与黄光国的人际关系划分基本对应，"家人"正好对应"情感性关系"，"熟人"对应"混合性关系"，"生人"则对应"工具性关系"。在中国社会文化中，关系是中国社会结构的重要特征，中国人的人际交往都建立在关系"特殊主义"上。关系不同，交往的法则也不同，人际交往的心态与行为也存在差异。杨中芳据此提出一个她认为是中国人解决义与利的冲突最根本、最普遍的途径，即"人人为我，我为人人"的人际交往模式。在这个模式中，交往双方以相互合作、相互帮助、相互依赖的精神，各自在表层以关怀和满足对方私下的心愿为目的，里层则主要期待对方以完成自己的私下心愿为回报。这个交往模式从表面上来看是一个相互礼让，相互体贴，相互回报，"绝对利他、毫不利己"，以忠、恕为基本价值的"礼让"系统，完全符合文化的指引。然而，在更深的一层，则通过交往中另一套内隐的、含蓄的沟通方式，互通款曲，让对方知道自己的"小我"心愿，逐渐建立一个以相互满足对方"小我"需求为目的的工具性"交换"系统。③

在近年来的人际关系研究中，"人际和谐与冲突"成为本土心理学中极

---

① 费孝通：《乡土中国》，29—40 页，北京，北京出版社，2004。

② 杨国枢：《中国人的社会取向：社会互动的观点》，转引自杨宜音主编：《中国社会心理学评论》（第一辑），21—54 页，北京，社会科学文献出版社，2005。

③ 杨中芳、彭泗清：《人际交往中的人情与关系：构念化与研究方向》，转引自杨国枢、黄光国、杨中芳主编：《华人本土心理学》，470—504 页，重庆，重庆大学出版社，2008。

为重要而又热门的研究课题。其重要性在于，人际关系是中国人心理与行为的核心内容，而"和谐"与"冲突"可以说是核心中的核心。[①] 从心理学的定义来看，人际和谐发生在人际关系建立之后，是个体之间直接进行交往互动所感知到的关系对方的积极回应行为以及由此感受到的积极情感和状态。[②] 如果说"和谐"与"冲突"是人际关系中二元对立的两种重要样态，那么，"和谐"则是中国人人际交往的重要价值取向，是中国人人际关系的本体，而冲突只是偶发的过渡现象。人际关系和谐是中国人极度重视与极力追求的一种积极的人际关系状态，注重与维持人际关系和谐贯穿在中国社会人际交往的目的与整个互动过程中。一些社会心理学研究者对中国社会文化中的人际和谐特征进行了诸多有益的探讨，并建构了多种解析中国人人际和谐的理论模型或概念架构。例如，李庆善认为，"和为贵"是中国人平衡群我关系的价值取向，"和为贵"的具体价值规范包括求同心、求协力、避争斗、避怨仇等，并且中国人在同熟人打交道时常给自己找到一套自保的行为方式，如随大溜、少管闲事、少言寡语、独善其身等，以同熟人保持着"和"的状态。[③] 汪凤炎认为，尚"和"是中国人的一种集体潜意识，[④] 中国人在处理人际关系或与他人交往时常常表露出"和为贵""企盼和事佬""畏争""随大溜""迁就""迎合"六种表征。[⑤] 台湾学者黄曬莉则从中国的天人合一的思想、伦理本位的礼治思想以及国家意识形态化的儒学三层

---

① 彭泗清：《书评二》，转引自黄曬莉：《华人人际和谐与冲突：本土化的理论与研究》，3页，重庆，重庆大学出版社，2007。

② 赵菊、佐斌：《"和而不同"：中西文化下人际互动和谐相容模型比较》，载《心理学探新》，2011(6)。

③ 李庆善：《中国人新论——从民谚看民心》，76—96页，北京，中国社会科学出版社，1996。

④ 汪凤炎：《尚"和"：中国人的集体潜意识》，载《江西师范大学学报(哲学社会科学版)》，2001(1)。

⑤ 汪凤炎、郑红：《中国文化心理学》(第五版)，127—174页，广州，暨南大学出版社，2015。

结构建构出中国人的和谐观，即辩证式和谐观、调和式和谐观以及统制式和谐观，并依据"和谐化辩证观"的思维建构了六种人际和谐的类型：投契式和谐、亲和式和谐、合模式和谐、区隔式和谐、疏离式和谐以及隐抑式和谐。她认为，关系的情感性与工具性成分不同，和谐化的方式也不同。①梁觉及其研究团队从组织行为学的角度提出了"工具型—价值观型和谐双元模型"。工具型和谐指个体利用和谐的人际关系作为途径，致力于消除引起不和谐的因素，以不破坏和谐为最终目标；而价值观型和谐取向则指个体奉行"君子和而不同"的做法，在工作实践中强调和谐本身的重要性，在解决冲突时，基于人与人之间相互信任、诚挚友好的人际关系，通过积极沟通，双方谅解达成共识，甚至会在冲突中加强交流，提高工作效果。②杨国枢认为，关系取向是中国人在社会人际网络中的一种主要运作方式，其中的"关系和谐性"（传统中国人提倡"忍让"，尽可能避免冲突）与"关系决定论"（在社会互动中，对方与自己的关系决定了如何对待对方及其他相关事情）特征对中国人在人际交往中崇尚人际和谐具有重要影响。这些理论模型或构念解析了中国人人际和谐交往的目的与方式，较细致地描述与揭示了中国人人际和谐的心理与行为特征。

从以上对"关系""人际关系"以及"人际和谐"的分析来看，人际交往中的社会心态，即指在某种社会文化传统与价值体系的影响下，个体在与他人的人际交往中显现出来的特殊的心理与行为倾向。从心理学的视角看，当"和"落实在"关系"或"人际关系"上时，"和"的这一概念类似于社会心理学中讲的"和谐人际关系""合作"等概念，亦即人际和谐。因此，作为狭义的、中国人处理人我关系与群我关系的人际和谐心理，可以操作性地定义

---

① 黄囇莉：《华人人际和谐与冲突：本土化的理论与研究》，168—213 页，重庆，重庆大学出版社，2007。

② Leung，K.，Koch，P. T. & Lu，L.，"A Dualistic Model of Harmony and Its Implications for Conflict Management in Asia,"*Asia Pacific Journal of Management*，2002(2-3)，pp. 201-220.

为中国人在重"和"的传统文化价值系统影响下，形成并经常在人际交往中显现出来的崇尚与人和谐相处的心理与行为倾向。其内涵主要包括：首先，中国人的人际和谐心理是在中国特定的尚"和"文化价值取向和社会文化情境中形成与展开的，既带有鲜明的文化特色，同时又受到现实情境的影响；其次，崇尚与人维"和"既是个体的一种心理与行为，又是一种普遍的社会心理现象，这种尚"和"心理表现在中国人人际交往活动的方方面面，并成为中国人的一种集体潜意识；最后，在人际交往实践中，"和"既是中国人人际交往的目的，也是其在人际交往过程中运用的手段与策略。作为手段，它是处理人际关系、调整交往行为的方式；作为目的，它是通过理性追求以实现人际关系的和谐与社会秩序的和谐。

本研究主要从狭义的、社会心理学的视角定义中国人的人际和谐心理，即从人际关系和人际交往的角度，解析中国人在人际互动过程中维持人际和谐的心理机制与行为表现。由于在分析中国人的人际关系时，我们一方面要分析中国文化传统在理想的层次上，给了我们什么有关人际交往的指导原则；另一方面要分析在此文化中生活的人，在从理想的应然层次降到现实的实然层次时，如何运用这些原则来处理人际关系。[①] 因此，本研究的目的在于，从古代典籍中蕴藏的各种和谐思想这个"根"开始，运用理论分析与实证研究相结合的思路，通过考察"和"的字形语义，尚"和"的缘由，分析中国人人际和谐心理的种类与表征，建构中国人人际和谐心理的理论模型，并通过实验检验，深入揭示中国人人际和谐的心理与行为机制，并依此提出供现代人构建和谐人际交往的建议与策略。依此路径，本研究的问题概要如下：①什么是"和"（字义层面）？②中国传统文化中的"和"思想是怎样的？③中国人的尚"和"心态是怎样形成的？或是影响中国

[①] 杨中芳、彭泗清：《人际交往中的人情与关系：构念化与研究方向》，转引自杨国枢、黄光国、杨中芳主编：《华人本土心理学》，470—504 页，重庆，重庆大学出版社，2008。

人人际和谐心理形成与发展的因素是什么？④中国人人际和谐心理的种类有哪些？有哪些具体表征？⑤中国人人际和谐心理的运作过程或作用机制是怎样的？⑥如何有效地培育个体正确的人际和谐心理以建构和谐的人际关系？⑦当代中国人能从古人推崇"和为贵"的和谐思想中得到哪些有益启示呢？通过这些研究，我期待建构一套可以理解中国人的社会行为的意义系统。

第二节　为什么要研究中国人的人际和谐心理

人际和谐作为中国人人际交往中的一种普遍社会现象，它在小到维持邻里、友人间的人际关系和谐，大到维护社会各方面的和谐、增强中华民族的群体凝聚力与合作精神等方面，都起到了积极作用。当前，研究中国人的人际和谐心理，对于发挥和谐的道德教育作用，揭示中国人的心理与行为机制，培育理性平和、积极向上的社会心态以及丰富本土心理学研究等都具有重要的学术价值与实践意义。

一、弘扬传统和谐文化，发挥和谐育德的积极作用

道德教育的目的，从大的范围来讲，在于通过内外部诸要素的整体和谐互动，帮助个体实现"天人之和""人际之和"以及"个体的身心内外之和"，进而促进个体逐渐生成"身心和谐发展的人格特质"，最终使个体的身心素质获得和谐发展，成为一个身心健全的人。① 中国传统的"和"文化内涵丰富，意蕴深远，以"和"育德的思想也源远流长。自从先哲们将"和"

---

① 鲁洁、王逢贤：《德育新论》，128—129 页，南京，江苏教育出版社，2000。

的含义由味和、乐和的初始之义引入天地和、人际和的哲学与伦理学范畴后，"和"在中国传统文化中就具备了国家治理、政治教化的功能意义以及赋予了个人德行修养的内涵。尤其是在儒家注重伦理道德思想的推动下，"和"成为"至德"，是个人的重要德行之一，具有重要的德化功能。早在《尚书·尧典》中，尧就提出了"协和万邦"的和谐政治目标，"克明俊德，以亲九族。九族既睦，平章百姓。百姓昭明，协和万邦。黎民于变时雍"。《周礼·地官·大司徒》提出了教民的六项道德标准："以乡三物教万民而宾兴之，一曰六德：知、仁、圣、义、忠、和。"它将"和"视为人的六项美德之一。春秋早期，管子提出"畜之以道，养之以德。畜之以道，则民和；养之以德，则民合。和合故能习，习故能偕，偕习以悉，莫之能伤也"（《管子·幼官》）。他认为，统治者凭借道德畜养民众，按照万物和民众的本性来管理社会，那么，民众的和睦团结、齐心协力可以使国家立于不败之地。春秋时期，道家强调"天人合一""道法自然""万物负阴而抱阳，冲气以为和"（《老子·第四十二章》）。万物是道通过阴阳二气互动达到和谐状态时所生成的，道家强调"和"的重要生化作用。儒家则将"和"纳入人际交往的伦理道德范畴，提出"君子和而不同，小人同而不和"（《论语·子路》），将"和同之辨"作为区分"君子"与"小人"的道德标准；并且提出了"礼之用，和为贵"（《论语·学而》），以"和"作为"礼"的目的，使等级调和，减少对立，防止冲突。[1]《中庸》中说："中也者，天下之大本也。和也者，天下之达道也。致中和，天地位焉，万物育焉。"它认为，"和"是天下最普遍的准则，将"中和"视为世界万物稳定发展的原因。孟子在《孟子·公孙丑下》中指出："天时不如地利，地利不如人和。"它将"人和"位于天时与地利之上，突出强调了人际关系和谐的重要价值与作用。荀子在《荀子·

---

[1]　沈素珍：《和：中华民族的民族精神》，载《新疆社会科学》，2009(5)。

王制》中指出，"和则一，一则多力，多力则强，强则胜物"以及"上不失天时，下不失地利，中得人和而百事不废"。荀子认为做到了"和"，就达到了"强"，就可以"胜物"，然后能够确保"百事不废"。汉代董仲舒则明确提出，"和"不仅是君子的个人美德，更是天地之间最高、最大的一种德行。《春秋繁露·循天之道》载："中者，天地之所终始也；而和者，天地之所生成也。"是故，"德莫大于和……和者，天之功也，举天地之道而美于和"。从古代思想家的主张和典籍的论述中可知，"和"在中国传统德育系统中具有重要的地位与价值，在这种尚"和"文化的长期熏陶与影响下，中国人增强了以"和"修德的强制性与自觉性。而且，传统"和"的思想与道德的属性是高度契合的。因为，道德的基本内涵是人们在共同社会生活中，约定俗成的行为规范的综合。它同样调整人与人、人与社会、人与自然以及个人内部身心关系，并促进其和谐统一。"和"不仅是中国传统伦理道德的基本属性和历史传统，更是其建设和教育的根本价值取向。① 因此，传统的"和"文化也为德化育人提供了具体可行的资源与规范，在当代道德教育中弘扬"和"文化，培养各方面和谐的人才或个体的和谐人格，都具有较强的可操作性与实践价值。

当然，"和"对中国人心理与行为的影响，既有积极的一面，也有消极的一面。从积极的方面来看，崇尚"人和"，主张"和为贵"，将"和"视为人际交往中遵循的基本准则，使中国人形成了重诚信、讲仁爱、求友善、注谦逊、修和睦、选贤能的优良道德传统，使尊老爱幼、修己安人、合作共生、见利思义、舍生取义等优良传统与德行不断得到发扬光大。但从消极的方面来看，"和"也使得中国人长期以来一直缺乏竞争意识与冒险精神，甚至以"委曲求全"的自我利益牺牲来维护"和"的局面，尤其是过于求和的

---

① 陈守聪、王珍喜主编：《中国传统文化的价值与现代德育构建》，128 页，北京，光明日报出版社，2013。

消极心态也导致国人在为人处事时出现不敢冒尖、随大溜等较为普遍的"合群从众"的社会心理现象，进而产生了迁就、迎合的心理和畏争、惧斗的心理，这样容易使人失去自我，失去做人的原则而变得世故圆滑，造成人与人之间缺乏真情的碰撞与沟通，人与人之间的关系反而不能达到真正意义上的真诚与和谐。因此，从现代德育的角度来看，要发挥"和"在道德教育中的积极作用，其目的就是要培养个体在人际交往中的"和德"，即一种与他人和谐、协调相处、温良恭让的品德。这种"和德"主要体现在：个体自我修养的中庸温和；个体在人际交往中的友善亲和；个体在组织与团体生活中的团结求和；个体在社会生活中的守礼达和。中庸、友善、团结、守礼就是和谐育德在个体道德行为方式上的体现，也可作为社会建设和道德的主要行为准则与善恶评价标准，而温和、亲和、求和、达和就成为个体和谐育德的一种修养境界、性格特点甚至是社会状态。人们在社会生活中遵守规矩，在交往中有亲和力，在群体生活中有求和心，这样才能最终达到社会与人际的和谐目标。[1]

二、揭示人际和谐机制，探视中国人人际交往心理

中国古代哲人在生活和生产实践中，仰观天文，俯察地理，从中体悟出"天地氤氲，万物化醇"的和合化生原理，"和"遂成为中国人把握宇宙、理解人生的一种主要观念，成为中国人的一种基本的思维方式和价值准则。[2] 每一个受过中国文化熏陶、在中国社会生活的或是生活过的正常成年人，都会自觉或不自觉地受维持"人和"这一潜意识的束缚，遇到具体的人际情境，都以最符合"和为贵"的标准进行应对或处理，即使当时没有做出最合适的行为，过后十之八九也会暗自揣摩自己是否有些得罪人了或者

---

① 肖群忠：《尚和合》，载《中国教育报》，2014-06-06。
② 李振纲、方国根主编：《和合之境——中国哲学与21世纪》，287页，上海，华东师范大学出版社，2001。

让别人难堪了，有些许后悔并引以为戒。

从社会心理学的视角来看，如何去揭示这些现象背后的心理机制呢？例如，在与人交往中，为什么尚"和"会成为中国人的一种集体潜意识呢？形成中国人在与人交往时流露出来的人际和谐心理表征的深层原因是什么？中国人在日常人际交往中是怎样去实现"和"的？中国人的人际和谐心理与"面子""人情""关系"心理等存在怎样千丝万缕的联系？当代乃至未来的中国人能从古人推崇"与人交往，以和为贵"的尚"和"心态中得到哪些启示？尤其是在步入信息化时代的今天，在全球化的今天，在早已与西方文化接轨的现代中国青少年群体中，和谐的力量究竟呈现怎样的状态，什么会影响人们的人际和谐行为，哪些因素对和谐行为具有决策力……就研究和理解中国人的社会行为而言，"和"字无疑是打开中国人人际交往心态的一把"钥匙"。但是，目前研究者多援引西方心理学中的"冲突"概念，聚焦人际社会关系中的"冲突"及其化解模式，或关注和谐人际关系的影响因素与相关因素的作用机制，较少关注个体"和谐"与和谐化的方式，或较少有学者把"人际和谐心理"在抽象化的层次上提炼成重要的社会心理学概念或理论。那么，我们要揭示这些问题，就需要专门开展有关人际和谐的心理与行为研究。在这一方面，过去已有学者如黄囇莉、汪凤炎和郑红等进行了概念性的分析比较，分析中国人人际和谐心理与行为的一般特点和模式，为我们理解中国人的人际和谐化方式与行为提供了一个很好的框架。当然，实际的人际交往行为还受到诸多因素的影响，包括交往情境（是工作情境，还是社交情境）、双方关系（亲疏关系，关系是否平等）、个人价值观念、所在社会网络的性质等。另外，社会文化变迁也在显著地改变着中国人和谐交往的模式。这些问题是值得心理学者进一步思考与研究的。因此，本研究通过研究人际和谐心理，建立一套能妥善解释中国人尚"和"的心理与行为的概念体系或小型理论模型，以揭示中国人人际和谐心理与行为现象的特殊内涵与机制及其社会文化因素。这在实践层面上，一方面，有助于促进中国人人际交往心态向着更加美好的方向发展，指导营造健康和谐的社会人际关系，帮助个体较好地平衡他同群体、同他人的关系，做出更好的人际反应与社会适应，促进心理健康与社会和谐稳定；另一方面，立足传统和谐文化分析中国人的人际交往心理，也有助于我们科学认识中国人的人际心理和行为规律，避免西方心理学与心理咨询理论的文化陷阱，从而"开展以中国传统文化、中医药为基础的心理健康相关理论和技术的实证研究，逐步形成有中国文化特色的心理学理论和临床服务规范"，并且能够"充分发挥我国优秀传统文化对促进心理健康的积极作用"[①]。

三、加强文化心理研究，促进中国特色心理学建设

心理学源自欧美，长久以来，中国心理学者只是不断地学习、模仿、重现西方心理学家的研究成果，"沿用西方心理学理论，采用西方心理学的概念，运用西方心理学的方法，来研究西方心理学已探讨过的问题"[②]。并且，"中国现代心理学在发展过程中逐渐形成了缺少自觉关注本土文化传统的传统，致使中国文化无法为当代中国心理学的发展提供思想源泉、灵感和根基，导致一些研究成果缺少文化生态效度、灵魂、宏观视野和原创性"[③]。如此这般发展下去，中国人或中国社会的特质在心理学研究中终将被淹没。近年来，文化心理学成为心理学领域一个重要的研究方向。在国内，越来越多的心理学工作者开始将中国文化作为中国人心理研究的一个重要变量，强调以中国人所熟悉的心理想法或经验为研究题材，扬弃套用西方理论的研究习惯，进行植根于中国人之社会、历史及学术传统中的

---

① 《关于加强心理健康服务的指导意见》（国卫疾控发〔2016〕77号）。
② 杨国枢主编：《中国人的心理》，序，台北，桂冠图书公司，1988。
③ 汪凤炎：《论我国心理学研究的时代使命》，载《南京师大学报（社会科学版）》，2017(4)。

文化心理学研究。① 在进行心理学研究时，我们要自觉地从中国文化心理的现象、特点出发，其中一条有效的途径即寻找社会生活中普遍流行、深入人心且具有社会规范作用的文化概念，再按照现代科学心理学的研究范式进行研究。这样既不脱离本土文化，又能与国际同行们畅通交流。在这种大背景下，我们也努力将中国文化妥善地放进自己的理论架构、实验/问卷设计以及分析与讨论中，探究中国文化与中国人的心理与行为之间的关系。其目的主要是，妥善汲取中国文化尤其是中国古典文化的精义思想，并结合当代中国的国情以及当代世界心理学（尤其是西方心理学）的发展现状与趋势，在第一阶段研究的基础上，力图通过带有浓厚原创性意蕴的研究，逐渐建构出成体系的原创性心理学研究成果，以提高中国文化心理学的研究深度，进而提高整个中国心理学在世界心理学大家庭中的学术地位。为达到这一目的，我们在这一阶段主要做两方面的事情：一是针对某一研究主题，尤其是当前需要解决的现实性问题，构建一套具有中国文化特色的、用以解释此主题的小型心理学理论观点、理论模型或理论体系；二是选择恰当的检验方法来验证此小型心理学理论观点、理论模型或理论体系，从而建构出较为成熟的小型心理学理论观点、理论模型或理论体系，用以更加准确地描述、解释、理解、预测或调控中国人在某一方面的心理与行为方式。②

"和"在中国文化系统中是影响深远的。尚"和"在中国社会群体中是极为普遍的，是中国人一种典型的社会心理现象，值得也应该将其作为一个本土化的重要主题加以深究。但是，目前从心理学层面将"和"的概念、维度、机制抽象出来加以研究讨论的学者相对较少，更少见到有学者对这一

① 杨中芳：《试论如何深化本土心理学研究：兼评现阶段之研究成果》，载《本土心理学研究》，1993(1)。
② 汪凤炎：《中国文化心理学：研究意义、内涵与方法》，载《江西社会科学》，2017(9)。

现象进行实证研究，以分析究竟是哪些因素影响中国人做出尚"和"的态度和行为。心理学者应以既有的分析为基础，以实证的方法系统地研究这一类心理与行为，从而获得对中国人人际和谐心理的可靠认识。这也符合本土化研究的一般程序："以实际观察当地人在现实生活中所进行的活动及呈现的现象为研究素材，从中找寻值得做研究的问题；……对解说或理论进行实证验证、延伸与推广；从而建立更能贴切地理解当地人及对他们更有用的心理学知识。"①可见，从学科建设的角度来看，研究中国人的人际和谐心理，能够提高中国文化心理学研究的深度，增强中国文化心理学的生命力，进而促进中国特色心理学的建设。从另一方面来说，虽然"人际关系"这一主题已是当前心理学界的热门话题，相关研究成果也颇为丰硕，但若能从中国传统文化里挖掘出一些人际关系心理学思想，以弥补西方或现代心理学实证研究的不足，就能充分体现出研究中国文化心理学的现实意义，这也对促进当前心理学的发展大有裨益。

第三节　怎样研究中国人的人际和谐心理

一、研究思路

以什么样的框架、模式以及方法来理解、揭示和解释中国人的社会心理与行为，是中国社会心理学者们面临的一项长远而又具体的难题。杨中芳在"本土化心理学的研究策略"中提出了中国人本土心理学研究的三种策略。一是"由叶至根"的策略，即先观察在当地生活的人们的心理活动及现

---

① 杨中芳：《本土化心理学的研究方法》，转引自杨国枢、黄光国、杨中芳主编：《华人本土心理学》，110—136页，重庆，重庆大学出版社，2008。

象，从中发现一些独特的样式，之后再转而顺时间的向度，追寻其传统的根源。二是"从根至叶"的策略，即由传统根源中发掘出其对某类心理活动及现象的各种看法及理论之后，用之作为观察及解释当地人现代生活中所显现的心理活动及现象的研究架构。例如，黄囇莉的华人人际和谐与冲突就较好地采用了这一研究策略。三是"在叶中寻根"的策略，即从人们在现时日常生活所显现的活动及现象中，去寻求可以用来理解其具体行为的意义系统。① 在这三种策略中，中国人的本土心理学更侧重于运用第一种策略，大部分的中国人本土心理学研究成果也是运用"由叶至根"的策略完成的。若从这三种研究策略的角度进行考量，综观现有研究，我们仍可以发现某些欠缺之处：对中国人的人际和谐心理多为描述与理论思辨，缺乏深入的心理学研究和系统的实证研究；一些有关探讨中国人人际交往或人际关系的文章与书籍虽对"人际和谐"有所涉及，但多数是探讨人际和谐与其他变量如人格、组织环境等的关系，并未深入系统探究中国人人际和谐心理机制等，影响了研究的深度。

杨中芳提出，本土心理学研究的基本取向是一种"脉络观"（contextualism），所要求的即在当地的历史/社会/文化/生活脉络中研析当地人的心理与行为。本研究将沿循这一观点，采用"由根至叶"的路径，整个研究策略将人际和谐心理放在中国社会/文化/历史的脉络中加以分析，即从古代传统文化中的和谐思想这个"根"开始，逐步通过分析"和"的语义、尚"和"的缘由，解析人际和谐的类型与表征，并通过实证法检验、揭示中国人人际和谐的心理机制，以实现"兼顾中国文化与心理学两个角度来研究中国人心理与行为规律"的中国文化心理学。

本研究力求突出三个特点：第一，在研究内容上，以中国人日常生活

---

① 杨中芳：《本土化心理学的研究策略》，转引自杨国枢、黄光国、杨中芳主编：《华人本土心理学》，92—93 页，重庆，重庆大学出版社，2008。

中处理人际关系的和谐心理为研究内容，而不是一般意义上对中国的和谐文化或是中国人各种尚"和"的物质表现进行研究与探讨；第二，在研究思路上，从中国文化心理学角度，采用"由根至叶"的方式，在发现、梳理与诠释"和"的精义的基础上，再以社会心理学的概念、框架去疏释、整理和提炼中国人的人际和谐心理与行为模式；第三，在研究方法上，突破原有研究单一运用文献法和理论分析法的局面，加入问卷法、实验法等实证方法的检验，以揭示问题与现象。

二、研究方法

心理学是一门兼具自然科学性质和社会科学性质的中间学科，因而在研究方法上，量化研究与质性研究在心理学研究中应该得到同等的重视。量化研究是利用研究中得到的数据和资料进行统计分析，从相关关系和因果关系等量化思想出发，解释和探讨心理现象；而质性研究是从心理现象的特征出发，采用分析综合、比较归纳等逻辑分析的方式来探究心理学中的规律和本质。在过往的研究中，由于质性研究本身的缺陷和实施的难度，有时其重要的意义和作用会被忽视。但是，就研究方法而言，质性研究具有独特的优势，许多研究只有通过定性的方法才能够得到结果。尤其是对于文化心理学的研究而言，质性研究的重要性毋庸置疑。早期的一些文化心理学研究者多采用观察、访谈、民俗分析等质性方法分析文化的差异及其对人们心理与行为的影响。比如，著名的文化学者 Bond 等人就采用这些方法。他们通过文化观察与分析的方法揭示了中美文化在许多方面的区别，这些观点在很大程度上影响了西方人对中国人的看法。

在针对人际和谐心理或相关的中国人心理与行为等的具体研究方法上，为了将理论研究做得细致、深刻而规范，在理论探讨中，研究者应该依据研究对象的具体情况，灵活采用语义分析法、深度比较法等多种理论分析的方法；为了更好地开展验证研究，在实证研究中，研究者应该采用问卷法、访谈法和实验法等实证检验手段。以下介绍几种在本研究中，也是在中国文化心理学研究中可以用到的具体研究方法。

(一)语义分析法

汉字是一种表意文字，而且象形是汉字最基本的一种造字方法，也是许多汉字形成的基础。先人们在创造汉字时往往有意无意地遵循或折射出一定的心理规律，从而使得每一个汉字结构本身几乎都蕴含了丰富的心理学内涵。而且，汉字的使用虽然有 6000 多年的历史，但在其 6000 多年的演变历程中，在自甲骨文(商)、金文(周)、小篆(秦)、隶书(汉)、楷书(汉末)至行书、草书(汉)的漫长演化史上，其演化形迹仍然有迹可寻，保存完好；更重要的是，各种有关汉字疏释的典籍经历代流传下来，也为今人研究和追溯一个汉字的本意及其引申义，以及其蕴含的心理学思想提供了方便。在这种背景下，根据字形辨析文字的本义，进而说明其引申义和假借义，是准确把握汉字的内涵时必须遵循的基本原则。[1]

在研究中国文化心理学的历程中，汪凤炎和郑红提出了语义分析法，并在其系列研究中逐渐规范了语义分析法的步骤或范式，使语义分析法成为中国文化心理学最为常用且有效的方法之一。本研究在剖析"和"的字义内涵等问题时，都使用了语义分析法，后文将进一步具体介绍。所谓语义分析法，是指先分析某一个字的字形特点及其蕴含的意义(尤其是其中蕴含的心理学含义)；接着从历史演化的角度剖析此字的原始含义及其后的变化义，从而澄清此术语的本来面目；最后再用心理学的眼光进行观照，界定出此术语在心理学上所讲的准确内涵或揭示出其内所蕴含的心理学思想。[2]

---

① 谢光辉主编：《常用汉字图解》，1 页，北京，北京大学出版社，1997。
② 汪凤炎、郑红：《中国文化心理学》(第五版)，37—39 页，广州，暨南大学出版社，2015。

通过语义分析，我们可以将一些中国人习以为常的术语的准确内涵剖析出来。在研究过程中，对某一概念进行语义分析时，具体做法一般分以下几步。第一步，将某一字或术语(如"我")在中国历史上曾经使用过的各种名称(如余、俺等)尽可能全面地罗列出来。如果有足够证据证明某一字或术语在中国文化中只有一种写法，那么，这一步可以省略，而直接进入第二步。第二步，通过查找《汉语大字典》等工具书，将这些名称(如"我")在中国历史上曾经使用过的含义(用法)尽可能全面地列出来。第三步，根据某一汉字在汉字史上曾经出现过的诸种字形，选择其中最具代表性的一种进行深入分析，以便从字形上揭示出该字的原始含义，由此就能更好地看出其诸种引申含义。第四步，根据某一字或术语的含义，将其中带有封建色彩的用法(如寡人和朕)、今天较少使用的用法(如贱民)、带有方言色彩的用法(如俺)和名异实同的用法(如余)一一剔除掉，然后从中选出一个在历史上使用时间长且至今仍广泛使用、内涵最具代表性、能较好地与现代心理学中相关的术语进行匹配的概念或用语做进一步分析使用。例如，在中国汉字史上，指称"我"的字和词有多种，但只有"我"字完全符合上述标准。这样，在剖析中国人的自我观时，可以对"我"做进一步的分析，其他指称"我"的称谓则作参考。第五步，仔细分析这一概念或用语的诸种含义，先考察出这一概念或用语的"原始含义"，然后再厘清其后的"变化义"。在做这一步的研究时，较为常见的做法是，先查一些经典的工具书如《说文解字》等，然后看这一用语的最古写法(一般是指甲骨文或金文上的写法)，继而交替使用第三、四步，将两者结合起来分析其诸种含义。第六步，用心理学的眼光去谨慎地审视这一用语(如我)的所有含义，将其中确有把握的与心理学没有关系的含义剔除掉(如作为姓氏的"我"肯定与心理学没有关系，就先将其剔除掉)。第七步，将余下的诸种含义与西方心理学的相关术语(如 self)的含义进行比较，看看其在哪些方面与西方心理学相应的术语的含义相通，在哪些方面与西方心理学相应的术语的含义有所不同。第八步，最后做一个心理学上的界定，指明下文所讲的此术语在心理学上的确切含义，或者，揭示出其所蕴含的心理学思想。①

每种文化的语言文字都是一种"活化石"，其内记载和沉淀了创造该文字的民族的许多心理与行为的特点和规律。系统剖析一种文字的字形与字义，揭示蕴藏在文字中的丰富文化心理内涵，常常是准确把握该民族心理与行为规律的一个有效途径。所以，语义分析法是用来研究文字中蕴含的民族心理与行为规律的一种重要方法。且在中国文化中，汉字本身就蕴藏着丰富的文化心理内涵，其在中国文化心理学的研究中更应该得到重视和推广。

(二)内容分析法

如果说语义分析法是着重于对某一汉字进行分析的技术，那么，内容分析法则是着重于对某一或某些文本进行分析的技术。内容分析法最早产生于新闻传播学领域，是一种对传播信息的内容进行系统、客观和量化分析的研究方法。它适用于对一切可以记录与保存并且有价值的文献进行研究。美国传播学家伯纳德·贝雷尔森曾将内容分析法定义为"一种对具有明确特性的传播内容进行客观、系统和定量描述的研究技术"。享誉全球的《大趋势——改变我们生活的十个新方向》就是未来学家约翰·奈斯比特(John Naisbitt)及其咨询公司运用内容分析法，在对 200 份美国报纸进行分析综合的基础上写成的。国内学者乐国安、陈浩和张彦彦曾基于传媒学中对报纸的分析方式，运用内容分析法研究了天津当地较有影响力的两份

① 汪凤炎、郑红：《语义分析法：研究中国文化心理学的一种重要方法》，载《南京师大学报(社会科学版)》，2010(4)。

日报《今晚报》和《每日新报》上的"征婚启事"栏目内容以及美国波士顿发行量较大的《波士顿环球报》(*Boston Globe Newspaper*)和《波士顿先驱报》(*Boston Herald Newspaper*)中的"个人广告"("Personal Advertisement")栏目中涉及征婚的内容,探究了跨文化背景下择偶心理机制的差异。①

中国传统文化博大精深,早在春秋之前的殷商、西周时期,便有了心理学思想的萌芽。到了春秋战国时期,许多思想家如孔子、老子、庄子、孟子、荀子、墨子、韩非以及名家、兵家、医家诸学者,为我国古代心理学思想奠定了丰厚的基础。他们对人类的认知、情感、意志和人格等方面都有许多精辟的论述。因此,运用内容分析法,从古代流传下来的记载着中国传统文化的浩瀚的经文典籍中挖掘与分析中国古代心理学思想,是中国心理学研究本土化的一条重要路径,该方法也能为中国文化心理学研究开创一种新的思路。

内容分析法是一种收集与分析文本内容的技术,其实质是对内容所含信息量及其变化的分析,即先从表征有意义的内容中推断出其中包含的准确意义,再通过编码量化信息,对这些信息进行计量和统计分析,从而形成结果。② 针对心理学学科及其研究方法体系的特点,结合已有学者使用该方法的相关研究来看,内容分析法在心理学研究中的运用主要包括以下五个步骤。第一步,根据研究目的,确定要研究的主题词或者要检索的关键词,以此来收集围绕这一主题词的语料或文本。这可以是一个字,也可以是一个词或短语。例如,程翠萍和黄希庭对我国古籍中的"勇"字进行了检索和心理学探析,③ 赵彩花和黄希庭等对传统文化中的"自强"一词进行

---

① 乐国安、陈浩、张彦彦:《进化心理学择偶心理机制假设的跨文化检验——以天津、Boston 两地征婚启事的内容分析为例》,载《心理学报》,2005(4)。

② 汤昊、范庭卫:《内容分析法在心理学教材研究中的应用》,载《心理技术与应用》,2015(9)。

③ 程翠萍、黄希庭:《我国古籍中"勇"的心理学探析》,载《心理科学》,2016(1)。

了检索和心理学分析。①（以下皆以这两项研究为例）第二步，根据研究条件，确定分析语料的搜索来源或范围，即从哪些资料库中搜索和收集需要分析的语料。由于研究者的精力、时间及一些客观因素的限制，研究者不可能对所有的文献材料进行分析，尤其是古籍。所以，研究者只能抽取其中一种或者几种文库、词典、典籍为研究样本。以前的研究者较少使用内容分析法，可能原因之一在于从浩瀚的古代典籍中或者厚厚的词典中搜集相关的词条过于浪费时间与精力。但随着计算机信息技术的应用，各种古代和现代的字典、词典以及各种古代典籍、文本等都有了电子版本，也建立了各种电子文库，如中国基本古籍库、高校古文献资源库、瀚堂字源数据库、瀚堂典藏数据库等，而且互联网上也开始出现了众多内容分析法的专门研究网站，还提供了不少可以免费下载的内容分析软件等，这些都为中国文化心理学研究运用内容分析法提供了方便。例如，程翠萍和黄希庭使用计算机从"汉籍检索系统"和"中国基本古籍库"中的 830 部古籍中检索了"勇"，赵彩花和黄希庭等采用计算机从电子版文渊阁《四库全书》全部的3476 种书籍中检索了关键词"自强"。第三步，根据研究需要，对收集到的语料进行筛查和简化。一是删除古今意思迥异或者无关的语料，如程翠萍和黄希庭在检索到的"勇"的语料中，删除了语义为姓名、注音用语、官衔名、士兵的语料以及重复和不以"勇"为主题的表述；二是删除古籍中两字连用却不成词或者无意义的语料，如赵彩花和黄希庭等对检索到的4747 个含有"自"与"强"连用却不成词的 153 个语句进行删除，得到含"自强"的语句4594 条；三是根据研究目的的需要，删除与本研究无关的语料。赵彩花和黄希庭等的研究以"个我""小我"和"大我"为维度研究自强，因而去除了"自强"行为施动者为物、集体、国家等的语句。经过这些标准化的整理

---

① 赵彩花等：《从〈四库全书〉看大我自强的人格特征》，载《西南大学学报（社会科学版）》，2009(3)。

后，研究者将保留下来的语料形成正式的语料库。第四步，内容分析。通过小组讨论和专家分析法，对正式语料库中的语料逐条进行内容分析，并按其语义或者根据已确定的理论维度、归类标准将这些语料进行归类，把每条语料分配到最能说明目的的类别框架中去，且对其出现的频次加以统计，各类别之间应相互独立。这也是整个步骤实施中的难点。第五步，通过逻辑分析提炼出各类目的内容特征，形成研究结论。例如，程翠萍和黄希庭从内容分析得出，中国古籍中关于"勇"的论述主要包含内涵、分类和功能三个方面。赵彩花和黄希庭等对"大我"维度的自强语句材料进行内容分析，发现"大我"维度的自强人格包含"进德修业""盛德大业"和"天德圣业"三个方面，具有明显的"德""业"双修的特征。

除了古代的经史子籍、辞书、文库等可以作为内容分析语料的素材来源外，杨中芳在《如何研究中国人》中还强调，对研究素材的选择不在于其形式，而在于这个内容是否能让我们更贴切地理解中国人的行为。[①] 因此，她强调采用在当地自然产生的素材来理解中国人的行为。这些素材可以是中国人特有的，可以是传统的，可以是神话、民俗、文学、绘画、音乐等。其他如中国的历史及小说材料，像《资治通鉴》《红楼梦》等，皆为社会行为研究提供了丰富的资料。因此，在对中国文化心理学的相关主题的研究中，各种民俗性的文本或资料也都是运用内容分析方法的良好素材。例如，人们在日常生活中常用的、承载着历史与文化积淀的谚语、俗语和格言等也是了解中国人心理与行为的重要途径。黄曬莉在《华人人际和谐与冲突》的研究中，从中国人的日用语言或谚语格言中探索中国人的和谐/冲突观，以此来探究中国人的心理与行为。其对"和谐"与"冲突"的研究步骤如下。第一步，从辞典中搜集与"和"字或"冲"字相联结的词汇，并加以分

---

① 杨中芳：《如何研究中国人——心理学研究本土化论文集》，39、66 页，重庆，重庆大学出版社，2009。

类，以便从字义上探索"和"字或"冲"字的含义，并进一步与从意识形态中探索得到的中国人的和谐/冲突观进行比较。第二步，解析"和"字的语言家族，如"合""同""统"等字词的字义、含义及其与"和"字的相似或相异之处。同时，解析"冲"字的语言家族，如"冲""矛盾""争""讼"等字词的字义、含义及其与"和"字的相似或相异之处，并进一步与从意识形态中探索得到的中国人的和谐/冲突观进行比较。第三步，从有关谚语(包括格言、家训、社会教育读物)的书籍中摘取与"和谐"或"冲突"相关的谚语与格言，且根据从意识形态中探索得到的中国人的和谐观(辩证式、调和式、统制式)与冲突观(失合式、失调式、失序式)、和谐的功能(理想人格的境界、有情有理的人间世、交相利的媒介)与冲突的负功能(道德上占劣势、情理上失据、高昂的代价)等将它们加以分类，借以了解大传统(意识形态)与小传统(谚语格言)之间在和谐/冲突观及其功能上的呼应情形。①

从研究步骤上看，内容分析法与上述语义分析法具有相似之处，不一样的是语义分析法是针对某一个汉字而言，主要是对该汉字的字形及其演化历程进行追根溯源，从中挖掘与揭示该汉字本身所蕴藏的心理学意义；而内容分析法则主要从众多类似的语料中分析归纳出该主题在文化系统中所蕴含的心理学思想，在总结和提炼之后进一步得到研究结论。在心理学的质性研究中，文本内容的分析是其中非常重要的方面。因为内容分析法能够科学、系统地对原始资料进行深入的整体性探究，细致地对比、探讨、分析文本的观点和理论，从而对研究的内容做出判断和审查。而且，这种方法还兼具定量性的优势，可以从量化的角度来系统化、结构性地分析数量庞大的内容，对心理学的文本内容进行编码分析，从计量和统计的角度进一步分析文本内容，这样不仅能够极大地提升研究对象的数量，而

---

① 黄囖莉：《华人人际和谐与冲突：本土化的理论与研究》，130—133 页，重庆，重庆大学出版社，2007。

且还能够对明显内容下的潜藏信息进行挖掘探索。从事中国文化心理学研究，应该从中国文化，尤其是中国传统典籍文献或当代中国人的心理与行为方式，特别是典型的中国式心理与行为方式中，去发现一些值得深入研究的主题，以及中国文化中蕴含的即使与现代外国心理学研究成果相比也毫不逊色的心理学思想，从而为中国的心理学教学或科研提供中国人自己的心理学材料。因此，内容分析法也是中国文化心理学中一种科学且高效的研究方法。

（三）自我报告法

为了获得被试的一些无法直接观察到的经验数据（有时这些经验是内部的心理状态，如信仰、态度、感觉等；也有些经验虽是外部行为，但如犯罪活动之类的行为通常是不适合目击的），就有必要采用自我报告法。自我报告法（self-report measures）是先让被试通过写或说的方式回答研究者提出的问题，然后研究者设计可信的方法量化这些自我报告，进而据此研究被试心理与行为规律的一种方法。自我报告法主要包括问卷法与访谈法。

问卷法指研究者采用预先拟定好的问题表，由被试自行填写答案来搜集资料，以此来分析、推测群体心理或行为规律的一种研究方法。[①] 问卷调查是一种询问的技术，通过口头或书面提问，了解和收集被试心理特征和行为的数据资料。问卷调查不是观察和实验，大半是询问他人对某件事的态度和观点，但它也可以包括这些问题，如知识、行为、个人体验、环境以及统计学变量，如职业、学历、年龄、性别等。其研究步骤一般是：先确定研究者的调查目的和内容，再围绕研究内容分解出需要调查的维度

---

① 《辞海》（第六版彩图本），2388页，上海，上海辞书出版社，2009。

或方面，最后根据维度细化出询问的题目，并以此建构一个调查表（即问卷）。问卷的编制与测试是问卷法实施成败的关键，如若使用的调查问卷的设计存在偏差，则由此得到的研究结论就难以令人信服了。

问卷法的优点是能够发现人们对现实情景的反应，特别是能较快地收集现场人们心理状态的信息，也有利于主试对取样者进行较好的处理。例如，可以通过问卷调查的方式来对比中西文化中人们在思想、信念与价值观上的差异。如林语堂曾形容"面子""命运"和"人情"为统治中国的三女神。其中，"'人情'和'面子'是了解中国人社会行为的两个核心概念"①，也是颇具中国文化特色的概念。不只外国人认为中国人好面子，重人情，国人也如此承认。通过问卷法，测试者就可以较好地调查和了解当代中国人对诸如"人情""面子"与"关系"等的态度及其随时代的变迁而发生的变化等。这对于深入了解中国人的社会心理行为有着重要作用。而且随着计算机技术的迅速发展，人们处理通过问卷法获得数据的能力也有了飞速发展，可以通过一些高级数据统计处理方法，探讨这些概念之间的动力关系，如探讨中间变量（intervening variables）、变量间的中介效应或调节作用，从而可以更深层次地理解中国人社会行为背后的原因与意义。

访谈法指研究者根据预先拟定好的问题向被试提问，在一问一答中收集资料，分析和推测被试心理与行为规律的一种研究方法。访谈法采取"主试问，被试说，然后主试记录被试的反应"的方法。经过深入面谈，主试可以获悉被试在某一方面或多个方面的详细信息，如被试的需要、价值观与人格特点等；并且，访谈者不仅可以听其言，还可观其举止表情。访谈法不像问卷法那么标准化，并且访谈是交互式的，访谈者可以根据回答者说的内容变换问题。一般人认为访谈法简单，其实不然。从某种程度上

---

① 林语堂：《吾国与吾民》，170 页，长沙，湖南文艺出版社，2016。

说，它是"最难"的方法。因为，研究过程中存在着主试与被试之间的交互作用问题。这种交互作用本身就是某种人际关系现象，需要对此进行特殊的研究。因此，交谈的相互作用、沟通的每个过程都可能带有主观性，从而影响信息的可靠程度。所以，用访谈法进行研究的主试，要经过严格的培训和训练，以免对调查结果产生不良影响。好的访谈者除了对社交中发现的信息敏感外，对社交过程也是十分敏感的。训练访谈者与回答者建立和善的、积极的社交关系，鼓励回答者信任访谈者，并与访谈者分享个人信息非常重要。同时，依张登浩的观点，在整理访谈资料时，研究者要做到：

第一，逐字逐句地整理；第二，阅读原始材料（如"投降"一词，在不同被试的言语中可能有不同的意义），寻找词语中及词语背后的准确意义，切忌"对号入座"；第三，条目的抽取：每一个有意义的最小单位；第四，同类项合并——归类；第五，条目的删减，即妥善删除一些"个性化"（对别人来说没有意义、不具代表性）的表达方式；第六，适当的改写，即尽量使用访谈者的原话；第七，进入问卷。①

调查可以是书面的，即问卷调查；也可以是口头的，被试说，主试记，亦即访谈法，当然，更多的情况下最好将上述两种方法结合起来使用。在问卷调查的同时，调查者辅以观察法或访谈法，能够得到更多、更详细的数据信息。尽管在社会心理学调查研究中，研究者依赖各种各样的自我报告法，但自我报告法也有其局限性。杨中芳和赵志裕曾指出，由于中国人的"社会指向性"高，很担心自己在别人心中留下不好的印象，也很不习惯在陌生人面前表露自己真正的看法及行为。在一个研究环境中（不管是实验室或是自然观察的情况），中国被试者很容易将研究者（或主试）

---

① 张登浩于 2007 年 7 月在北京大学"人格与社会心理学暑期学校"上做的讲座。

看成一个"陌生人"，并将研究环境当成一个陌生的社会环境。在这个社会环境中，最保险及安全的行为准则是遵守"社会赞许"的法则。例如，尽量说些客套话，不说伤害和得罪别人的话，不做积极或偏激的反应（尤其是在7点或5点计分的量表中，多数被试喜欢选择靠近中点的项目）。同时，中国受试者也会考虑在回答问题时，以不损害自己面子又不伤害主试者的面子为反应基准。"这都说明过分依赖问卷法，事实上是很危险的。"①当然，在指出了自我报告法的这些缺陷后，研究者只要能够妥善处理，尽量避免这些缺点，还是可以通过自我报告法收集数据来证实或证伪中国人的某一心理与行为规律的。

（四）实验法

实验法（experimental methods）是指根据一定目的，运用必要的手段，在人为控制的条件下，观察研究事物的实践活动。② 在实验中，假若要确定因果关系，将涉及三类变量。一是"自变量"（independent variable）。它指由实验者操纵的变量。自变量的大小、范围或取值是由实验者决定的，不依赖任何其他条件。自变量被认为是引起行为差异的可能原因。二是"因变量"（dependent variable）。这类变量的实验结果揭示自变量对行为的作用，而这种作用往往是通过诸如测验分数之类的操作成绩来表现的。三是"无关变量"（extraneous variable）。这是实验者希望排除的一些条件，以使实验结果不受其影响。在心理实验中，研究者一般都会操作一个自变量来观察其在因变量上产生的效果。这意味着研究者可以积极干预被试的活动，创设某种条件使某种心理现象得以产生并重复出现。这是它与观察法

---

① 杨中芳、赵志裕：《中国受测者所面临的矛盾困境：对过分依赖西方评定量表的反省》，载《中华心理学刊》，1987(2)。

② 《辞海》（第六版彩图本），2061页，上海，上海辞书出版社，2009。

的不同之处。实验法的目的在于明确一种强烈的因果关系，即一个变量对另一个变量的影响。在实验中，实验组（experimental group）被试接受自变量条件；控制组（control group）被试接受除自变量条件以外的所有其他条件。① 在中国文化心理学研究中，我们可以运用实验法，通过巧妙的实验设计，并经过严格的实验程序，运用实验获得的结果来证实或证伪中国人的某一心理与行为规律。

根据实验情境的不同，实验法可以分为实验室实验法和自然实验法两种。但由于复杂的社会情境难以在实验室中模拟与操控，许多社会心理现象无法在实验室中进行有效的创设、控制与操纵。而在自然情境中，一些心理现象与行为又难以实时地观测到或是有效地被记录下来，且对其引起的某种心理及行为现象的干扰因素难以掌控。因此，在社会心理学研究中，为考察个体在复杂的人际关系情境中的行为决策与反应，研究者常常会通过设置一定的虚拟的故事情境，采用故事情境实验法来探究被试的心理活动规律。在社会心理学领域，像"人情""面子""关系"等概念，具有很强的社会性、内隐性和不可控性，内涵深远细致，微妙异常，且涉及社会和个人的规范、品德和潜意识等。"在研究涉及人的行为规范和品德时，如果采用直接研究的方法，那么，被试的反应就会受到很多因素的影响和制约，其反应的真实性就会降低。"②加上研究的条件、人力、物力等外在因素的限制，对这些社会心理现象的研究实难以典型的实验室研究或现场研究的方式进行。因此，创设一种与真实的社会情境相类似的故事情境进行实验研究便成为最佳选择之一。

情境实验法是指研究者根据理论假设，通过操纵自变量的不同水平编

① ［美］理查德·格里格、菲利普·津巴多：《心理学与生活》（第 16 版），21—24 页，北京，人民邮电出版社，2003。

② 郭本禹：《道德认知发展与道德教育——科尔伯格的理论与实践》，127—128 页，福州，福建教育出版社，2005。

制或设置一定的问题情境，考察被试在不同问题情境中做出的行为选择或反应，进而证实或证伪其理论假设的一种方法。编写故事情境是研究设计的关键环节，必须对故事情境中包含的条件进行有效的、细致的操控。一般而言，编写故事情境需要着重考虑以下几点：①设计的情境必须是中国人社会生活中确实存在的，具有真实性和代表性的故事、事件，即能够让被试从阅读材料中想象到真实情境的发生，并能够有效启动被试做出情感或态度反应；②故事情境中必须包含自变量的不同水平并进行细致的操控，即要使各自变量的同一水平区间在统计学上不存在显著差异，而不同水平区间必须存在显著差异，以保证实验材料的信度和效度；③故事情境最后必须包含需要被试做出行为或态度倾向的选择，即实验所要考察的因变量，有时可以压力迫选，典型的例子如"机车故事"。

情境实验法具有标准实验研究的内核，其构想和设计方式皆属典型的多因素混合实验设计。因此，它可以研究事物间的因果关系，同时其亦具有问卷呈现的特点。在具体实施实验时，其形式一般是简单的纸笔测验，因此，它也具有节省人力、时间和物力，样本大，匿名性强，操作灵活简便等特点。在中国文化心理学研究中，研究者可以综合利用假设情境和行为实验等手段，探讨"关系""人情""面子"等有中国文化特色的主题以及一些道德决策困境等问题，为中国文化中的一些社会心理现象研究提供实证证据。例如，杨中芳提出，在研究"面子""人情"及"关系"时，有的人的"社会交往单位"是"家庭"，有的人是"个人"。个别中国人的"社会倾向性"是否会影响到他采用"家庭"还是"个人"作为交往的单位呢？又如，在研究中国人助人的行为时，对中国人界定的"自家人"及"陌生人"的研究可以帮助我们看到，为什么我们的助人行为是分化的。一旦我们把某人划定为"自家人"，我们就有义务也会觉得义不容辞地去帮助那个人。那么，是否"差序格局"性越强的人，对"自家人"及"陌生人"的分野越显著？使得中国人在"差序格局"上产生程度差异的因素是什么？[①] 在研究这些社会心理问题时，研究者可以适当地采用故事情境实验法。以杨中芳提出的中国人的"差序格局式助人行为"问题为例，封周奇、白学军和陈叶梓在《人际关系对青少年道德思维方式的影响》的研究中就为这些问题提供了一种较好的研究样例。为了考察人际关系对不同年龄段青少年道德思维方式的影响，他们以机车道德两难困境为材料，操纵计划路线受害者（亲人、陌生人）、非计划路线受害者（亲人、陌生人）两个自变量，编制在火车计划路线与非计划路线上的亲人—亲人、亲人—陌生人、陌生人—亲人和陌生人—陌生人四种含有不同人际关系的道德情境，让被试以"主人公"的身份在情境中做出决策。其研究结果表明，个体的道德思维方式受到道德情境中人际关系的影响，该研究支持了道德人际关系规则理论。[②]

在社会心理学和道德心理学的研究中，已有很多研究者仿照皮亚杰的对偶故事法和柯尔伯格的两难故事法的研究范式，编制问题情境，进行情境实验，并取得了较好的效果。本研究在后文探讨中国人的人际和谐心理与行为时，也尝试设置了不同的问题情境，以探究中国人做出和谐行为倾向时的影响因素，借以揭示中国人人际和谐心理的运作机制。

（五）内隐联想测验

社会心理学中的双重态度模型理论认为，人们对同一态度对象同时存在外显态度和内隐态度。外显态度可以运用上述自我报告法等进行研究。但正如上述所言，尤其是涉及被试一些隐秘性的态度或看法时，自我报告法经常会受到社会赞许以及被试自我保护意识等的影响，往往难以得到被

---

① 杨中芳：《如何研究中国人——心理学研究本土化论文集》，75—76 页，重庆，重庆大学出版社，2009。

② 封周奇、白学军、陈叶梓：《人际关系对青少年道德思维方式的影响》，载《心理与行为研究》，2014(6)。

试内在的真实想法。因此，要真实地反映出个体对某一事物或观点的态度看法，则需要运用内隐联想测验的方法。内隐联想测验（Implicit Association Test，IAT）是由格林沃尔德（Greenwald）在 1998 年提出的。内隐联想测验以反应时为指标，通过一种计算机化的分类任务来测量两类词（概念词与属性词）之间的自动化联系的紧密程度，继而对个体的内隐态度等内隐社会认知进行测量。①

现以格林沃尔德的花—虫内隐联想测验为例。内隐联想测验的基本实验程序分为七步。第一步，呈现概念词（concept words）的样例，要求被试尽快地进行辨别归类，由系统记录反应时。在花—虫内隐联想测验中，概念词为"花"或"虫"，样例为某种花或虫的图像。第二步，对属性词（attributive words）样例进行归类反应。在该例中，属性词为褒义词或贬义词，褒义词的样例如漂亮、芬芳等，贬义词样例如恶心、讨厌等。第三步，联合任务一，要求被试对概念词与属性词的联合做出反应。由于概念词和属性词之间有两种可能的关系：相容的（compatible）和不相容的，所以，通常在内隐联想测验实验中设置两个联合任务——相容联合任务和不相容联合任务。所谓相容，是指二者的联系与被试内隐的态度一致，如相对于虫，被试对花的态度更为积极，那么，花和褒义词的关系为相容，虫和褒义词的关系为不相容。不过，在实施内隐联想测验之前，被试无法知道哪个联合是相容的，所以在这里仅称为联合任务一和联合任务二。对于该例来说，在联合任务一中，要求被试在花的图像和褒义词共同出现时，按左键；虫的图像和贬义词共同出现时，按右键。第四步，对联合任务一进行测试。第五步，为了配合联合任务二的实施，交换左右键反应的内

---

① Greenwald, A. G., McGhee, D. E. & Schwartz, J. L. K., "Measuring Individual Differences in Implicit Cognition: The Implicit Association Test," *Journal of Personality and Social Psychology*, 1998(5), pp.181-198.

容，再次要求被试对概念词样例进行反应。第六步，联合任务二，和联合任务一的反应内容正好相反。第七步，对联合任务二进行测试。

由于内隐联想测验是基于反应时范式的，所以，在实验过程中只要求记录被试的反应时，相容和不相容联合测试反应时均值相减即为求得的内隐联想测验效应。依据唐德斯减数法的原理，反应时的不同阶段对应着不同的加工过程，反应时越长，心理加工过程越复杂。在社会认知研究中，由于所呈现的刺激多具有复杂的社会意义，其必然引起被试心理的复杂反应。这些刺激可能与被试内在需要或内隐态度相一致，也可能与之矛盾。刺激所暗含的社会意义不同，被试的加工过程的复杂程度就会不同，从而反应时的长短也会不同。在相容任务中，概念词和属性词的关系与被试的内隐态度一致或二者联系较紧密，此时辨别任务更多依赖自动化加工，所以相对容易，因而反应速度快，反应时短；在不相容任务中，概念词和属性词的关系与被试的内隐态度不一致或二者缺乏紧密联系，这往往导致被试的认知冲突，此时辨别任务更多依赖复杂的意识加工，相对较难，因而反应速度慢、反应时长。所以，两种联合任务的反应时之差可以作为概念词和属性词的关系与被试的内隐态度相对一致性的指标，即上述内隐联想测验效应。①

由于生活在某一文化情境中的个体，长期浸染在该文化氛围中，从而会对该文化中的一些观点和行为形成一些根深蒂固的、刻板的观念或印象，但由于社会印象管理等的需要，个体在外显层面难以自觉或不愿表露出这些态度上的偏见。这时，内隐联想测验的方法往往比外显的自我报告方法更能取得实际的效果。例如，"男主外，女主内"是中国传统婚姻家庭制度对两性的职责范围所做出的明确划分，也是男女两性在家庭和社会中

———————————

① 蔡华俭：《Greenwald 提出的内隐联想测验介绍》，载《心理科学进展》，2003(3)。

的角色分工模式。但是，随着社会的发展和时代的变迁，这一传统模式发生了较大改变，更多女性开始走向社会，参与各种工作，也有更多男性开始与女性一道分担家庭事务，人们对"男主外，女主内"的传统观念逐渐淡薄或者在外显态度上不再持有这种刻板的观念。问卷调查也表明，这种态度不会明显地表现出来，但是，内隐联想测验和刻板解释偏差测量表明，"男主外，女主内"的内隐刻板印象在中国研究生群体中还是存在的。[①]

　　在本研究之前，我们也采用内隐联想测验的方法对中国大学生内隐的尚"和"态度进行了研究。[②] 现简要报告如下。我们采用内隐联想测验的变式—单类内隐联想测验（SC-IAT）方法，对深受西方个人主义文化影响而缺乏中国传统文化熏陶的当代大学生是否还崇尚"和"的内隐态度进行研究。以 120 名大学生为被试，采用单因素被试间实验设计，其中以"迁就""合作""迎合""随和""谦虚"等表示"和"的词为目标词，以"自我"和"非我"等表示"我"的词为属性词。结果表明：①大学生对"和"目标词和"自我"属性词联结的平均反应时（$M = 732.78$，$SD = 109.87$）小于"和"目标词和"非我"属性词联结的平均反应时（$M = 835.74$，$SD = 132.91$），IAT 效应值（尚"和"相容反应时－尚"和"不相容反应时）$M = -102.96$，$SD = 124.47$，且 IAT 效应显著（$t = -5.965$，$p < 0.001$）；②男大学生被试对于"和"目标词和"自我"属性词联结的平均反应时小于女大学生对"和"目标词和"自我"属性词联结的平均反应时，但 IAT 效应差异不显著（$t = -0.409$，$p > 0.05$）。结论是，①当代大学生群体中仍然存在内隐的尚"和"态度，大学生在内隐层面继承了"和为贵"的传统思想，并表现出自动化的特征；②内隐尚"和"态度在大学生群体中不存在性别差异；③SC-IAT 测验可以应用于单一对

　　① 董苏云：《中国研究生"男主外，女主内"刻板印象的实验研究》，硕士学位论文，南京师范大学，2011。
　　② 刘欣、汪凤炎：《中国大学生内隐尚"和"态度研究——来自 SC-IAT 的证据》，第十五届全国心理学学术会议论文，广州，2012。

象的内隐尚"和"态度研究。

与自我报告法相比，内隐联想测验至少具有两大优点：一是较少受到社会赞许、期望等主观因素的影响，能够更有效地测量人们能意识到的但是却不想报告的心理。比如，对残疾人的偏见，对艾滋病患者的偏见，对地域的偏见和对女性的偏见等；二是能够更有效地测量人们无法报告，处于意识之外的内隐心理，比如，无意识中的自杀意念等。而且，综合已有相关研究也表明，内隐联想测验的方法在研究中国人的内隐态度中具有较好的信度与效度。① 因此，在中国文化心理学研究中恰当地使用内隐联想测验的方法，能更好地帮助中国人了解自我，认识自我，同时，也能为探究中国人的内隐心理机制发挥独到的价值。

---

① 杨紫嫣、刘云芝、余震坤等：《内隐联系测验的应用：国内外研究现状》，载《心理科学进展》，2015(11)。

第二章

中国人人际和谐心理的语义内涵

　　"和"是中国传统文化的一个核心范畴，"贵和"是中国传统文化的重要精神，中国人人际和谐心理的生成与发展有着深厚的文化历史渊源。因此，要准确地理解和研究中国人的人际和谐心理，需要先从根源上对"和"的含义以及中国传统文化中"和"的文化内涵或和谐思想进行探究。按照"由根至叶"的研究路径，本章根据语义分析法的一般程序，先从"和"的字形、本义、引申义开始分析，然后逐步阐释传统和谐思想的精义，再在此基础上解析传统和谐思想在处理人我关系与群我关系方面的内涵与价值规范，以深入分析中国人人际和谐心理的深刻内涵。

第一节　和的语义分析

　　汉字是中国文化最鲜明的表征之一，中国文化的源流与发展都能从中国汉字及字形的演变中追根溯源。要准确弄清"和"的含义，我们先要从"和"字的字形说起。从字形上看，在古汉语中，"和"字共有五种写法，即和、盉、龢、惒与咊。其中，《汉语大字典》中对"惒"字的解释较为简略，认为"恝"同"和"，是梵语译音用字。如《龙龛手鉴·心部》载："恝，琳法师云，僻字也，今作'和'字。"①《正字通·心部》说："恝，俗和字。"《汉语大字典》中对"咊"字的解释也较为简略："咊"同"和"。《玉篇·口部》载："咊，古文（和）。"②而且在《汉语大字典》列出的"和"的字形中，也出现了"咊"这一写法。可见，"恝""咊"古同"和"，"恝""咊"本是"和"的一种生僻写法，而且使用极少。因此，下文对这两字就不多讲了。但根据相关词典的释义，至少在先秦时期，和、盉、龢三字是通用的，而且含义丰富，下面就对这三字做一番探究。③

一、"和""盉"与"龢"的字形

（一）"和"字字形演化图

对于"和"字，《汉语大字典》中列出了八种字形演化图，见图 2-1 所示。

图 2-1 "和"字字形演化图④

① 《汉语大字典》（第二版），2474 页，武汉，崇文书局；成都，四川辞书出版社，2010。
② 《汉语大字典》（第二版），652 页，武汉，崇文书局；成都，四川辞书出版社，2010。
③ 汪凤炎、郑红：《中国文化心理学》（第五版），128—138 页，广州，暨南大学出版社，2015。
④ 《汉语大字典》（第二版），650 页，武汉，崇文书局；成都，四川辞书出版社，2010。

（二）"盉"字字形演化图

对于"盉"字，《汉语大字典》中列出了六种字形演化图，见图 2-2 所示。

图 2-2 "盉"字字形演化图①

（三）"龢"字字形演化图

对于"龢"字，《汉语大字典》中列出了十种字形演化图，见图 2-3 所示。

图 2-3 "龢"字字形演化图②

在《汉语大字典》中，对于"龠"字也列出了五种字形演化图，见图 2-4 所示。

---

① 《汉语大字典》(第二版)，2741 页，武汉，崇文书局；成都，四川辞书出版社，2010。
② 《汉语大字典》(第二版)，5124 页，武汉，崇文书局；成都，四川辞书出版社，2010。

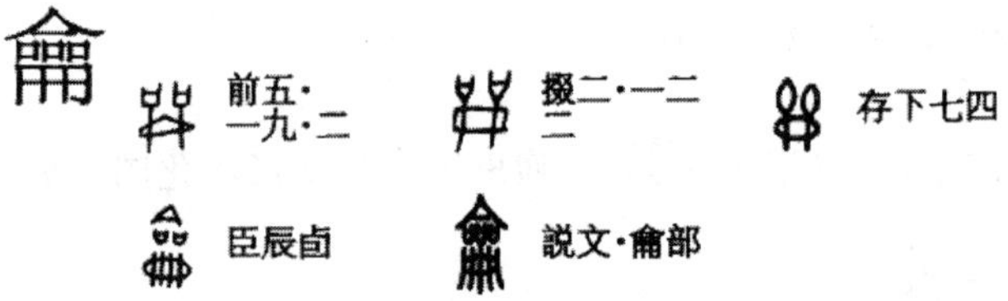

图 2-4 "龠"字字形演化图①

从以上"和""盉"与"龢"三字的字形演化图来看，至少在甲骨文与金文的字形上仍然能够分辨得出这三字的大部分象征意义。"和"字主要由"禾"与"口"构成，"禾"像一棵成熟了的谷类植物，"口"则表示进食或说话，表明"和"为食用食物之意，与饮食有关；"盉"字主要由"禾"与"皿"构成，且"皿"像一个酒器，而"禾"则似麦秆插入酒器中，表明"盉"为用禾秆吸酒之意，也与饮食有关；"龢"字主要由"龠"与"禾"构成，由"龠"字的字形演化可知，"龠"像管状有孔的乐器，且"龠"在"禾"叶之下，表明"龢"为坐靠在禾草下吹龠之意，与音乐相关。

二、"和""盉"与"龢"的含义

(一)"和"的含义

"和"，《说文·口部·和》说："和，相应也，从口，禾声。"据《汉语大字典》的解释，在汉语中，"和"的读音与含义较多。关于读音，主要有五种：①hè；②hé；③huó；④huò；⑤hú。关于其含义，有 35 种之多。其中，当"和"读作 hé 时，含义有 26 种。经分析，与心理学有关的含义只有8 种，分别如下。②

---

① 《汉语大字典》(第二版)，5124 页，武汉，崇文书局；成都，四川辞书出版社，2010。
② 《汉语大字典》(第二版)，651 页，武汉，崇文书局；成都，四川辞书出版社，2010。引文为摘录，有改动。

(1)和谐；协调。也作"龢"。《说文·龠部》："龢，调也。"段玉裁注："经传多借和为龢。"《广雅·释诂三》："和，谐也。"《易·乾》："保合大和乃利贞。"王弼注："不和而刚暴。"《礼记·中庸》："发而皆中节，谓之和。"又特指人身体健康、舒适。《魏书·献文六王传·彭城王》："岂谓上灵无鉴，复使圣躬违和。"唐李华《国之兴亡解》："身或不和则药石之，针灸之。"

(2)适中；恰到好处。《广韵·戈韵》："和，不坚不柔也。"《周礼·春官·大司乐》："以乐德教国子：中、和、祗、庸、孝、友。"郑玄注："和，刚柔适也。"《论语·学而》："有子曰：'礼之用，和为贵。'"杨树达疏证："和，今言适合，恰当，恰到好处。"

(3)喜悦。《书·康诰》："周公初基，新作大邑于东国洛，四方民大和会。"孔传："四方之民大和悦而集会。"唐孟郊《择友》："虽笑未必和，虽哭未必戚。"

(4)和顺；平和。如：心平气和；和颜悦色。《广韵·戈韵》："和，顺也。"《左传·文公十八年》："高辛氏有才子八人……忠肃共懿，宣慈惠和。"孔颖达疏："和者，体度宽简，物无乖争也。"

(5)和睦；融洽。《书·皋陶谟》："同寅协恭，和衷哉。"孔传："以五礼正诸侯，使同敬合恭而和善。"唐陆贽《奉天论延访朝臣表》："情不交，则万邦不和。"又使和洽。《左传·隐公四年》："臣闻以德和民，不闻以乱。"

(6)和解；和平。《周礼·地官·调人》："凡和难，父之仇，辟诸海外；兄弟之仇，辟诸千里之外。"《孙子·行军》："无约而请和者，谋也。"

(7)调和；调治；调校。《集韵·过韵》："和，调也。"《周礼·天官·食医》："食医掌和王之六食、六饮、六膳、百羞、百酱、八珍之齐。"郑玄注："和，调也。"

(8)古哲学术语，与"同"相对，指要在矛盾对立的诸因素的相互作用下实现真正的和谐、统一。《论语·子路》："君子和而不同，小人同而不和。"《左传·昭公二十年》："晏子对曰：'据亦同也，焉得为和？'公曰：'和与同异乎？'对曰：'异。和如羹焉，水火醯醢盐梅以烹鱼肉，燀之以薪。宰夫和之，齐之以味，济其不及，以泄其过……君臣亦然。君所谓可而有否焉，臣献其否以成其可；君所谓否而有可焉，臣献其可以去其否。'"《国语·郑语》："（史伯）对曰：'殆于必弊者也……去和而取同。夫和实生物，同则不继。以他平他谓之和，故能丰长而物归之；若以同裨同，尽乃弃矣。'"韦昭注："和，谓可否相济。"

（二）"盉"的含义

《说文·皿部·盉》说："盉，调味也。从皿，禾声。"郭沫若在《长安县张家坡铜器群铭文汇释》里说："金文盉，从禾声，乃象意而兼谐声，故如《季良父盉》……象以手持麦秆以吸酒，则盉之初义殆即如少数民族之咋酒罐耳。"至于字义，据《汉语大字典》解释，"盉"字主要有如下三种含义。[①]

（1）古器名。青铜制，圆口，深腹，三足，有长流、鋬和盖，为酒水调和之器，用以节制酒之浓淡。盛行于殷代和西周初期（如图2-5所示）清段玉裁《说文解字注·皿部》："古器有名盉者，因其可以盉羹而名之盉也。"王国维《说盉》："余谓盉者，蓋和水于酒之器，所以节酒之厚薄者也。"

（2）调味。后作"和"。段玉裁注："调声曰龢，调味曰盉，今则和行而龢盉皆废矣。"《玉篇·皿部》："盉，调味也。今作和。"

图 2-5 "盉"[②]

---

① 《汉语大字典》（第二版），2741 页，武汉，崇文书局；成都，四川辞书出版社，2010。节选，有改动。

② 《汉语大字典》（第二版），2741 页，武汉，崇文书局；成都，四川辞书出版社，2010。

（3）调味的器皿。《广韵·戈韵》："盉，调五味器。"

（三）"龢"的含义

《汉语大字典》对"龢"的解释较为简略，"龢"同"和"。《说文·龠部·龢》说："龢，调也。读与和同。"朱骏声通训定声："《一切经音义》六引《说文》：'音乐和调也。'《周语》：'声相应保曰龢。'"《篇海类编·器用类·龠部》："龢，《左传》：'如乐之龢。'又徒吹曰龢。今作和。又谐也，合也。"《吕氏春秋·孝行》："正六律，龢五声，杂八音，养耳之道也。"①

在《汉语大字典》中，对"龠"的解释则较为详细。"龠"读作 yuè（音同"乐"）。《汉语大字典》中列出的"龠"的释义主要有如下三种。②

（1）一种用竹管编成的乐器，似笛而稍短小，有三孔、六孔、七孔之别。《说文·龠部》："龠，乐之竹管，三孔，以和众声也。"《广雅·释乐》："龠谓之笛，有七孔。"

（2）古量器名。《广韵·药韵》中："龠，量器名。"

（3）通籥。锁钥。

分析以上所列"和""盉"与"龢"三字的含义可知，当作"协调；调和；调治；调校"等义理解时，"和""盉"与"龢"三字大体相同，可以换用；当然，在这样用时，三者之间也有细微的区别。段玉裁在《说文解字注·五篇上·皿部·盉》中解释得颇为清楚："调声曰龢，调味曰盉。今则和行而龢盉皆废矣……调味必于器中，故从皿。古器有名盉者，因其可以盉羹而名之盉也。"根据段玉裁的这一解释，再结合相关古籍的书写方式，可以得出两个结论：一是若细分，"和""盉"与"龢"三字的含义与用途有大小之分。尽管"龢"也可用于指调味，例如，《吕氏春秋·孝行览·孝行》就说：

---

① 《汉语大字典》（第二版），5124 页，武汉，崇文书局；成都，四川辞书出版社，2010。
② 《汉语大字典》（第二版），5124 页，武汉，崇文书局；成都，四川辞书出版社，2010。

"熟五谷，烹六畜，龢煎调，养口之道也。"①但是，在通常情况下，"龢"主要用于指称"调声"，即"调声曰龢"；"盉"主要用于指称"调味"，即"调味曰盉"；"和"则可以兼指"调声"与"调味"。由此可见，"和"的含义与用途较之"盉"与"龢"二字要大、要广。二是"和""盉"与"龢"三字的使用时间长短有差异。从上文所列"和""盉"与"龢"三字的字形图及相关解释看，"和""盉"与"龢"三字的起源都颇早，至少在金文里都已有这三个字的相应写法。但是，"和"字较之"盉"与"龢"二字，不但在起源上同样具有悠久的历史，而且历久弥新。《尚书》中出现"和"字共 42 次。其中，《今文尚书》中出现"和"25 次，《古文尚书》中出现"和"17 次。《老子》一书中出现"和"字共 5 次。②《论语》中出现"和"字共 8 次。③ 随着"和"字的兴行，"盉"与"龢"二字逐渐被"和"字所取代，《经》《传》中"龢""盉"已多假用"和"，而后"和"同时兼有了"盉"（调味）、"龢"（调声）之义，结果"盉"与"龢"最终在中国现行文字中被废弃不用了。

三、"和"的本义

尽管"和"的含义多达 26 种，不过，从心理学角度来看，在"和"的这 26 种含义中，只有 8 种含义与心理学有密切关系，其余 18 种含义与心理学没有任何关联。同时，从字义上看，在"和"的 26 种含义中，"和"的本义是"调和；调治；调校"。若进一步分析归纳，"和"的本义主要有以下两种。

（一）调味

"和"的本义之一是"调味"或"和味"。"调味"的含义与用法有两种：用

---

① 吕不韦：《吕氏春秋》，101 页，上海，上海古籍出版社，1989。
② 张立文：《中国哲学范畴发展史（人道篇）》，146—149 页，北京，中国人民大学出版社，1995。
③ 杨伯峻译注：《论语译注》，250 页，北京，中华书局，1980。

作动词，指"调味"（调和味道）之义；用作名词，指"用调味品配制出的美味食物（如晏婴所讲的'和羹'就属此种食物）"之义。从逻辑顺序来看，是先有"调味"这一动态过程，然后才有"美味食物"这一静态结果。从这一意义上说，"和"的本义先是作动词用，指"调味"；然后才作名词用，指"调出的美味食品"。这从"和"的早期写法上也可看出。根据图 2-1 所列"和"字字形演化图可知，"和"字在金文里有两种稍有差异的写法：一是写作"㮿"，左边是一个"禾"字，右边是一个"口"字；二是写作"𥝌"，左边是一个"口"字，右边是一个"禾"字。在这两种写法里，以前一种写法为多，也表明"和"是一个会意字。从字形上看，左边的"禾"像一棵成熟了的农作物，其上端那向左（或向右）弯垂的一画像是沉甸甸的下垂穗子，中间有叶子，下部有根。《说文·禾部·禾》说："禾，嘉谷也。"段玉裁在《说文解字注·禾》里说："嘉谷谓禾，民食莫重于禾，故谓之嘉谷。嘉谷之连稿者曰禾，实曰粟，粟之人曰米，米曰粱，今俗云小米是也。"可见，"禾"字本是根据生产"小米"的植物（高粱）的外形而造出来的一个象形字，意指"小米"。具体地说，在秦汉以前，"和"多指粟，即今之小米。"禾"字经过引申，也可泛指"粮食作物的总称"；"禾"也通"和"，于省吾新证："禾乃和之借字"。①而右边的"口"一看就像人的"嘴巴"，因此，"口"也是一个象形字。《说文·口部·口》说："口，人所以言食也。象形。"②这是从"口"的功能来解说"口"字。在许慎等中国先哲看来，人的嘴巴的用途主要有两种：一是说话，二是进食。

这样，"禾"要成为美食，必须经过厨师调配五味（和五味）才成，此种由口所体现出来的"调"即是"和"。《说文·言部·调》说："调，和也。"而

---

① 《汉语大字典》（第二版），2770—2771 页，武汉，崇文书局；成都，四川辞书出版社，2010。

② 《汉语大字典》（第二版），613 页，武汉，崇文书局；成都，四川辞书出版社，2010。

据《集韵·过韵》解释："和，调也。"《周礼·天官·食医》说："食医掌和王之六食、六饮、六膳、百羞、百酱、八珍之斋。"郑玄注："和，调也。"可见，"和"与"调"可以互训。这充分表明，"和"的本义之一是"调味"。《吕氏春秋·孝行览·孝行》说："熟五谷，烹六畜，龢煎调，养口之道也。"其中，"龢煎调"指调节甜、酸、苦、辣、咸五种味道，使之成为适宜的味道，从而达到保养身体的目的。因为在《吕氏春秋》看来，一个人若经常吃太甜、太酸、太苦、太辣或太咸的食物，容易影响身体健康。正如《吕氏春秋·季春纪第三·尽数》所说："大甘、大酸、大苦、大辛、大咸，五者充形则生害矣。"这表明，"龢煎调"讲的就是"龢"的这一本义。正由于"和"的本义之一是"调味"，所以，"和"才能与"盉"通用，并且"盉"最终被"和"所取代。

（二）调声

"和"的另一本义是"调声"或"和声"。与"调味"类似，"调声"的含义与用法也有两种：用作动词，指"调和五声六律"这一动态过程，也就是"调音"或"调声"之义；用作名词，指"调和五声六律之后得到美妙和谐的音乐"这一静态结果，也就是"声音相应和谐"之义。《汉语大字典》对"和"与音乐相关的解释也有三种：①古乐器名，小笙。《尔雅·释乐》："大笙谓之巢，小者谓之和。"《仪礼·乡射礼》："三笙一和而成声。"郑玄注："三人吹笙，一人吹和。凡四人也。"②古代音乐术语，指单纯以吹奏乐器吹奏。《尔雅·释乐》："徒鼓瑟谓之步，徒吹谓之和。"③古代乐曲最前面的部分，犹今之引子。① 从逻辑顺序来看，是先有"调和五声六律"这一动态过程，然后才有"声音相应和谐"这一静态结果。从这一意义上说，"和"的本义仍

---

① 《汉语大字典》（第二版），652 页，武汉，崇文书局；成都，四川辞书出版社，2010。

是先作动词用，指"调音"；然后才作名词用，意指"声音相应和谐"。因为，与美食需要经过厨师调配五味（和五味）才能生成的事实类似，美妙的乐曲也需经由乐师调五声和六律才能生成。

《汉语大字典》对"龢"的解释较为简略，反而对"龠"的解释较为细致，可见，"龢"的含义主要取决于左边的"龠"。所以，《说文》将"龢"解释为："调也，读与和声。""龠"在甲骨文里写作"廾"。据《说文·龠部·龠》讲："龠，乐之竹管，三孔，以和众声也。从品，侖。侖，理也。"但郭沫若在《甲骨文字研究》里却说："（龠字）象形，象形者，象编管之形也。金文之作♥♥若 VV 者实示管头之空，示此为编管而非编简，盖正与从△、册之侖字有别。许书反以侖理释之，大悖古意。"①按照郭沫若的分析，龠主要是指编成的竹管。《广雅·释乐》说："龠谓之笛，有七孔。"合言之，"龠"本指一种用竹管编成的乐器，似笛而稍短小，有三孔、六孔、七孔之别。②可见，"龢"字左边的"龠"本是一个竹制的多孔乐器，这也可从上文所列"龠"字的早期字体中看出。在《汉语大字典》所列的"龢"字的前8种字形中，左边的"龠"都处于右边的"禾"的遮荫之下，极像人在劳作之余坐靠在禾草下悠闲地吹奏龠器。所以，"龢"的本义就是将从多孔乐器中发出的不同声音进行调节，使之成为和谐的音乐之声。《吕氏春秋·孝行览·孝行》说："正六律，龢五声，杂八音，养耳之道也。"其中，"五声"指宫、商、角、徵、羽，调节宫、商、角、徵、羽这五种声音，使之成为悦耳的声音，从而达到保养耳朵的目的。这里的"龢五声"讲的就是"龢"的这一本义。《尚书·舜典》中记载："诗言志，歌永言，声依永，律和声。八音克谐，无相夺伦，神人以和。"八音，据《周礼·春宫·大师》中说，为金、石、土、革、丝、木、匏、竹。"八音克谐"意为八种乐器奏出的乐音达到和谐，强

---

① 郭沫若：《甲骨文字研究》，89—90 页，北京，人民出版社，1952。
② 《汉语大字典》（第二版），5124 页，武汉，崇文书局；成都，四川辞书出版社，2010。

调音乐的整体协调性，这种融诗、歌、声、律、舞为一体的仪式，使人的行动整齐协调，并达到人神和谐的状态。由此可见，"和"的另一本义是和声或和音。正由于此，"和"才能与"龢"通用，并且"龢"最终被"和"所取代。

综上对"和"的语义分析可以看出，中国先人对"和"的认识最初来自饮食之和与音乐之和，从而饮食之和与声乐之和构成了"和"文化的主要内容。这样，"和"的本义即为和味、和声。这表明，通过"和"获得的"和味"或"和声"，本是一种包含着差异、矛盾、互为"他"物的对立面在内的各种味道或音律的多样性统一。当然，若细究，在"和"的这两个本义中，"和味"之义较之"和声"之义出现的时间可能会更早些。因为，按一般常识以及马斯洛的需要层次理论，先民只有在满足了饮食之类的生理需要之余，才会产生欣赏音乐之类的审美需要，或者说从物质需求上升到精神需求。同时，从"和""盉"和"龢"三字开始是并用但最终只用"和"的事实来看，汉字发展存在两个明显的规律。一是汉字是广大劳动人民根据实际生活的需要，经过长期的社会实践才慢慢地丰富和发展起来的。根据上文分析可知，中国先人根据自己所从事的活动，会创造出一些与自己的生产和生活密切相关的汉字。"和""盉"与"龢"三字均明显来源于先人的农业耕作和饮食生活，"和"左边的"禾"代指农作物，右边的"口"指人的嘴巴；而"盉"上边的"禾"同样是指农作物，下边的"皿"则指调味或饮酒的"器皿"；"龢"字左边的"龠"指一个多孔乐器，右边的"禾"泛指农作物，以示农业劳作休息时吹奏音乐。二是汉字一向是朝着实用、简化和规范的方向发展的。从这个意义上说，正是由于"和"较之"盉"和"龢"二字在书写上要简单、方便一些，显得更为实用，"和"才能最终取代"盉"和"龢"二字，成为使用至今的规范汉字。

四、"和"的引申义

若从现代概念隐喻理论的观点来说，即隐喻的本质是以人体对周围世界的感知和经验为物质基础，将一个概念域（始源域）映射到另一个概念域（目的域）进而获得引申和抽象意义的认知过程，那么，"和"既有和味、声音相应和谐的具体之义，而"和味"与"声音相应和谐"里本有"协调"与"和谐"之义，由此很自然地就能引申出协调、和谐、适中、和解等多种抽象的含义。即要想将酸、甜、咸、辣等味道调配成可口的味道，就必须恰当地协调好各自的比例；同理，要想将五声六律调配成美妙的音乐，也必须恰当地协调好五声六律的比例。这样，自然就能从"和"中引申出"适中"与"恰到好处"之义，即多种事物之间配合得协调和融洽，即"恰到好处"的理想状态被称为"和"。再在此基础上加以扩展的话，一个人如能做到内心协调、身心协调、人我协调，自然就能从内心体验到"喜悦"之情，在与他人交往时自然也就能做到"和顺，平和，心平气和，和颜悦色""和睦，融洽""和解，和平，结束战争或争执"。于是，"和"里就又多出了这诸种引申义。但无论是"和味"还是"和声"，均意味着"要协调各方面的矛盾或冲突，使之和谐一致"。于是，从"和"里又引申出"在矛盾对立的诸因素的相互作用下实现真正的和谐、统一"之义。因此，概括地说，"和"强调的是矛盾对立中的统一，以承认事物的多样性与保持世界的和谐性为前提。通过"和"获得的统一，是一种包含着差异、矛盾、互为"他"物的对立面在内的事物多样性的统一。①

五、与"和"相关的字

为进一步理解"和"的含义，笔者再将"和"与其经常连用的几个字汇总起来进行辨析。

（一）"和"与"谐"

在现代用语中，"和"与"谐"经常一起使用，构成"和谐"一词。《说

---

① 方克立：《关于和谐文化研究的几点看法》，载《高校理论战线》，2007(5)。

文·言部》对"谐"的解释是:"谐,詥也。从言,皆声。"在字义上,"谐"主要有"和谐;协调"之义。如《书·舜典》中:"八音克谐,无相夺伦。"《周礼·天官·大宰》中:"以知邦国,以统百官,以谐万民。"① 至于"詥",其读音与含义有二:当其读作"hé"时,其义为"谐"。《说文·言部》说:"詥,谐也。从言,合声。"当其读作"gé"时,其义为"会言"。《集韵·合韵》说:"詥,会言也。"《六书统·言部》说:"詥,从言从合,合众意也。"② 可见,当"谐"作"和谐;协调"之义解时,③"谐"与"和""詥"三字可以换用。如《广雅·释诂三》说:"和,谐也。"《玉篇·言部》说:"谐,和也。"《汉书·礼乐志》有"八音克谐",颜师古注"谐,亦和也"。也有"和"与"谐"并称连用的,如《左传·襄公十一年》有"如乐之和,无所不谐"。郑玄笺云:"后妃说乐君子之德,无不和谐。"

综上所言,当"谐"作"和谐、协调"义解时,"谐"与"和"同义且可以换用,而且可以连用组成一个名词即"和谐"。《现代汉语词典》对"和谐"的解释是:①配合得适当,如音调和谐,这张画的颜色很和谐;②和睦协调,如和谐的气氛,和谐社会。④ 由此可见,"和谐"一词的含义本与"和"相通,只是古今汉语的表达习惯稍有不同而已。古汉语为凸显其用词简洁的特性,习惯以单个字为词;而现代汉语为配合今人的用语习惯,喜欢用两个字或两个字以上的合成词。可以说,一方面,"和谐"一词本是将"和"与

---

① 《汉语大字典》(第二版),4258 页,武汉,崇文书局;成都,四川辞书出版社,2010。
② 《汉语大字典》(第二版),4226 页,武汉,崇文书局;成都,四川辞书出版社,2010。
③ 此外,"谐"还有其他 7 种含义:①成,办成功。如《后汉书·五行志一》:"谐不谐,在赤眉;得不得,在河北。"②商定;评议。如《后汉书·宦者传·张让》:"当之官者,皆先至西园谐价,然后得去。"李贤注:"谐谓平论定其价也。"③诙谐,滑稽。如《汉书·东方朔传》:"上以朔口谐辞给,好作问之。"④配偶。《广雅·释诂四》:"谐,耦也。"⑤对照。《论衡·自纪》:"谐于经不验,集于传不合。"⑥辨别。《列子·周穆王》:"予一人不盈于德而谐于乐。"张湛注:"谐,辨。"⑦合。《书·尧典》:"克谐以孝。"参见《汉语大字典》(第二版),4258 页,武汉,崇文书局;成都,四川辞书出版社,2010。
④ 《现代汉语词典》(第 7 版),527 页,北京,商务印书馆,2018。

"谐"二字叠加使用的结果;① 另一方面,两个字叠加在一起,也强化了"和"这个概念的辩证性,突出了它包含着差异、矛盾的多样性统一的意义。从而,作为名词的"和谐"一词准确地表达了"和而不同""多样性统一"的含义,"和谐"亦可简称为"和"。② 党中央和国务院提出的"和谐社会""和谐世界""和谐文化"的概念,也正是抓住了中国传统文化中"和"的精髓。③"构建和谐社会""和谐"的社会主义核心价值观都是对中国传统"和"的思想的传承和发扬。

（二）"和"与"同"

《说文·冂部》对同的解释是:"同,合会也。从冂,从口。"④而《说文》对冂的解释是"冂,重覆也"。王筠句读:"冂又加一,故曰重也。"⑤《汉语大字典》对"同"的主要释义有:①会合,聚集。如《说文·冂部》说:"同,合会也。"《诗·幽风·七月》中有:"嗟我农夫,我稼既同,上入执宫功!"郑玄笺:"既同,言已聚也。"北周庾信《燕射歌辞·角调曲》有:"泾渭同流,清浊异能。"②相同;一样。如《易·乾》中说:"同声相应,同气相求。"③齐一,统一。《广韵·东韵》有:"同,齐也。"《书·舜典》:"协时月正日,同律度量衡。"陆德明释文:"同,齐也。"从对"冂"的解释以及对"同"的三种主要释义来看,"同"主要意指两者（或多者）之间的相同、重叠或重复。

当然,"同"也有"和谐"之义,可以与"和"互训。《汉语大字典》对同的释义有:和谐,安定。《吕氏春秋·君守》:"离世别群,而无不同。"高诱

---

① 汪凤炎:《"和"的含义及其对当代中国德育的启示》,载《中国德育》,2009(3)。
② 方克立:《关于和谐文化研究的几点看法》,载《高校理论战线》,2007(5)。引文有改动。
③ 方克立:《关于和谐文化研究的几点看法》,载《高校理论战线》,2007(5)。
④ 《汉语大字典》(第二版),625页,武汉,崇文书局;成都,四川辞书出版社,2010。
⑤ 《汉语大字典》(第二版),110页,武汉,崇文书局;成都,四川辞书出版社,2010。

注："同，和。"《礼记·礼运》说："大道之行也，天下为公，选贤与能，讲信修睦。故人不独亲其亲，不独子其子，使老有所终，壮有所用，幼有所长，矜寡孤独废疾者，皆有所养。男有分，女有归。货恶其弃于地也，不必藏于己；力恶其不出于身也，不必为己。是故谋闭而不兴，盗窃乱贼而不作，故外户而不闭。是谓大同。"郑玄注："同，犹和也，平也。"《马王堆汉墓帛书·经法·四度》："参于天地，阖（合）于民心，文武并立，命之曰上同。"①这里的"大同"主要是指一种人人友爱互助，家家安居乐业，社会祥和安宁的"大致相同，整体和谐"的社会图景，集中反映的是人们对传统和谐社会的向往与追求。

"和"与"同"之辨，在历史上主要有史伯、晏婴以及孔子的三次大讨论，并且多主张"和与同异""尚和去同"。《国语·郑语》中记载了西周太史史伯与郑桓公的谈话如下。

夫和实生物，同则不继。以他平他谓之和，故能丰长而物归之，若以同裨同，尽乃弃矣。故先王以土与金木水火杂，以成百物。是以和五味以调口，刚四支以卫体，和六律以聪耳，正七体以役心，平八索以成人，建九纪以立纯德，合十数以训百体。出千品，具万方，计亿事，材兆物，收经入，行姟极。故王者居九畡之田，收经入以食兆民，周训而能用之，和乐如一。夫如是，和之至也。

史伯指出，"和"与"同"是不一样的，"他"即相异者，"以他平他"即把不同的事物结合到一起，通过相互聚合、相互协调、相互影响，达到和谐统一，形成一种新的状态或产生新的事物，称之为"和"；而"同"则不然，它指相同的东西，重复相加，只是量的增多，并不能产生新的事物。因此，事物存在和发展的动因是"和"而不是"同"。在史伯看来，"和"包含了

---

① 《汉语大字典》(第二版)，626 页，武汉，崇文书局；成都，四川辞书出版社，2010。

差别的统一，"同"则指无差别的绝对同一。所谓"同则不继"，是指事物在绝对同一的状态下难以发展和延续，唯有在差别性、多样性的交互作用下，事物的存在与发展方有可能，这就是"和实生物"的道理。据此，史伯尖锐地指出周幽王排斥贤相、宠爱奸邪的行为是"去和而取同"，它终将给周朝的统治带来灾难性的后果。

《左传·昭公二十年》中记载了齐桓公请教晏婴如下。

公曰："和与同异乎？"对曰："异。和如羹焉，水火醯醢盐梅以烹鱼肉，燀之以薪。宰夫和之，齐之以味，济其不及，以泄其过。君子食之，以平其心。君臣亦然。君所谓可而有否焉，臣献其否以成其可。君所谓否而有可焉，臣献其可以去其否。是以政平而不干，民无争心。故《诗》曰：'亦有和羹，既戒既平。鬷嘏无言，时靡有争。'先王之济五味，和五声也，以平其心，成其政也。声亦如味，一气，二体，三类，四物，五声，六律，七音，八风，九歌，以相成也。清浊，小大，短长，疾徐，哀乐，刚柔，迟速，高下，出入，周疏，以相济也。君子听之，以平其心。心平，德和。故《诗》曰：'德音不瑕。'今据（人名）不然。君所谓可，据亦曰可；君所谓否，据亦曰否。若以水济水，谁能食之？若琴瑟之专一，谁能听之？同之不可也如是。"

晏婴指出，"同"就像"以水济水"或"琴瑟之专一"，即以水加上水，还是水的味道；琴声再加上琴声，还是琴的声音。这些都是简单的同一，比较没有"饮之""听之"的价值。但"和"就如"羹汤"，其中有鱼、有肉、有作料，加上火力烹调，在"相济相成"后，则可得新的美味之羹汤；或者说就像音乐，其中有清浊、大小、短长等声音上的变化，"相济相成"后方成新的乐章。在晏婴看来，"和"与"同"的对立在于，"同"是将相同的事物相加，"和"则是将多种事物调和在一起。事物不能自身产生自身，也不能同性产生同性，有分才有合，有差异才能"和"。只有在对立方的相互融合而非冲突或吞并中，才能生出新的状态、新的关系或新的和谐来，如五音相和、五味相和、五色相和。多样性相和不仅可以悦目、悦耳、悦口，而且可以明辨是非邪恶、昌明真理善恶，这正是晏婴主"和"去"同"的真正价值。史伯和晏婴的和同论，是中国和谐思想的理论前导，对后世和谐文化思想产生了深远的影响。

孔子继承了《左传》《国语》中的和同之辨，提出"和为贵"的为政之道与为人之道。孔子明确主张"和而不同"，而反对"同而不和"。在《论语·子路》中论及"同"与"和"时，孔子将其视为两种不同的做人处世原则，即"君子和而不同，小人同而不和"。他把"和"与"同"作为区别"君子"与"小人"的重要标准。何晏的解释是："君子心和然其所见各异，故曰不同；小人所嗜好者同，然各争利，故曰不和。"（《论语集解》）朱熹的解释为："和者，无乖戾之心，同者，有阿比之意。"（《四书章句集注》）"无乖戾"即说君子广厚其心，有节而中，不盲从附和；"有阿比"即指小人阿谀奉承、盲目附和。朱熹还援引尹毅的话说："君子尚义，故有不同；小人尚利，安得而和？"（《四书章句集注》）简而言之，"君子和而不同"就是因为君子的言行是以义为标准，对不合理的事情，就要反对，所以有不同；"小人同而不和"就是因为小人的言行是以对自己有利为标准的，对自己无利的事不干，对自己有利的事，不管是否符合正义他也干，所以只能同而不和。这就不仅是一般哲理的阐述，还上升到为人处世的最高准则。孔子还说："君子易事而难说也。说之不以道，不说也。及其使人也，器之。小人难事而易说也。说之虽不以道，说也。及其使人也，求备焉。"（《论语·子路》）君子求和以道，小人求和往往是求全责备，所以，孔子强调"毋意、毋必、毋固、毋我"。同时，孔子也极力厌恶"同而不和"，将现实生活中那些看似忠厚老实，跟谁都唯唯诺诺、四处讨好、八面玲珑的"乡愿"斥为"德之贼"。因为，"乡愿"的背后，是不分是非，言行不一，趋炎媚俗，毫无道德原则。

这种"乡人皆好之"的行为，就是同。它表面一团和气，实则走向了和的另一端，完全违背了和的初衷，难免要流于形式与伪善。孔子还批判"一言堂"是"一言丧邦"，并将下者对上者曲意逢迎、随声附和，甚至同流合污的行径，斥之为"巧言令色"。这都是"同而不和"，是违反治国的管理目标的。

综上，"和"就是包含矛盾的统一，强调事物多样性的统一，由不同事物的互补相成，产生新的事物；而"同"是取消差异的苟同，强调相同事物的重复、统一，但在同一的状态下难以得到新的发展。中国和谐文化的精髓是追求"和而不同"，此"和"并不是指没有冲突和矛盾，或是要极力消除冲突与矛盾，而是讲求不同事物或思想之间的和谐与统一，但又并不苟求一切都要整齐划一。因此，"和"还在于原始本身的多因素、多层次结构所具有的乐观的包容性质，这使它能不断地吸取、融化其他事物，在不断发展中构成稳定的系统。李泽厚曾说，中国思想传统一般表现为重"求同"。所谓"通而同之"，所谓"求大同存小异"，它通过"求同"来保持和壮大自己，具体方式则经常是以自己原有的一套来解释、贯通、会合外来的异己的东西，就在这种会通解释中模糊了对方的本来面目而将之"同化"。秦汉和唐宋对道、法、阴阳和佛教的吸收同化是最鲜明的实例。引庄入佛终于产生禅宗，更是中国思想的一大杰作。民间的"三教合流""三教并行不悖"、孔老释合坐在一座殿堂里……都表现出这一点。中国没有出现类似宗教战争之类的巨大斗争，相反，存别异乃求同，由求同而合流。这也正是中国智慧中值得注意的一个特色。① 因此，正是在这种"和而不同"的思想的影响下，中华民族不断吸收融化不同民族的文明而成长发展，中华文明形成了多元化的发展格局，形成了丰富

① 李泽厚：《中国古代思想史论》，313—314页，北京，人民出版社，1985。

的文化积淀，也才有了五千年文明的源远流长与生生不息。当今社会提倡的"和谐社会"建设，其理论基础就是"和而不同"。而就人际关系而言，实现人际关系的和谐，除了志同道合的朋友式和谐，更多的也是通过相互谅解的"求同存异""相互包容"的方式达到的。因为每个人的性格、兴趣爱好、气质和所处环境不同，行为的价值取向也各有不同，要达到行为的和谐是不容易的。

（三）"和"与"合"

和、合二字都见于甲骨文、金文。"合"是会意字，甲骨文的字形为"合"，似上下唇合拢、结合。《说文·人部》对"合"的解释为："合，合口也，从亼，从口。"朱芳圃在《殷周文字释丛》中说："字象器盖相合之形。"《汉语大字典》对"合"的解释主要有：①闭，合拢，与"开"相对。《说文·人部》："合，合口也。"《战国策·燕策二》中有："蚌方出曝，而鹬啄其肉，蚌合而拑其喙。"②聚合，聚集。《论语·宪问》中有："桓公九合诸侯，不以兵车，管仲之力也。"③联合，联络。《战国策·秦策二》中："楚王不听，遂举兵伐秦。秦与齐合，韩氏从之。楚兵大败于杜陵。"④结合，特指两性的交配。《史记·乐书》中："天地欣合，阴阳相得，煦妪覆育万物。"⑤合并。《史记·张仪列传》中："秦之所以不出兵函谷十五年以攻齐、赵者，阴谋有合天下之心。"⑥符合，不违背。《荀子·性恶》中："故必将有师法之化，礼仪之道，然后出于辞让，合于文理，而归于治。"⑦和睦；融洽。《诗·小雅·常棣》中说："妻子好合，如鼓瑟琴。"⑧匹配；配偶。《诗·大雅·大明》中说："文王初载，天作之合。"毛传说："合，配也。"⑨适合。《史记·廉颇蔺相如列传》中："（赵）括徒能读其父书传，不知合变也。"⑩重合。《辽史·历象志上》有："火星：初与日合。"此外，"合"作副词用，有"共同，一起"

的意思，如合唱，合编；作介词用，有"同""与""和"的意思。①

在聚合或会合的意义上，"和""合"有少量互训的情形。一方面，"和"可训为"合"，如《庄子·寓言》有："和以天倪。"成玄英疏："和，合也。"又如，《礼记·郊特牲》有："阴阳和而万物得。"孔颖达疏："和，犹合也。"另一方面，"合"亦可训"和"。如《吕氏春秋·有始》有："夫物合而成。"高诱注："合，和也。"但是，古代典籍中更普遍的情况是以"同"训"合"，而且"合""同"往往可以互训。一方面，从"合"来说，《说文解字·段注》中："此以其形释其义也，三口相同是为合。"《玉篇·人部》有："合，同也。"《广韵·合部》有："合，同。"（明）张自烈、（清）廖文英《正字通》亦有："合，同也。""合"又通"阖"。《康熙字典》中载："《战国策》'意者臣愚而不阖于王心耶'。注：阖，合同。"另一方面，从"同"来说，《说文·冂部》："同，合会也。"《尚书·禹贡》："同为逆河，入于海。"江声《尚书集注音疏》引郑玄："同，合也。"《汉书·地理志上》亦有："同为逆河。"颜师古亦注云："同，合也。"此外，《仪礼·少牢馈食礼》："同祭于豆祭。"《吕氏春秋·精谕》："天符同也。"《广韵·东部》等中都有："同，合也。"孙星衍《尚书今古文注疏·梓材第十七》有："合者，郑注《周礼》云：'同也'。"李方祥指出："《庄子·则阳》中提到的'合异以为同'命题，'合'的意思是指取消矛盾、无差别的同一，显然，'合'的这一层含义与'和'是截然不同的。"②

"和"与"合"的连用最早出现在《国语·郑语》中："夏禹能单平水土，以品处庶类者也，商契能和合五教，以保于百姓者也。"意即商契能和合父义、母慈、兄友、弟恭、子孝"五教"，使百姓安定和谐地相处与生活。《管子》将"和""合"并举，对"和合"做了系统的表述："畜之以道，养之以

---

① 《汉语大字典》（第二版），629—630 页，武汉，崇文书局；成都，四川辞书出版社，2010。
② 李方祥：《社会主义和谐文化与中国传统文化中的和谐思想》，载《高校理论战线》，2007(8)。引文有改动。

德。畜之以道，则民和；养之以德，则民合。和合故能习，习故能偕，偕习以悉，莫之能伤也。"(《管子集校·幼官图》)"畜之以道，则民和；养之以德，则民合。和合故能谐，谐故能辑。谐辑以悉，莫之能伤"(《管子集校·兵法》)，强调民众要和谐融洽，同心协力。《墨子·尚同中》有："内之父子兄弟作怨雠，皆有离散之心，不能相和合。"《史记·循吏列传》云："施教导民，上下和合。"这里的"和合"都有和睦同心、合异为同之意。由此看来，"和合"中"同"的意味更多，而"和谐""和为贵"中"和而不同"的意味更深。因此，方克立提出，中华和谐文化的理论基础、哲学根据是"和而不同"，是"兼和"，而不是"和合"。①

综上来看，"合"与"和"之间固然有某些意义相同或相近之处，但从多以"同"训"合"来说，"和"与"合"之间就存在着意义上的对立，而"合"与"同"之间的意义则更为接近。②"合"有合异为同、同心协作的意思，与"和而不同"中的"和"并不完全同义，而且还缺乏辩证性。

（四）"和"与"争"

"争"是会意字，甲骨文字形为"＊"，篆文写为"＊"，上为"爪"（手），下为"又"（手），中间表示某一物体，像两人在争同一样东西。《说文》："争，引也。从𡙅、厂。"《汉语大字典》中"争"主要有以下意思：①争夺，夺取。《说文·𡙅部》说："争，引也。"段玉裁注："凡言争者，皆谓引之使归于己。"徐灏注笺："争之本义为两手争一物。"②争斗，较量。《诗·大雅·江汉》中："时靡有争，王心载宁。"陆德明释文："争，争斗之争。"③辩讼，辩论。《玉篇·𡙅部》说："争，讼也。"《正字通·爪部》说："争，辩也。"《左传·昭公六年》中有："民知争端矣，将弃礼而征于书。"孔颖达疏："端谓

---

① 方克立：《关于和谐文化研究的几点看法》，载《高校理论战线》，2007(5)。
② 杜运辉、吕伟：《"和合"与"和谐"辨析》，载《高校理论战线》，2010(4)。

本也。今铸鼎示民，则民知争罪之本在于刑书矣。"《庄子·齐物论》中："有分有辩，有竞有争。"郭象注："并逐曰竞，对辩曰争。"《史记·留侯世家》："此难以口舌争也。"④竞争。《广韵·耕韵》中："争，竞也。"《书·大禹谟》中有："汝惟不矜，天下莫与汝争能。汝惟不伐，天下莫与汝争功。"唐韩愈《祭薛中丞文》中："诗人墨客，争讽新篇。"①综合来看，"争"的本义是"两人夺引"，同时蕴含着拼命求取以便获胜、获强等。

从上述来看，"和"与"争"意义相对，"和"是和睦、和顺，即相互顺应，而不是相冲突或避免冲突；"争"则是争斗、竞争，互不相让，并力图胜过或压倒对方。但从辩证思考的角度来看，这两个对立的概念之间也是相互关联的。"和"并不是指没有冲突与矛盾，而是能够将冲突或矛盾的事物相互调和，达到和谐共存，并且能生成新生事物。争也具有正面的含义，特别是指合理地争取、夺取。"争"与"和"是东西方在价值设置上的根本不同。西方取向于通过竞争来实现群我和人我关系的平衡；而东方尤其是中国人取向于和，通过和来实现群我及人我关系的平衡。在中国人心目中，和则平，不和则不平。② 因而，中国人的人生哲学更重视"和"，强调"以和为贵""能不争则不争"。《荀子·王制》中载："和则一，一则多力，多力则强，强则胜物；……争则乱，乱则离，离则弱，弱则不能胜物。"这说明中国人早就对"和"与"争"的后果有了清醒的认识。当然，中国人把"和"看成是人际关系的一个重要准则。西方也不是不讲"和"，但更强调"竞争"，把利益和力量之争看得更重要。所以说，假若"竞争"是西方人平衡人我关系与群我关系的基本手段，那么，和谐就是中国人平衡人我关系与群我关系的根本准则。不过，由于中国人过于尚"和"，忽略了适度的"争"在平衡人我关系与群我关系中的重要作用，

---

① 《汉语大字典》(第二版)，2178 页，武汉，崇文书局；成都，四川辞书出版社，2010。

② 李庆善：《中国人新论——从民谚看民心》，77 页，北京，中国社会科学出版社，1996。

有时为了"和"甚至有委曲求全、忍让屈从或掩盖矛盾之嫌，这也带来了某些消极的后果。

第二节 和谐的内涵分析

一、和谐思想的发展

"和"是中华文化的伦理范畴之一，和谐思想是中国传统文化的精髓。在中国文化中，和谐思想可谓源远流长、积淀深厚，各个历史时期的思想家们都对和谐思想提出了自己的论述与主张。从发展脉络上看，中国传统文化中的和谐思想大致经历了奠基与形成、发展与成熟、转换与深化等阶段。①

（一）和谐思想的形成期

和谐思想不是抽象和孤立地发展的，它来自先民们对于自然和社会的认识以及生产实践活动，并从这种认识和实践中日益凝练和概括出来。早在远古时代，先民们在从事农业耕种的生产劳动实践中，仰观天文，俯察地理，从禾苗作物的生长需要阴阳调和中认识到大自然和谐运转的巨大作用，体悟到阴阳和合形成宇宙万事万物生存与发展的规律，即"和实生物""和，故能丰长而物归之"，形成了对"和"状态的直接体认与期盼。而随着社会的发展、生产力水平的提高以及食物和其他生存物资的丰足，先民们对物质生活与精神生活质量的要求也在不断提高，即从摆脱恶劣生存环境

---

① 修建军：《中华伦理范畴·和》，2—20页，北京，中国社会科学出版社，2006。

的原始性生理需要上升到对"和五味以调口""和六律以聪耳"的愉悦性心理需要，从而在生活实践中形成了对"和五味"与"和众声"状态的直觉认知。正所谓"禾苗发育、谷物成长的自然条件要求风调雨顺，在风雨有声的基础上形成的音乐也就要求五音的调和了"①。从夏、商、周时期在甲骨文和金文中出现的"盉""龢""和"字形的不同写法与演化中，我们也可以窥见古人们对和的认识已经实现了从嘉禾之和到声音之和与调味之和的跨越。但在此阶段，古人对"和"的认知还只限于具体感知经验的范畴，尚未进入对其伦理抽象意义的探讨，处于认识的初级阶段。

进入西周末期，思想家们将在日常生活中感觉、知觉经验基础上形成的五味之"和"与五音之"和"的具体概念范畴映射到政"和"、人"和"与天人相"和"等较难以具体经验、知觉的抽象概念领域，从而获得对"和"的抽象概念的认知和理解，引发关于事物矛盾对立因素的多样性和单一性的"和同之辨"，使"和"作为一个伦理范畴的思辨品格开始得到发展。在对"和"的阐释中，无论是史伯"以他平他"对"和"正价值的揭示，晏婴以"相成""相济"辨证地充实"和"的内涵，还是伶州鸠对"中德""中音"等重德思想的贯注，他们均从历史观、哲学观、政治观、战争观以及方法论、处事原则等层面赋予了"和"以自然、社会、人生的多重义涵。"和"所具有的辩证统一、协和适度的精神品格业已渗透到整个古代的思想体系中。② 而且，西周以降重德思想的凸显，以偏于伦理道德的价值视野覆盖了知识的维度，由此所培育的理论生长点，如中庸、中和，在随后诸子思想的兴起中得到更为多元的阐释。这既是"和"的伦理思想形成的标志，也是百家争鸣的前奏。

---

① 罗祖基：《论中和的形成及其发展为中庸的过程》，载《南京大学学报(哲学·人文科学·社会科学)》，1995(3)。

② 夏静：《"尚和"思维论》，载《中国社会科学院研究生院学报》，2008(6)。

（二）和谐思想的成熟期

春秋战国到汉代，诸子基于不同的政治立场与救世主张，对"和"的内涵做了不同的深化与回应，使其在政治伦理、人文教化和文学艺术等领域都得到了不同程度的延伸与扩展。"中和""和合"范畴也取代了"和同之辨"成为思想界关注的中心。在春秋时期，儒、道、墨、法各家都对和谐思想做出了自己的理解与阐释。例如，孔门讲求礼乐之和、人伦之和，赋予"和"以道德伦理、人性人情的属性；思孟强调人的内在世界之"和"，注重自我的精神修养之境；荀学强调人的外在世界之"和"，注重社会人伦秩序的和谐，长于以"和"作为价值评判与道德评价的标准；道家则讲求天地之和、阴阳之和，侧重与天道、自然的结合，精于形上领域的延伸，长于体味人生过程的心灵感悟；墨家多关注社会、人际关系中的诸多冲突，提倡"兼爱""尚贤""非攻"等思想以实现天下"尚同"；法家虽反对儒家的仁政，主张严刑峻法，强调对立面的斗争，但其重法、倡争的最终目的还是社会的和谐与调和。这既是这个时代的人们对自然、宇宙、社会、人生的理性探索，也是在各种社会冲突、政治纷争中寻找多元融合的理论结晶。总体上，先秦作为中国思想文化的元典时期，不仅提出了和谐思想，而且得到了各家的认同。各思想家将"和"延伸到伦理道德、社会活动以及宇宙自然等领域的构念中，"和"被阐发为人在与自我、他人、社会、自然之间的互动中保持的"和谐""和睦""融合""揖让""和合"等状态，从而奠定了"和"的基本含义。"和"作为一个伦理范畴，其基本品质在此时已然成熟。

至西汉时期，董仲舒杂糅诸子思想，将中和与天地人、阴阳五行、伦理道德结合在一起，贯通形上与形下，建构了完整的"天人合一"的宇宙论体系和方法论原则，"和"思想遂成为传统时代主要的政治伦理准则和艺术审美标准。① 唐宋明时期，和谐思想继续成为中国哲学的基本内核，不同时期的思想家们从不同的侧面和角度对其进行了阐发和发挥。如隋唐时期儒家学者致力于振兴儒学，进一步发展了前代的中和思想；宋明时期程朱理学与陆王心学从追求道德（或政治）的最高境界阐发和，并注重认识论与伦理观的结合，从哲学本体论和认识论的高度论证"和"或"致和"的工夫。"养中和之气"也成为宋明理学家的共同追求。尤其是在此时期，儒、释、道三教的会通合流促进了中国哲学文化包括和谐思想的发展，提高了中国文化和谐辩证思想的水平。"和"成为中国人理解天地真际、化解社会矛盾、融合中国文化、实践人伦物理的根本智慧。

（三）和谐思想的转换期

至明清时期，和谐思想的伦理性与辩证性开始向实践性与应用性转换与发展。明清实学家以"经世致用"为原则，从社会的显要出发，把"和"范畴运用到形而下的社会现实中来。至近代社会，中华民族灾难深重，屡屡受到西方列强以及日本的侵略，民族的耻辱和痛苦激发了先进的中国人寻求救亡图存的道路。自西学东渐以来，他们先后提出"中体西用""西体中用""全盘西化""复兴儒学"等主张，这些都是为了寻求中华文化的出路，希望通过文化创新与整合的途径，实现中华传统文化的现代化转型，进而更加充分地发挥中华和谐思想的伟大力量，实现中华民族的伟大复兴。② 这一时期的思想家及政治家们如康有为、梁启超、严复、孙中山等力图在批判旧式"和"的范畴的基础上，兼并中西文化，从和平、自由、民主与革

① 夏静：《"尚和"思维论》，载《中国社会科学院研究生院学报》，2008(6)。
② 田正学、张申平：《两"和"发展战略的文化思想》，221 页，成都，电子科技大学出版社，2008。

新的角度阐发"和"，提倡"和"，并积极勾勒与谋划未来和谐社会的美好图景。"天下为公"、世界"大同"成为近代资产阶级改良主义和革命派民主主义政治家、思想家为之不懈奋斗的理想和信念。

进入 21 世纪后，承接和弘扬中国自古所崇尚的以和为贵、和谐为美的和谐社会理想，建设各阶层人民和睦相处、和谐共治的和谐社会，成为社会主义建设追求的目标。党的十六大和十六届三中全会、四中全会，从全面建设小康社会、开创中国特色社会主义事业新局面的全局出发，明确提出构建社会主义和谐社会的战略任务，并将其作为加强党的执政能力建设的重要内容。《中共中央关于构建社会主义和谐社会若干重大问题的决定》细致地概括了构建社会主义和谐社会的"总体要求"，也是和谐社会的科学内涵与总体特征，即民主法治、公平正义、诚信友爱、充满活力、安定有序、人与自然和谐相处。这六个方面具体包括个人自身的和谐，人与人之间的和谐，社会各系统、各阶层之间的和谐，个人、社会与自然之间的和谐以及整个国家与外部世界的和谐。传统的和谐思想在新时代构建社会主义和谐社会的历史任务中得到新的阐发与演绎，并且以具体的建设目标与政策要求得到落实与实践，实现了"在实践基础上，由感性认识上升到理性认识，由理性认识再回到实践中去"的历史性飞越。

综上来看，历经千载，与时俱进，"和"的精神与思想始终贯串在中华民族的文化系统中，成为中华文化传统的基本精神。[1] 在这种长达几千年的传统文化的影响与熏陶下，崇尚"天和""人和""以和为贵"等价值观念与处世理念业已积淀成厚重的观念结构与文化基因，深深浸入中国人的内心深处，渗透到中国人的文化创造心态及日常行为方式中，给中国人的气质

---

① 张岱年：《中国文化的基本精神》，载《齐鲁学刊》，2003(5)。

烙下了重重的文化印迹。正如曾仕强所说，中国传统文化中的价值观可以"同心、合德、不居功"七字（即维系人际和谐之意）来代表。[①] 钱穆亦概括指出，中国文化及中国人的性格是重"和合性"的，保持天人和人与人的自然和谐状态。中国人的思想总纲领是"通天人、合内外"，中国的文化结构是以个人的道德修养为纲。中国人的行为不重个人英雄崇拜，以集体合作为主，不是为一个集体目标而合作，而是为一个集体而和谐相处。中国人的民族性是和合性多于分别性，倾向于爱好和好、和顺、和睦、安和、平等，不喜欢抗争、违逆、对立、竞争、争斗。[②]

二、和谐思想的精义

关于传统和谐思想的内涵，不同的学者都有所概括，但其内容大体相同，主要有三维度说、四维度说与五维度说。例如，李亦园指出，中国文化最基本的运作法则是追求和谐与均衡，也就是"致中和"。他提出了包含自然系统（天）、有机体系统（人）以及人际关系系统（社会）三个子系统的"三层面和谐均衡"模型。[③] 汤一介提出，中华文化中的和谐是一种"普遍的和谐"，主要包括四个层次：自然的和谐、人与自然的和谐、人与人的和谐、人自我身心内外的和谐。[④] 方克立提出，中国传统和谐文化的内涵主要体现在五大方面：①"天人之和"，即注重人与自然的关系和谐，强调要处理好人与大自然的关系，要尊重自然、保护自然，才能实现人与自然的和谐发展；②"人际之和"，即重视人与人（群）之间关系的和睦，主张以和为贵，平和处事，从而创造和谐的人际环境与社会氛围；③"身心内外之

---

① 曾仕强：《传统中国文化中的价值观及其现代诠释》，转引自《中国人的价值观国际研讨会论文集》，台北，汉学研究中心出版，1991。

② 钱穆：《从中国历史来看中国民族性及中国文化》，23—50页，香港，香港中文大学出版社，1979。

③ 李亦园：《和谐与均衡：民间信仰中的宇宙诠释》，转引自李亦园：《文化的图像——文化发展的人类学探讨》，64—94页，台北，允晨文化实业股份有限公司，1992。

④ 汤一介：《略论儒学的现代意义》，载《未来与发展》，1996(3)。

和"，即重视身与心、内与外关系的调和；④"内心之和"，即在调节个体内心世界时，重在心理平和；⑤"审美之和"，即在审美情趣上流露出的协调之美。① 综合来看，中国传统文化中的和谐思想，即通过天人和谐、人际和谐、身心和谐，"万物各得其和以生"，以期达到"人与天调""天人合一"的最高境界。因此，具体而言，中国传统文化中的和谐思想具有以下要义。

（一）天人之和

在人与自然的关系上，中国人崇尚天人之和。自远古时代起，中国人就把天、地、人看作一个统一、平衡、和谐的整体，只有天地各安其位、各得其所，处于和谐与平衡的状态，万物才能生生不息。如《周易·系辞传》中说："乾阳物也，坤阴物也。阴阳合德，而刚柔有体，以体天地之撰，以通神明之德。"它提出阴阳对称、刚柔调和的观念，描绘了一幅阴阳和谐孕育万物的自然宇宙图景。《老子·第四十二章》提出："万物负阴而抱阳，冲气以为和。""和"不是静止的，而是一个从区分、矛盾到平衡、融合的动态演变过程。在这一过程中，万物生生不息。《礼记·乐记》中说："乐者，天地之和也……和，故百物皆化。"郑玄注："化，犹生也。"这表明，是因为和谐，万物才能化育生长。荀子提出"万物各得其和以生，各得其养以成"（《荀子·天论》），他认为，万物是各自得到了阴阳形成的和气而产生，各自得到了风雨的滋养而成长。王充在《论衡·自然》中也说："天地合气，万物自生，犹夫妇合气，子自生矣。"古代思想家把这种天人合一的思想，发展为人与天地万物为一体的学说，发展和升华了和谐自然观。

---

① 方克立：《关于和谐文化研究的几点看法》，载《高校理论战线》，2007(5)。

在此认识论的基础上，中国传统文化强调人应该与自然界相统一，提倡人类应当认识自然、尊重自然、保护自然，强调人与自然万物和谐共存，参与大自然造化养育万物的活动。如《周易·条辞传》中说"天地之大德曰生"。万物生生不息，人类在大自然的恩泽滋润下成长。天地最大的恩德就是为宇宙和人类提供了生生不息的资源环境，让各类生命都能各得其所，安身立命。《周易·乾卦》中的"乾道变化，各正性命，保合太和，乃利贞。首出庶物，万国咸宁"认为，人类只有依据乾道即天道的变化，才能找到自己的位置和价值，然后才能和谐和融合，即走向"太和"，最终"万国咸宁"。孟子从心性上解释天人合一，提出："尽其心者，知其性也。知其性，则知天矣。存其心，养其性，所以事天也。"（《孟子·尽心上》）他要求人们加强道德修养，积极主动地获得对客观事物本质与规律的理性认识。《中庸》中继续说："唯天下至诚，为能尽其性；能尽其性，则能尽人之性；能尽人之性，则能尽物之性；能尽物之性，则可以赞天地之化育；可以赞天地之化育，则可以与天地参矣。"它认为人与人、人与物、人与天地之间不相对立，而相和合，万物之间应该处于"并育而不相害"的理想状态。孔子还提出了"知天命""畏天命"，认为人们不仅要认识而且要遵循自然规律，不能违背大自然运行的规律。他还将"畏天命"与"君子"人格结合起来，"君子有三畏：畏天命，畏大人，畏圣人之言。小人不知天命而不畏也"（《论语·季氏》）。君子知天命，所以敬畏天命，按规律办事；小人不知天命，所以没有"畏天命"之心，肆意妄为，既敢破坏人与人之间的关系，也敢破坏人与自然之间的关系。张载在《正蒙·乾称篇》中说："乾称父，坤称母；予兹藐焉，乃混然中处。故天地之塞，吾其体；天地之帅，吾其性。民吾同胞，物吾与也。"它认为，人是由天地生成的，天地好比是人的父母，充塞于天地间的元气，构成天地的本体，也构成了我的身体，统率天地变化的是天地的本性，也是我的本性，人民是我的同胞兄弟，万物是我的亲密朋友，我与天地万物是统一的，应相亲相爱、和谐相处。这充分体现出中国人强调人与自然和谐相处的宽广胸襟。[①] 而从反面来讲，在处理人与自然的关系时，中国文化一向反对向自然界过度索取，要避免以破坏自然、牺牲物种为代价来一味满足人的贪欲的诸种做法。如孔子在《论语·述而》中就说："子钓而不纲，弋不射宿。"孟子则说："君子之于物也，爱之而弗仁；于民也，仁之而弗亲。亲亲而仁民，仁民而爱物。"（《孟子·尽心上》）孟子还提出："数罟不入洿池，鱼鳖不可胜食也；斧斤以时入山林，材木不可胜用也。"（《孟子·梁惠王上》）这些都强调人应该爱护大自然，对大自然的索取要节制适中，要具有善待自然、保护生态平衡的意识。因此，中国传统的"天人合一"思想实际上包含着既要"仁于人"，又要"仁于他物"，此即程颢所说的"仁者以天地万物为一体，莫非己也"（《程氏遗书》卷二上）。这才是"天人合一"的真意。总之，"天人合一"思想肯定了天与人、自然与人类社会具有统一性，并视这种统一性为和谐的最高境界，由此进一步扩展为人际和谐之道。

（二）人际之和

"和"反映在人与人之间的关系上，就是人际之和，具体表现为家庭和睦、邻里和顺、上下和敬、政通人和、协和万邦、天下和平等。中国传统文化素有"天、地、人"三才之说，认为人为万物之本，人和，方可社会和，方可世界和。因此，中国传统文化中强调的"和为贵"，主要指的是人际伦理意义上的人和，强调各种不同因素之间的相互融合、相互协调，包含了和气、和顺与和睦的人伦意蕴。如孔子主张"和无寡""礼之用，和为贵""和而不同"，强调人际交往中和谐友善而不必苟同；子思将中庸思想

---

① 李宏斌：《和谐与竞争：中西文化精神新论》，载《探索》，2005(5)。

发展为一般方法论和世界观，以"中"为"天下之大本"，以"和"为"天下之达道"；孟子认为，"天时不如地利，地利不如人和"。他们都将人事和谐作为决定成败的关键因素。在一个社会中，如果人人都能按照"和"的要求约束和选择自己的行为，就可以形成良好的人际关系和社会秩序，从而实现理想的社会状态。正如《礼记·礼运》中的描述："四体既正，肤革充盈，人之肥也。父子笃，兄弟睦，夫妇和，家之肥也。大臣法，小臣廉，官职相序，君臣相正，国之肥也。"

人际之和在范畴上包括个人与个人之间、个人与社群之间、个人与社会之间的各种关系，实际上是要建立各种广义的良好的人际关系。人际之和反映在社会实践中，即以"和"为根本准则来协调各种人际关系，合理地安排各种人际关系，以实现人际关系的和谐融洽。在处理人与人（群）、群与群的关系时，从正面来说，具有不同个性的人与人、人与群、群与群、民族与民族、国与国之间要彼此尊重、平等交往，养成一种具共生取向的和谐发展的独立人格，做到交往双方彼此互尊、互助、互赢，从而实现人类社会的和谐共存、共同发展；从反面来讲，一个或多个人（或群、或族、或国家）在与他人（或他群、或族、或国家）交往时，不要为了一味求同而放弃自己的个性，以至于形成一种依附性的人格。从功能上讲，在积极方面，人际关系和谐意味着各主体之间能够通过彼此的信任、理解和沟通，实现同心同德、协力合作。这是一种互为目的的关系，是"人和"最高境界的表现。在消极方面，人际关系和谐能够通过各主体之间的相互理解、沟通来化解紧张，抑制冲突。[1]

（三）身心内外之和

身心之和，类似于现代心理卫生领域使用的"自我和谐""心理和谐"等

---

[1]　参见王罡：《孔子思想中"和"的三种表达》，载《安顺学院学报》，2008(5)。

概念，心理和谐也成为心理健康的重要指标之一。从心理学的角度来看，和谐就是存在差别的各个成分之间可以协调整合。① 中国传统养生文化也提倡养生重在养心，认为保持良好的心态，"心平气和、清淡为人"比吃任何保健品都要有效。《论语·八佾》说："乐而不淫，哀而不伤。"内心平和、随和待人、温和处世，达到这种境界，人的身心就会处于最健康的状态。《论语·季氏》说："君子有三戒，少之时，血气未定，戒之在色；及其壮也，血气方刚，戒之在斗；及其老也，血气已衰，戒之在得。"也就是说，人们在追求情欲上、在喜怒哀乐上、在追求物质利益上，要掌握中和的原则，要保持平衡谦和的心态。《中庸》也说："喜怒哀乐之未发谓之中，发而皆中节谓之和。""中和"是符合礼义法度、从容自然的理想状态，它强调要有所节制，少私寡欲，适可而止，以豁达开朗的心胸与无所偏的心境接人待物；并且个人在与他人、社会之间发生矛盾冲突时，应当避生"三气"（闲气、怨气、闷气），戒骄戒躁，宽容谦让，将心态调节到最佳状态，营造好心情，以达到身心健康。

从人际交往的角度来看，身心内外之和，要讲求心态平和，成为一个身心和谐发展的人，即指个体的身与心（心主要包括德、智、情和意四个方面）均得到和谐发展，从而使自己的身与心更加健全。因为，一个人只有自身实现了和谐发展，成为身心健全的人，才能为其后在处理人与人、人与群、人与自然的关系时实现和谐提供可能。换言之，一个人若想实现家庭之和、邻里之和、上下和睦和天下之和，前提条件之一便是自己的身心要和谐。具体而言，个体在处理自己的身心关系和主我、客我关系时，从正面来说，要妥善协调自己的身与心的关系，主我与客我的关系，知、情、意、行之间的关系，做到身心和谐、心理和谐（即主我、客我和谐，

---

① 王登峰、黄希庭：《自我和谐与社会和谐——构建和谐社会的心理学解读》，载《西南大学学报（人文社会科学版）》，2007(1)。

知情意行彼此和谐），从而使自己的身心持久地处于舒畅的状态。实践证明，人际和谐或心理健康的人一般都乐于与人交往，不仅能接受自我，也能接受他人，悦纳他人，能认可别人存在的重要性和作用。同时，他也能为他人所理解，为他人和集体所接受，能与他人相互沟通和交往，人际关系也就协调和谐；能与所生活的集体融为一体，既能在与挚友同聚之时共享欢乐，也能在独处沉思之时无孤独之感；在与人相处时，积极的态度（如同情、友善、信任、尊敬等）总是多于消极的态度（如猜疑、嫉妒、畏惧、敌视等）。① 因而，他在社会生活中有较强的适应能力和较充足的安全感。从反面来讲，一个人在修养身心时，要避免出现由于"身心内外失和"而导致的诸种弊病：身心一旦"失和"，个体容易产生"空有强壮身体却心理不健康""心理健康却身体虚弱多病""身心均不健康"等多种不健康状态；主我、客我一旦"失和"，个体容易产生自傲心态（将"主我"想得太好，大大高于"客我"的实际发展水平）或自卑心态（将"主我"想得太差，大大低于"客我"的实际发展水平）等不健康心态；个体的知、情、意、行之间的关系一旦"失和"，就容易让个体产生撒谎（知行脱节）、行为粗鲁（行为缺乏理智或缺乏意志的合理调控）、义气用事（行为完全由情绪控制，缺乏理智或缺乏意志的合理调控）、冷漠无情（行为没有善情的滋润）等无礼行为或品行不端行为，甚至产生违法乱纪行为。

党的十八大、十九大报告都提出要"培育自尊自信、理性平和、积极向上的社会心态"。其中，"理性平和"就是强调个体要注重身心内外的和谐。它将"和谐心理"，或"心理和谐"，或"自我和谐"等概念在政治上提到了前所未有的高度。和谐心理（或心理和谐）主要表现为个体内部心理的和谐，即认知、情感、意志与主体行为协调统一、自尊自信，善于平衡心

---

① 参见王登峰、崔红：《心理卫生学》，北京，高等教育出版社，2003。

理。当前，我国社会主义市场经济的快速发展、社会结构的急剧变化、利益格局的深刻调整使整个社会心态发生了很大变化，急功近利、心浮气躁、焦虑迷茫、失衡偏激、怨天尤人等不良社会心态不同程度的存在，给社会稳定、国家发展、个人幸福带来负面影响。因此，理解和承接传统"身心内外之和"思想的要旨，加强社会心理服务体系建设，培育理性平和的社会心态，提高国民的心理素养，促进国民心理健康，使人们正确认识社会和自我，进而正确处理个人与社会的关系，具有重要的现实意义。

综上来看，中国传统道德文化的整体和谐理念经过长期的发展形成了独具民族特色的内涵，其主要包括：在天人关系上，讲求天人合一、天人相符、天人感应、民胞物与；在人与社会的关系中，追求理势相应、利义相宜、理欲相适、群己统一；在人与自我、人与人的关系问题上，主张身心俱修、身心和谐、人人为我且我为人人；在民族、国家关系上，提倡讲信修睦、万邦协和、兼爱交利、世界大同。① 经过长期的文化积淀，和谐精神逐渐泛化为中华民族普遍的社会心理习惯，"表现出一种静态"的特征，重视自然的和谐、人与自然的和谐、人与社会的和谐、人与人之间的和谐以及人自身的身心和谐等。② 这一文化观念外化为中国人的存在样态，决定着中国人的处世风格，也塑造了中国人的国民性格，由此形成的中国人处世性格的显著特征便是"和"。它的立足点是人际关系的和谐，目标是社会的稳定与协调。这样，无论从积极层面还是从消极层面来说，"和"本就是一个很好的调节人与自然，人与人，人与群，群与群，民族与民族，国与国，身与心，主我与客我，知、情、意、行之间关系的准则与手段，而且中国传统文化中"和"所蕴含的和谐伦理思想至今仍具有合理的因素，

① 戴兆国：《中国传统道德文化的整体和谐理念》，载《中国社会科学报》，2013-06-03。
② 钟明善、朱正威主编：《中国传统文化精义》（第二版），8 页，西安，西安交通大学出版社，2001。

与今天中国政府力倡社会主义民主法制建设及社会主义和谐社会建设的时代精神是相吻合的，值得在现代社会发扬光大。

三、人际和谐的内涵

中国人对"人"的界定应该用人与人的关系来看，所以，在研究中国人的性格时也要从这个视角来看，才能对中国人的行为有真正的理解。[①] 梁漱溟说："伦理本位者，关系本位也。"[②]从对"人际之和"的解析来看，"和"的伦理思想在落实到处理人与人、人与群的社会关系上时，便是强调与追求所有人际关系的和谐，尤其是五伦关系的和谐。因此，可以说，人际和谐是中国传统伦理的总原则。

中国文化很早就重视"和"在协调国家、社会、人际之间关系上的社会功能，赋予"和"以很高贵的价值。《尚书·尧典》中早就提出了"协和万邦"的主张："克明俊德，以亲九族。九族既睦，平章百姓。百姓昭明，协和万邦。"这段话讲的就是首先"亲九族"，要把自己的家族、宗族治理好，继而把自己的子民安抚好，把国家治理好，进而才能"协和万邦"，使邦国之间和谐相处、共同发展。《尚书·周书·多方》中说："自作不和，尔惟和哉！尔室不睦，尔惟和哉！"意即，你们自己不和睦，你们应该和睦起来！你们的家庭不和睦，你们也应该和睦起来！此处，"和"的含义为"和谐""调和"，已被视作调和冲突、协调关系的准则。

西周至春秋时期，与调节人际关系有关的"和"的含义已经丰富多彩了，有了"适中、恰到好处""喜悦""和顺、平和、心平气和、和颜悦色""和睦、融洽"和"和解、和平、结束战争或争执"等多种含义。《国语·郑语》记载，史伯提出了"和实生物，同则不继"的命题，认为"和"是"以他平

---

① 杨中芳：《如何研究中国人——心理学研究本土化论文集》，75 页，重庆，重庆大学出版社，2009。

② 梁漱溟：《中国文化要义》，84 页，上海，上海人民出版社，2005。

他"，而"同"只是将无差别的单个因素、单一成分简单相加而已，不同的事物互相结合才能产生百物，而如果是同上加同，不仅不能产生新的事物，甚至会有走向灭亡的危险。[①]《左传·昭公二十年》记载，晏婴以烹饪菜汤和演奏乐曲为例来说明"和"的含义及其与"同"的区别所在，并以此为喻来阐明"和"（不是"同"）是正确处理君臣关系（实为人际关系中的一种）的准则，即"和"具有将多种不同因素、不同成分以一定的比例调成包含平衡、协调、和谐关系的"新"事物之义。可见，用作处理人际关系的准则的"和"，本指于不同意见或不同个性中求同存异以谋求一种"执中"或和谐的状态；而"同"则指抹杀不同人的个性来谋求无差别的、单一性的一致之义。因此，只有"和"（而不是"同"）才是正确处理人际关系的基本准则。

到了孔子和老子生活的时代，以孔子为代表的儒家和以老子为代表的道家，开创出使用"和"的两大发展方向。一是道家在自然的意义上使用"和"。如《老子·第四十二章》说："万物负阴而抱阳，充气以为和。"此思想对后世中医和中国传统哲学产生了深刻影响。二是儒家将"和"逐渐伦理道德化。孔子儒家上承《尚书》和晏婴等人的传统，使"和"成为判断君子与小人两种道德人格的重要判标，正如孔子在《论语·子路》里说："君子和而不同，小人同而不和。""和而不同"是说君子尚义，无乖戾之心，虽所见各异，各不苟同，然能和谐统一，不求"专同"；而"同而不和"是说小人尚利，专同于嗜欲，然各有争心，故不和。不独儒家、道家尚和，墨家、佛家等亦是。墨家也认为和是处理人际关系的基本法则，认为天下不安定的缘由在于父子兄弟结怨仇，有了离散之心，因此，"离散不能相和合"（《墨子·尚同中》）。佛家的重要理论观点之一是因缘和合说，认为"诸法因缘和合生，故无有法；有法无故，名有法空"（《大智度论》卷三一）。这表明

---

① 徐元诰撰：《国语集解》，王树民、沈长云点校，470页，北京，中华书局，2002。

佛家也重和。佛家道德文化的核心理念也体现出整体和谐的特征，如佛教提倡"乐善好施""普渡众生""惜生护生""慈悲救世"等，为构筑中国社会的整体和谐格局提供了重要的思想理论支撑，其整体和谐观体现了一种包容宇宙万物的悲悯关切之情，是平息、安顿人心浮躁的大智慧。

总体而言，中国传统文化倡导的人际和谐包含以下深意：人际和谐并不意味着彼此之间没有矛盾、没有差别，而是存在差别的各种成分可以相互协调地联系在一起；也不是不讲原则、一团和气，而是和而不同、求同存异，包容多样的和谐；是在不断解决矛盾中运动、发展、生生不息的动态和谐，所有人在其中能够各尽其能、各得其所而又和谐相处。由于儒家思想在从汉代至清代的中国传统文化中占据主导地位，这导致以"和"作为处理人际关系基本准则的思想和价值观念自先秦产生以后就一直延续下来，并保持较大的稳定性，在处理人际关系中一直起支配作用，成为后世中国人做人的重要原则，使中国人在人际交往中多崇尚"人和"，主张"和为贵"。例如，孙隆基认为，中国人的人际关系即以保持和谐为最高目的。[1] 张立文更是明确强调"和合是中国文化人文精神的精髓和首要价值"，"和合能协调、和谐人的精神生活中的烦恼、焦虑、孤独、空虚等等冲突，陶冶情操，净化心灵。由人和而天和，人合而天合，进而人乐而天乐的天人和乐的和合心灵境界"[2]。杨中芳提出，对于人际交往，传统中国文化中的三个观念具有重要影响：一是和谐的天人和人际关系；二是"牺牲小我完成大我"的人群关系；三是以君子为个人的楷模。[3] 黄囇莉则认为，中国传统的和谐思想，落实到人际关系方面，其含义主要有三：一是人与其周

---

① 孙隆基：《中国文化的深层结构》，167 页，桂林，广西师范大学出版社，2011。

② 张立文：《和合学——21 世纪文化战略的构想》，70 页，北京，中国人民大学出版社，2006。

③ 杨中芳、彭泗清：《人际交往中的人情与关系：构念化与研究方向》，转引自杨国枢、黄光国、杨中芳：《华人本土心理学》，470—504 页，重庆，重庆大学出版社，2008。

遭的环境，包括与其他人要和谐相处；二是人伦与天道是互通的，人有天赋的本性容许其与他人和谐相处；三是人们就是要在人际交往中，通过修养自己将仁、义、礼、智以及统领一切人际关系的信的秉性发挥出来。①汪凤炎则进一步提出，中国人一向推崇"和"，导致尚"和"已成为中国人的一种集体潜意识，中国人人际交往的所有策略几乎都是为了达到和谐人际关系的目的，"和"字无疑是打开中国人人际交往心态的一把"钥匙"。② 因此，可以说，传统的和谐思想为中国人的和谐人际关系与交往提供了一种人际行为的价值尺度与追求目标。作为尺度，它是中国人处理人际关系、规范自身行为的标准；作为目标，它要求中国人通过理性的追求以实现人际关系的和谐与社会秩序的和谐。

---

① 黄囖莉：《华人人际和谐与冲突：本土化的理论与研究》，23页，重庆，重庆大学出版社，2007。

② 汪凤炎：《尚"和"：中国人的集体潜意识》，载《江西师范大学学报(哲学社会科学版)》，2001(1)。

第三章

中国人人际和谐心理的形成原因

　　从前文可知，"和"的思想贯串于中华民族的文化系统中，是中华文化传统的基本精神之一，中国人的尚"和"心态也就是在这样的长达几千年的文化传统影响与熏陶下滋生与发展的。因此，中国人崇尚和谐的价值观念与处世理念有着厚重的文化基因或广袤的文化土壤。在中华文化史的研究中，冯天瑜、何晓明和周积明认为，任何民族的文化，其创生和流变都是在某种特定的地理环境、经济条件、社会结构三维空间中进行的。[①] 冯天瑜亦指出，半封闭的温带大陆大河型的地理环境、农业型自然经济的生存方式以及家国一体的宗法社会是滋生和发展中国古代文化的土壤，并铸造了富于中国特色的社会意识形态。[②] 陈江风也提出，考察中国文化的生成机制和发展嬗变，应该从地理环境、经济土壤、社会政治制度等方面入手加以整合，[③] 细致到对中国人心理与行为的社会心理学研究中。杨国枢也从文化生态学与生态心理学的角度，提出了一套"生态环境→经济形态→社会结构→社会化方式→性格与行为"的理论模式，说明中国人在传统的

---

　　① 冯天瑜、何晓明、周积明：《中华文化史》（第3版），130页，上海，上海人民出版社，2010。

　　② 冯天瑜：《中国文化——一个以伦理意识为中心的系统（提要）》，载《湖北大学学报（哲学社会科学版）》，1986(1)。

　　③ 陈江风主编：《中国文化概论》，44页，南京，南京大学出版社，2002。

农业生态环境中，是如何发展出一套重视和谐与秩序的严密农业社会结构的。[①] 黄曬莉则直接认为，中国人和谐观的发生根源主要有三种：一是农业为主的生产方式——天人合一的思想；二是亲缘关系的社会结构——伦理本位的礼治思想；三是中央集权的政教体系——国家意识形态化的儒学。[②]

综合这些观点，中国人的心理、行为及生活方式的塑造，应有其更基本、更具体、更有力的因素。这些因素很可能是自古以来中国人身处其中的生态环境、务农形态及社会结构等。为了有效适应这些现实而有力的基层因素，中国人才会形成一套特殊的心理结构、行为意向及生活方式。因此，参照以上各位学者的观点与框架，本章拟从相对封闭的大陆型自然地理环境、自给自足的农耕经济条件、家国同构的社会政治背景以及重人伦的道德价值导向的文化背景等方面对中国人人际和谐心理滋生与发展的原因进行探视与分析。

第一节　中国人人际和谐心理形成的环境条件

地理环境是人类产生、生存和发展的先决条件，自然地理条件对于文化产生和发展的影响是最主要的。早在古希腊时期，亚里士多德就创立了环境地理学，认为地理环境既是人类生存的物质环境，又是制约社会存在的相互关系体系，从而他把地理环境纳入人类历史和文化考察的范围之

[①] 杨国枢：《中国人的性格与行为：形成及蜕变》，转引自《中国人的蜕变》，310—347 页，北京，中国人民大学出版社，2013。

[②] 黄曬莉：《华人人际和谐与冲突：本土化的理论与研究》，23—67 页，重庆，重庆大学出版社，2007。

内。欧洲启蒙运动的代表之一孟德斯鸠在《论法的精神》中系统提出"地理环境决定论"，认为自然地理条件对于一个民族的道德、风尚、法律性质和政体的建立都起着决定性的作用。① 法国的让·博丹也提出："某个民族的心理特点决定于这个民族赖以发展的自然条件的总和。"可见，"一个民族文化的特质，或曰'民族精神的标识'，既非造物主的赋予，也绝不是绝对理念的先验产物，而是从深厚的民族生活土壤里生长出来的"②。在这里，我们并不推崇极端的"地理环境决定论"，但是，"在考察中华文化的生成机制时，就有必要从对文化赖以发生发展的地理背景的剖析入手，并进而探讨中华地理背景的诸特征与中华文化诸特征之间的千丝万缕的联系"③。具体地说，考察中国人人际和谐心理的产生，也非常有必要对中国古人繁衍生息的地理环境进行一番考察。综合来看，半封闭的大陆型地理环境以及地广物博的自然资源条件是中国人"和为贵"心态滋生的温床。

一、外部封闭隔绝养成中国人保守自封的心理

俗话说，"一方水土养一方人"。中华民族栖息生养于北半球的东亚大陆，属于半封闭的大河大陆型地理环境。中国古代典籍对中华民族这片栖息地所做的较为确切的宏观描述首见于《尚书·禹贡》："东渐于海，西被于流沙，朔南暨声教，讫于四海。"这大约是战国时期华夏族的"四至"观，已相当明晰地概括了古代中国具有一面向海，其他方向因"流沙"等屏障而难以逾越的东亚大陆的地理特征。④ 从古代中国所处的地理位置也可以发现，古代中国一面临海，三面为陆地，东面是一望无际的、古人难以横渡

---

① 参见［法］孟德斯鸠：《论法的精神》，张雁深，译，228 页，北京，商务印书馆，2007。

② 冯天瑜：《中国文化——一个以伦理意识为中心的系统（提要）》，载《湖北大学学报（哲学社会科学版）》，1986(1)。

③ 冯天瑜、何晓明、周积明：《中华文化史》（第 3 版），24 页，上海，上海人民出版社，2010。

④ 冯天瑜、何晓明、周积明：《中华文化史》（第 3 版），36 页，上海，上海人民出版社，2010。

的太平洋，西南为难以跨越的青藏高原和横断山脉以及瘴疬弥漫的热带雨林，西北为茫茫无际、数百里不见人烟的戈壁大沙漠，北方则为干旱的草原、皑皑的雪地和西伯利亚针叶林。从地形上看，对于缺乏必要交通工具和手段的古人而言，这四面都是难以逾越的障碍与壁垒，这既阻断了中国古人向外部发展或与外部世界进行信息交流的行进之路，在心理上也阻断了先民们向域外扩张、争夺和探险的野心，也消磨或减弱了他们探索外部世界的好奇心与冒险的精神，致使中国人自古就形成了一种随遇而安、好静恶动、好和恶争的心态，而在人际关系上表现为性格内向、含蓄好静、习惯容忍、依赖合作。这与古代的地中海文化和近现代的大西洋文化的开放型地理环境形成了鲜明的对照。与以古代希腊为代表的海洋文化相比较，希腊、罗马、英国等都是典型的海洋国家，享有海运之便。由于这些地区的岛屿或半岛腹地都较狭窄，南北纬度跨度小，物质资源相对匮乏，这便促成了他们向海外开拓、掠夺的野心。同时，作为海洋民族来讲，长期靠海而生，面对海洋随时随地不可知的异变，譬如台风、暴雨、暗礁和骇浪等，都无时无刻不在考验着海洋民族的生存毅力和战斗力。他们几乎每天都经历着生与死的搏斗，于是征服海洋、征服自然的冒险精神与斗志融入了他们的血液之中，这是一场为生存而斗的永不可停息的抗争，从而勇猛、竞争、创新、开放、外向也就构成了他们的民族性格，而表现在人际关系上为习惯外露、直率、好动、好斗，具有冒险精神，性格独立，崇尚抗争。因此，中国文化自古以来却独独找不到海外扩张、征服世界的狂想，这也是与以商品交换、海外殖民扩张为致富手段的海洋民族和以军事征服、战争掠夺为荣耀的游牧民族的根本区别之所在。① 黑格尔曾说过："水性使人通，山性使人塞，水势使人合，山势使人离。"也正如梁启超所

---

① 杨艺：《从中国地缘文化看中国人"和为贵"的平和心理》，载《西南民族大学学报（人文社科版）》，2004(6)。

言:"海也者,能发人进取之雄心也。陆居者以怀土之故,而种种之系累生焉。"①

外部封闭隔绝的地形也使中国文化的孕育与发展相对独立与完备。虽然在中国历史上曾先后有张骞开辟"丝绸之路"、郑和七下西洋等壮举,但这只是政府官方的一些"单独活动",并没有形成全民参与的规模与延续,或者说,这种偶尔的小型信息交流只存在于某一时期的统治阶层内部,并未深入影响普通民众的生活与文化意识。而且,由于天然屏障的存在,直到1840年,在长达4000多年的时间里,古代中国较少遇到外域强敌的入侵,从而免遭其他文明的干扰和破坏,没有出现类似印度文化那样因雅利安人的入侵而被摧毁的情况,类似埃及文化因亚历山大帝国的占领而希腊化的情况,类似罗马文化因日尔曼人南侵而中断的情况。中国文化始终保持着独立的发展系统,这就为中国形成一种相对完备的"独立与隔绝"的文化系统创造了条件。但在这种闭塞的文化认识中,古代中国人也养成了一种"世界中心"的意识,认为普天之下就是这四海之内,形成了以自我为中心的天朝心态,"普天之下,莫非王土;率土之滨,莫非王臣"(《诗经·小雅·北山》)。这种封闭与缺乏外部竞争的文化生态环境使中国人逐渐形成了重和谐、轻竞争、求安定的文化个性,但又不免带有封闭、保守的心理。这也可以从中国古代的"井底之蛙""夜郎自大""故步自封"等诸多成语典故中可见一斑。

二、内部资源丰富养成中国人知足求安的心态

从中国地理环境的内部地形构造来看,中国不但有广袤的平原和盆地,更有大量的山地、高原和河流,土地肥沃,水资源丰富,自然条件优越,是一个非常好的民族繁衍生息的巨大摇篮,为中华民族的孕育与发展

---

① 梁启超:《地理与文明之关系》,转引自《饮冰室合集》第10集,108页,北京,中华书局,1989。

提供了富足的自然养料与生存条件。而中国历史上的人口相对于辽阔的疆域来说还是"地广人稀"的，只是到了清末民初出现了"人口爆炸"，人均占有的各种资源才出现减少和匮乏的情况，中国经济地理条件的优越性才被抵消。① 这种富庶优越的自然地理条件对无论是农耕民族发展农业，还是游牧民族发展畜牧业，都创造了良好的自然条件。这使得古代的自然经济条件中的人们，只要有一块土地，通过自己的双手勤劳耕种，并且老实而顽强地坚守在这片土地上，几乎完全可以自给自足、繁衍不息了。因此，对于生活在这样的中华大地上的人们来讲，面临着的不是因资源贫乏而不得不互相争夺的问题，而是人与自然、人与社会、人与人之间的协调、交融与统一问题。只要人们团结协作，老老实实地守候这片土地，共同开发与利用好这些地理与自然资源，共同抵御各种自然灾害，做到可持续发展，完全有可能做到"既满足当代人的需要，又不对后代人满足其需要的资源构成危害"。

从自古以来生存与繁衍在这片土地上的各民族间的关系来看，虽然在中国古代历史上，许多民族的统治阶级都曾以自己为主体，在一个多民族聚居的范围内，或者建立过全国性的政权，或者建立过地区性、局部性的政权，尽管在一定时期内形成了分裂局面，但都是处在多民族的封建大国内的政权，不应称作"异国"。这些政权，或者利用中央王朝敕封的官号扩充势力，或者以得到中央王朝的册封作为行使其统治权的合法依据，在政治上与中央王朝保持一定的隶属关系，在经济上纳贡和互市。因此，中国古代历史上各个民族政权和统治集团之间所进行的战争，犹如各民族之间的关系一样，是一国之内的问题，不是国与国之间的问题。这些民族战争都是国内战争，是在一个多民族的封建大国范围内发生的民族战争。虽然

---

① 翟忠义、李树德主编：《中国人文地理学》，288—296 页，济南，山东教育出版社，1991。

历史上各民族之间大大小小的战争无数，但几千年来，统一的时间远超过分裂的时间，各民族之间主导的关系仍然是和平相处，是经济、文化和政治上的正常交往，民族之间的融合趋势，民族团结的局面仍然是历史发展的主流。各民族间的成功生存之道所依靠的不是抢夺生存资源而采取的征服与灭绝政策，而是如何进行各民族文化之间的交流、统一与融合政策，以达到共同繁荣。① 例如，自汉代至唐朝时期，昭君出塞、文成公主入藏等故事的流传，都较好地说明了汉族统治者总是与各少数民族之间通过联姻以及积极的文化交融等方式，寻求实现与各民族间的和谐共处与共同繁荣。而且，经过历史上各民族之间的战争与统一，中国内部各民族也不断达到融合，逐渐形成统一的中华民族。这种民族间的和平共处模式也使中国人自古以来就明白要求同存异、和谐共存的道理。"和则强，分则弱；和则存，分则亡。"在中华文明五千年的发展中，中华民族之所以能在无数次的风雨与坎坷之中历经沧桑巨变，至今仍保持着完整与统一，并焕发勃勃生机，原因无疑是很多的。但是，概括起来就是由于中华文化的特质中所具有的"和"的理念，成为凝聚中华民族的巨大精神力量，在中华民族的生存与发展中起着巨大的推动作用。②

综合来说，事物都有两重性，地理环境对社会的作用也是如此。半封闭大陆型的地理环境，虽然容易给传统文化和人的心理投下保守、封闭的阴影，但也有利于使中国的传统文化自成一体、相对稳定，有利于中国人形成务实质朴、勤俭耐劳、自足自得、热爱和平等积极的心理品质与特定的社会心理。在这种自然条件下孕育与成长的中华民族在其发育之初就种下了与天和、与地和、与人和的种子，养成中国劳动人民和平自守的性

---

① 朱绍侯：《如何认识和处理中国历史上的民族和民族关系问题》，转引自《中国古代民族关系史研究》，13—28 页，福州，福建人民出版社，1989。

② 沈素珍：《和：中华民族的民族精神》，载《新疆社会科学》，2009(5)。

格，从而在这片丰饶的土地上，中国人的心态安稳而平和，人与人之间相处得温和而中庸、谦让而又节制。

第二节　中国人人际和谐心理形成的经济条件

中华文明最早主要发源于仰韶文化的核心地区（包括陕西、山西南部及河南西部的渭水盆地），该地区的气候多变，但其土壤多为肥沃的黄土，此种土壤不需要另加肥料即可长久耕种而仍丰收。而且，中华民族文明的摇篮——黄河、长江流域处于北半球文明的最东端，属湿润半湿润的大河大陆型地带。从气候带上看，有江河灌溉的暖温带—亚热带为农作物的生长提供充分的热能和水分，都适宜农业发展[1]。据《水经注》记载，古时的黄土高原，"杂树交荫，云垂烟接，翠柏烟峰，清泉灌顶"，是动植物丰富的地区。在这种生态环境中，靠耕种为生似乎是一种最为适宜的方法。考古及其他资料也显示，早在公元前5000年的新石器时代，该地区即已出现自给自足的农业系统。此后，农业经营及活动的地区逐渐扩展，及至最近两千多年，淮河以南的地区也形成了多产而有效的农业系统。这些都证明了大河流域是农耕生产的最佳环境，可以为中国古人从事精耕细作的农业生产提供较良好的生产、生活条件。故而在黄河、长江的哺育下，中国的先民发展了精耕细作的农业自然经济。从文化生态学（cultural ecology）的观点来看，农耕经济与生活为中国人人际和谐心理的滋生与形成提供了经济土壤。

---

[1]　冯天瑜、何晓明、周积明：《中华文化史》（第3版），67—69页，上海，上海人民出版社，2010。

一、农耕环境促成中国人天人合一的观念

中国古代的经济以农耕经济为主体。在农业经济生产方式中，一方面，人们进行农作物播种和收获必须严格按照四时节令的变化适时地劳作，这使得中国古人的生产和生活规律必须与大自然的规律和节奏协调一致。古谣《击壤歌》描写了华夏农民的典型生活方式："日出而作，日入而息，凿井而饮，耕田而食，帝力于我何有哉！"《四月令》载：正月"农事未起，命成童以上入大学，学五经"。十月"农事毕，命成童入大学，如正月焉"。"谷雨中，蚕毕生，乃同妇子，以勤其事，无或务他。"这些描绘了中原农村耕织并重、耕读传家的田园牧歌般的生活方式——男子耕田，妇孺养蚕；成童以上的青年男子农闲入学读书，农忙从事农业生产。[①] 因此，在同大自然的不断斗争中，人们逐渐掌握和学会了利用和配合大自然，顺从大自然的常规节律。在这样的生产生活方式中，人类的生活逐渐和大自然的运转融为一体，并从中体悟到人是自然和谐整体的一部分，形成了与天地相和、与万物相和的和谐心理。

另一方面，自然条件对农业生产具有重要影响。越是在生产力落后的情况下，人类对自然条件的依赖与敬畏感就越深。由于古代劳动工具及生产技术有限，当时人们采用的是刀耕火耨的粗放型耕种方式，其辛苦播种后能否得到好的收获，还需要看老天爷的眼色，需要"靠天吃饭，赖地穿衣"。此外，山川草木、风雨雷电都和人类的生存息息相关。尤其是古代的科技不够发达，对一些怪异的自然现象无法做出合理的解释与认识，使得人们对大自然的各种风云变幻颇感神秘，从而导致人们对自然界的依赖并对其产生敬畏和感恩戴德的心理。春秋时期孔子就提出了"知天命""畏天命"，告诫人们不仅要认识而且要遵循自然规律，不能违背大自然运行

---

① 冯天瑜、何晓明、周积明：《中华文化史》（第 3 版），72 页，上海，上海人民出版社，2010。

的规律。古代的一些祭祀活动大都是和农业生产相结合的。在这些宗教色彩浓郁的仪式中，人们表达的常常是风调雨顺和对丰收的期盼。尤其是大灾之年，古代的统治者首先要反躬自省是否失德，然后举行禳灾仪式，祈祷躲避灾害，希望上苍恩赐丰收，或者感谢已经得到的丰收。同时，在天文、地理、历法、占卜、术数等方面的发明创造中，古人也形成了顺从天意、敬畏上天的观念。因此，追求天人合一，祈盼风调雨顺，是中国先民们最朴实的愿望。这样，人与自然的协调、四时和序等农耕观念与文化结合形成了中国人朴素的宇宙观或对自然的态度——"天人合一"，而不像西方文化那样推崇"征服、改造、利用大自然"。

二、农耕生产促进中国人协同合作的意识

一方面，在社会生产能力极低的情况下，人们面临着来自自然界的种种威胁，人类个体力量还远不能控制和利用自然力量来维持自身的生存，必须依靠个体协调联合起来的群体合力，因而和谐的人际关系便是个体力量转化为群体力量的契机。在中国古人生活的黄河与长江中下游地区，虽然资源丰富，但人们也受暴雨和大风等恶劣天气的影响，其变化率也很大，使得这两个地区极易发生水灾与旱灾。"据水利部统计，从公元前206年到1949年，中国发生过1029次大水灾，一片汪洋，生灵殆尽；发生过1056次大旱灾，赤地千里，饿殍遍野。"①从这组数据中可知，中国自公元前206年至1949年的岁月里，平均每隔不到两年的时间就发生一次大水灾或大旱灾。广为流传的诸如"后羿射日"和"大禹治水"之类的故事也都说明，自远古时期起，中华民族的祖先就一直在与旱灾和水灾搏斗。中国近几年经常发生旱灾或水灾的事实也可说明这一点。整治较大规模的水灾或旱灾仅靠个人或少数人的力量是难以完成的，正所谓"一方有难，八方支

---

① 宋健：《超越疑古 走出迷茫》，载《文史哲》，1998(6)。

援"。这种情况迫使人们在生产和生活的拼搏中必须以群体方式为主，必须依靠大多数人的齐心协力才能完成。因此，在农耕民族面临灾难的时候，中国人逐渐形成了团结协作的意识，通过"人和"凝聚力量，共同对抗、战胜恶劣的生产环境与生存环境。诚如《易传》中所说："二人同心，其利断金；同心之言，其臭如兰。"（《周易·系辞上》）《孟子·公孙丑下》说："天时不如地利，地利不如人和。"它将人和视作高于天时、地利的最重要因素，推崇和的心态溢于言表。其科学性就在于，它突出了抗争中人的因素，强调了和谐的人际关系、人与人团结合作等的重要性。荀子则从哲学上说明了人和有巨大力量的原因。他指出："和则一，一则多力，多力则强，强则胜物。"（《荀子·王制》）他认为，如果能保持统一，就能产生强大的合力，无坚不摧，攻无不克，这就是团结的力量。[①] 中国谚语中也有"一根筷子易折断，十根筷子抱成团""人心齐，泰山移"等诫训。

　　另一方面，中国古代的生产力发展水平不高，自战国开始的以牛耕田的情形一直延续下来，至今在某些农村仍在使用。自然条件的恶劣，再加上生产力水平不发达，导致中国的农业生产向来是一种粗放型经营，只有投入大量的劳动力才能获得农产品的增产，这种情况在整个中国古代社会没有发生过根本性的改变，只是到了现在，情况才有些变化。这种粗放型经营得以实现的前提条件之一，也是人们要具有协作共事的精神。再加上农业生产的季节性强，导致从耕种到收获的每一个生产过程都要在较短的时间内快速完成，时令消失，收成就要受到威胁，这就增强了劳动的强度。[②] 个人独来独往、单打独干、不依靠他人又必须严格遵循节令去从事农业生产活动在当时是十分困难的。例如，二十四节气中的第九个节

　　① 陆卫明、李红、赵述颖：《和谐思想的传统蕴涵及其现代诠释》，载《西安交通大学学报（社会科学版）》，2013(1)。

　　② 严耀中：《中国宗教与生存哲学》，10—11页，上海，学林出版社，1991。

气——"芒种"，在公历 6 月 6 日或 6 月 7 日前后，这一节令的到来，表明人们都在"忙种"了，预示着农民要开始忙碌的田间生活了。所以，"芒种"也称为"忙种"，民间也称其为"忙着种"。由于农事耕作都以这一节令为界，过了这一节气，农作物的成活率就越来越低，而且芒种时节已经进入典型的夏季，天气极度炎热，且中国长江中下游地区又进入梅雨季节，因此，这一时期正是"天气恶，时间紧，任务重"，农民们不得不通过相互协助帮忙，以共同渡过这一难关。直至现在，中国江南的一些农村仍有一年一度的"抢收抢种"的"双抢"活动，这也有效地说明了这一点。这种协同合作的农耕生产方式至今还表现在农耕民族的日常生产和生活中。例如，在现在农村人的日常生产生活中经常可以看到，抢收庄稼、婚丧嫁娶、织布经商，都是在邻里的相互帮衬下完成的，一家有难百家帮。正所谓"一人拾柴火不旺，众人拾柴火焰高""三拳不及四手，四手不及人多""一人难挑千斤担，众人能移万座山"。从一定意义上说，人际和谐之所以重要，是因为它能促进家庭及社会集体的和谐、团结及延续，有效适应务农的经济生活与社会生活；反之，与人不睦，独来独往，则在农耕社会寸步难行，甚至会走向灭亡。在大多数社会文化中，亲和结群行为都会得到奖赏，而"不合群"的人往往受到排斥。达尔文曾经指出："谁都会承认人是一个社会性的生物。不说别的，单说他不喜欢过孤独的生活，而喜欢生活在比他自己的家庭更大的群体之中，就使我们看到了这一点。独自一个人的禁闭是可以施加于一个人的最为严厉的刑罚的一种。"①因此，在这样的生产生活条件下，中国人一贯主张集体重于个体，提倡牺牲个体利益以维护集体利益，提倡群体内部的团结与和谐等，这导致集体主义和社会取向成为中国人适应社会的基本方式。这种价值取向也使得中国人在处理人际关系或

---

① ［英］达尔文：《人类的由来》，163 页，北京，商务印书馆，1983。

与人交往时，长于自抑，喜欢追求群体内部的和谐与团结，对不团结或涣散颇为反感，较为注意顾大局，喜欢求同存异，以"和"为贵。[①] 可以说，"和"是每一个从事农业经济生产的中国人的基本需要，即生存的需要。以汉族为主体的中国之所以成为当今世界上唯一的历史悠久而至今仍然生机勃勃的国家，与中国人的这种自古生成的协同合作的群体意识关系重大。

三、农业耕种养成中国人安土重迁的习性

传统的农业社会也是一个乡土社会，乡是农民世代居住的场所，土是农民生活的根基。费孝通说："乡下人离不了泥土，因为在乡下住，种地是最普通的谋生办法……我记得我的老师史国禄先生也告诉过我，远在西伯利亚，中国人住下了，不管天气如何，还是要下些种子，试试看能不能种地。——这样说来，我们的民族确是和泥土分不开的了。从土里长出过光荣的历史，自然也会受到土的束缚。"[②]自古以来，中国人就把这赖以生存的土地视为安身立命之本。对于以耕种为生的农民来讲，居住地常常是世世代代不变的，他们不愿意轻易改变自己的生活和居住地，因为那里不仅有他们的亲戚、邻里和朋友，还有他们熟悉的山山水水，更重要的是有他们生存的依托——土地。因此，中国历史上形成了一个重要的传统，就是"民之为农者，莫不重迁"[③]。

"安土重迁"是指安于本乡本土，不愿轻易迁移。一方面，中国古人从农业生产中获得的生产经验表明，只有经过连续多年的耕种才能使原土地更加肥沃，来年的收成才能更好。人们要利用这片土地栽种作物，必须在固定的土地旁边长久厮守、长久居住。再加上农作物生长缓慢，从播种到

---

① 李庆善：《中国人新论——从民谚看民心》，46—52 页，北京，中国社会科学出版社，1996。

② 费孝通：《乡土中国》，1—2 页，北京，北京出版社，2004。

③ 李国恩：《安土重迁：中国人稳定性的传统社会心理》，载《济南大学学报（社会科学版）》，2000(4)。

收获的周期较长，且从事农业生产是一项周而复始的再生产运动——"日出而作，日落而息"，春耕、夏耘、秋收、冬藏，年复一年。这样，"守土耕种"便成为中国古代劳动人民亘古不变的生活方式。"生于斯，长于斯，死于斯。"并且，为了将子孙拴在土地上，农耕社会还强调祖先崇拜，鼓励承继祖先的土地与照顾祖传土地上的祖坟。① 于是便有了"安土重迁，黎民之性；骨肉相附，人情所愿也"（《汉书·元帝纪》）。这样，在一切以慢节奏为活动方式的年代里，凡已结成的人际关系和社会秩序便不易发生变动，不易再被打破。社会以既成的关系和秩序稳固地维持人际关系的和谐状态。反过来，对于固定或生长在这片土地上的人们来说，也只有维护相互之间稳定与和谐的关系，才能有安定与持续的家族与社会；有了这样的家族与社会，才能安心而有恒心地守在土地上照顾成长缓慢的农作物，获得赖以生存的物质资源。

　　另一方面，安土重迁的反义是背井离乡。"在家千日好，出门一日难。"几千年间，依靠农业生产的汉族聚居区如果不是出现大灾荒、大战乱或政府强制，农民们绝计不愿离乡背井，远走他乡，另寻新的生存土地。即使是为了躲避一时的灾祸而出走的农民，只要条件许可，又总是迫不及待地回归家园。所以，中国人的骨子里都害怕战乱，害怕由此而流离失所，对不和谐或冲突自然形成一种焦虑甚至恐惧。张德胜认为，中国人强调关系和谐是有道理的：关系和谐便可维持稳定的社会秩序，不和谐便会破坏社会秩序，而长久以来，社会秩序的维护已经成为中国人的一种集体情绪。② 费孝通也说："以农为生的人，世代定居是常态，迁移是变态。"③

---

　　① 杨国枢：《中国人的性格与行为：形成及蜕变》，转引自《中国人的蜕变》，310—317页，北京，中国人民大学出版社，2013。

　　② 参见张德胜：《儒家伦理与秩序情结——中国思想的社会学诠释》，台北，巨流图书公司，1989。

　　③ 费孝通：《乡土中国》，1—9页，北京，北京出版社，2004。

德国著名社会哲学家赫尔曼·凯泽林也这样评价中国人："世界上没有任何其他公民能够给人以如此绝对纯真而又如此依附于土地的印象！在这里，在这块世代相传的土地上，发生着生的全部与死的全部。人属于土地，而不是土地属于人，土地永远也不会让它的子孙离它而去。无论人们在数量上如何增长，他们仍然归属于土地，他们会以更为勤勉的劳动从大自然身上榨出她那贫瘠的奉献。这世代相传的土地同时也是他的历史、他的记忆、他的怀念。"①

于是，"安土乐天"就成为几千年中国人信守的生存哲学，而"说道离乡背井，那一个不怕"（冯梦龙《东周列国志》第七十八回）。这种安土重迁的价值观念，至今仍使得中国人一旦漂泊他乡，就会令他们对故国家园梦魂牵萦，终生难以释怀。中国老百姓"叶落归根"的归宿意识，海外华侨寻根问祖的"本根意识"，都是中华民族这种深厚的安土重迁的乡土情结的生动体现。即使在现代社会的青年群体意识中，每逢春节或其他重大节日，远在千里之外工作的他们都会不辞辛苦地赶乘几天几夜的火车，回到家中与父母家人一起过年过节，与家人团圆。因此，对于依靠土地而生存的农耕民族而言，和平与安定就是他们最渴求的人居社会环境。

四、农耕社会形成中国人求和避争的心理

由于从事农业生产而不得不依附于土地的中国社会人口较多，导致大多数中国人的生存空间很狭小，很少出现变动，从而在中国古代乃至现在的一些古典村落中，由农耕经济形成了自然经济区域性的小型社会。"鸡犬之声相闻，民至老死不相往来。"（《老子》）在这种封闭性的小型社会环境中，大家抬头不见低头见，导致人际关系相对稳定，人与人之间彼此知根

---

① ［德］赫尔曼·凯泽林：《另眼看共和：一个德国哲学家的中国日志》，71—76 页，福州，福建教育出版社，2015。

知底，这样就自然而然地形成了一个所谓熟人（没有陌生人）的社会。① 这种生活模式，形成了以血缘关系为纽带的家族社会和以地缘关系为纽带的同一地区的邻里社会。例如，现代中国的一些村落仍沿袭着家族制，有些村落几十户人家均为同姓，甚至还有自己的祠堂，整个村落就像一个大家族。这种血缘的亲疏让村落内部的人都能联络在一起。俗语有云："一表三千里，沾边就是亲""打断了骨头还连着筋"，浓厚的血缘、血亲关系，加之中国千年"忠""孝"文化的影响，致使熟人社会中的个体趋向于集体价值取向，特别重视社会与家庭的集体性。人与人之间大都保持着这种和睦融洽、相依相偎的关系以及和谐融洽的氛围。翟学伟认为，中国农耕文化所带来的交往模式偏重于固定关系的向度。时效性长的首要原则是交往的秩序问题，因为，唯有秩序才可以保证交往的顺利进行。"礼"是维持长效有序交往的最合适规范。以礼建立起来的秩序会把"和谐"作为其思想的核心。②

同时，熟人社会又必是一个重人情的社会。③ 在人情社会里，人与人之间相互交往时必须重视人情、面子和脸等，待人接物必须讲究"人情世故"，在处理人际关系时要做到"合情合理""通情达理"，切忌"撕破脸皮"。否则，既会受到来自社会舆论和群体规范等方面的压力，也会受到自我良心的谴责，甚至会由此酿成悲剧。在熟人社会中，祖辈们便流传下来这样的社会经验与教训：若与人交往以"和"为贵，则最易顺人情，最易维护交往双方的脸面；反之，与人交往"不和"或相争，则最易逆人情，最易撕破脸皮。正如史密斯所说："即使在最愤怒的时候，中国人也没有忘了时刻保持'面子'。有谁见过在吵架的时候，会有人和劝架的和事佬打起来，并

---

① 费孝通：《乡土中国》，1—9页，北京，北京出版社，2004。
② 翟学伟：《关系与谋略：中国人的日常计谋》，载《社会学研究》，2014(1)。
③ 费孝通：《乡土中国》，1—9页，北京，北京出版社，2004。

责怪他多管闲事呢？实际上，中国人即使在最愤怒的时候也是希望和平的，这一点主要表现在一种抽象的意义上。"①因此，从某种意义上说，在熟人社会中，中国人形成的"面子""人情""关系"等社会活动实际上在最终端都与其潜意识中存在的"求和避争"的心理是分不开的。

此外，受安土重迁观念的影响，有可能几代人都生存繁衍在同一个村落，因此，中国人做人还得要考虑长远的预期，要世代生存在这种特定的村落之熟人社会中，与他人的交往就不是短期的单次博弈，人就有"生前身后名"的问题。"我"这一生"人"做得如何还影响到熟人社会对我的祖辈和子孙的评价，"我们"共享"我"的做人成果。在此种熟人社会各项规划的长期熏陶下，中国人慢慢形成了尚和不尚争的习俗与行为规范。稍通人情世故的人在与熟人打交道时，一般都不会与人斤斤计较，而是信奉"与人方便就是与己方便""吃亏是福"或"难得糊涂"之类的待人格言，或发展出各式各样的尚和方式与做法，如"逢人面带三分笑，有事无事多问好"。在中国人的关系向度中，许多日常计谋也都是针对这种长时效性与低选择性关系而来的。② 因此，也可以说，在熟人社会中形成的"面子""人情""关系""缘"和"报"等所构成的社会机制，皆是中国人在社会交往过程中尚"和"心态的一种外显表态，其最终目的都是实现"人际和谐"。由此可见，这种由农耕生活形成的熟人社会为中国人人际和谐心理的养成提供了良好的"土壤"。

顺便多说一句，传统的中国社会是农耕社会，其最大特点是土地不能移，这就大大限制了人们流动的可能性。但自进入现代社会，随着全球化、现代化、信息化特别是城市化的加速发展，加上受社会流动的影响，中国社会正在由传统向现代转化，人口流动频繁，固有的血缘纽带开始松

---

① ［美］亚瑟·亨·史密斯：《中国人的脸谱》，153 页，北京，北京联合出版公司，2014。
② 翟学伟：《关系与谋略：中国人的日常计谋》，载《社会学研究》，2014(1)。

弛，传统的乡土地域限制已被打破，城市以及许多农村已由过去的"熟人社会"变成了"半熟人社会"或"陌生人社会"，人与人之间的距离也越来越远。大量农村人口流入城市，传统的、稳定的、长久的、可预见的人际关系开始渐渐被易变的、短暂的、匿名的交往模式所取代，在高度分工与异质性的社会中，人们需要进行大量频繁的工具性交往，进而产生了相识而不相熟的人际关系。而且随着人们生活节奏的加快，忙碌的工作严重挤压了人们用于日常交流的时间，加上居住环境和生活习惯的改变，人们对手机、电脑的依赖等反倒使人与人之间的关系更加淡漠，成为"最熟悉的陌生人"，不由得令人唏嘘。

第三节　中国人人际和谐心理形成的社会结构

在漫长的历史进程中，中国的社会结构发生过种种变迁，然而由血缘纽带维系着的"以父家长为中心、以嫡长子继承制为基本原则，以血缘组织为基础"的宗法制度及其遗存和变种却长期保留着，与其对应的意识形态也在文化中积淀下来。所谓宗法制度，就是以血缘关系为基础，以远近亲疏为标准，标榜尊崇共同的祖先，区分尊卑长幼，规定继承秩序，确定宗族成员不同的权利和义务的法则。① 虽然严格的宗法制在周代以后不复存在，但由此形成的"家国同构"思想却始终贯串于数千年的中国社会中，深刻地影响着中华文化与社会传统，作用于中华文化的意识形态领域，如伦理学说、道德观念、宗教信仰和价值标准等诸多方面，影响着中国的社

---

① 陈江风主编：《中国文化概论》，61 页，南京，南京大学出版社，2002。

会风俗与社会心理。

一、家国同构形成尚和合的民族精神

中国传统社会有着强烈的家国同构的倾向，这对中国人的思维和行为方式产生重要影响。也就是说，中国人的社会行为特征可以从家庭向社会进行推导。[①] 中国传统的宗法制度以及由此而形成的"家国同构"思想兼备政治权力统治和血亲道德制约的双重功能，对于规范整个社会的伦理道德价值体系以及维护国家和社会的和谐与稳定具有重要作用。在以血缘辈分的自然序列为准则的家庭秩序中，家庭为了保证与维护自己的利益，必然与血缘关系相近的家庭联合起来形成家族，而家族与国家的利益和稳定是相互结合的。家族为了长久地维持兴旺繁荣就需要一个稳定的、坚固的、行之有效的国家行政体系的保护；同样，一个国家为了维持国家社会的稳定以及皇权政治的巩固也必然要把自己的组织形式与家族制的原则紧密结合起来。这样形成的家族是家庭的扩大，国家是家族的延伸的"家国一体模式"，由此也形成了中国人意识深处存在的"家是小国，国是大家"的家国一体观念——将家庭与家族的利益、兴旺发达同国家的利益、兴旺发达紧密地联系在一起。"没有国，哪有家"，上下一心，家国同运，爱家就是爱国，报国就是报家。因此，家国同构思想通过对道德自律的强调与"家国一体"的宣传，将人们对家与国的情感与利益联系起来，实现了对人内在思想的调控和对整个社会大环境的软管理，从而产生强大的思想黏合力和社会凝聚力，形成了中国人自古以来重家爱国，家国一心，国家和合的思想特点。张载在《西铭》中提出的"民吾同胞，物吾与也"，《大学》中所谓"古之欲明明德于天下者，先治其国；欲治其国者，先齐其家；欲齐其家者，先修其身……""大学之道在明明德，在亲民，在止于至善……"都有

---

① 翟学伟：《中国人社会行动的结构——个人主义和集体主义的终结》，载《南京大学学报（哲学·人文科学·社会科学）》，1998(1)。

追求家国和睦、人伦和谐的思想在其中。

家国同构思想以血缘关系为基础，定位在以家为本、家国一体的整体结构上，强调个人、家庭、国家有机的结合，倡导公忠为国、爱民爱国、以身许国，强调个人要秉公去私、以公克私、崇德重义、修身为本；强调以履行义务为基础，建立和谐的身心关系、人际关系、人与社会的关系以及人与自然的关系。① 数千年来，"家和人贵""协和万邦""天下太平""天人合一"的人类理想社会也成为中华民族所追求的最高目标。这样便构成了人心和善（不忍人之心）→家庭和爱→人际和立→社会和达→世界和平→宇宙和合的逻辑结构，体现了中华民族崇尚和合的民族精神和中华民族传统文化的精髓。②

二、家国同构形成重人伦的意识形态

在"家国同构"的社会结构中，家庭—家族与国家不仅在组织结构上具有高度的共同性与重合性，而且在伦理关系上具有高度的相似性。国家内部成员之间的关系是家族内部伦理关系的进一步推广，而君臣间的政治关系是父子间伦理关系的进一步延伸。这样，从家庭生活中形成的行为礼节推到国家中君臣之间应该秉持的礼仪，自下而上形成了一套严密的社会行为准则和伦理道德规范。并且，宗法制度在同族的血缘关系与同乡的地缘关系二者结合的基础上，又产生了神缘（共奉神祇宗教）、业缘（同业、同学）和物缘（由生产同种物品而结成的行会、协会）。③ 这样，以血缘关系为基础建立的宗法制社会实际上就形成了一个强调以"人伦"为经、"关系"为纬，组成上、下次序紧密的伦理社会。在这种伦理社会的组织结构中，

---

① 王泽应：《中华民族道德生活史基本价值旨趣和特质探论》，载《湖南大学学报（社会科学版）》，2013(3)。

② 张立文：《和合、和谐与现代意义》，载《江汉论坛》，2007(2)。

③ 冯天瑜、何晓明、周积明：《中华文化史》（第3版），141页，上海，上海人民出版社，2010。

"社会"固然也是"个人"的组合，但是内部各个"个人"却不是完全独立的。"社会"本身借助人伦关系把"个人"组合成一个紧密、有层次的网络结构。每一个"个人"都有一个无形的关系网，使他与"社会"中的部分其他人有着不同程度的关系。这样，伦理关系就成为中国社会最主要的人际关系。每一个社会成员都要以一定的伦常纲纪为准则，建立起一套完整的社会等级秩序和原则（礼制）来处理各式各样的人际关系，尤其是要慎重考虑如何在错综复杂的人际关系中履行自己的伦理义务。

中国传统伦理纲常以"孝"为核心，对父子、长幼、夫妇之间的人伦做出了明确的价值规定，并且将这种家庭人伦关系扩展延伸至君臣、朋友以及师徒关系等。如《礼记·礼运》中说："何谓人义？父慈，子孝，兄良，弟悌，夫义，妇听，长惠，幼顺，君仁，臣忠，十者谓之人义。"就是说，臣对君尽忠，子对父尽孝，妇对夫尽顺，弟对兄尽悌；与此同时，君、父、夫、兄等尊者、长者，对臣、子、妇、弟等卑者、幼者也有特定义务。这种双向性的配合，便构成宗法制社会特殊的充满人伦情感的秩序。在这五伦中有三伦（父子、夫妇、兄弟）属于家庭内部关系，其余两伦（君臣、朋友）虽非家庭关系，但实际上也已家庭化了。因为，中国古代君王在社会中扮演的就是"大家长"的角色，故有所谓"君父""父母官"之称。至于朋友之间，古人也常以结拜为兄弟以示其关系的亲密程度。可以这样说，中国传统社会中人与人的关系，实质上就是一种家庭关系，社会政治结构也是一种扩大化的家庭结构。《礼记·礼运》又说："讲信修睦，谓之人利。争夺相杀，谓之人患。故圣人之所以治人七情，修十义，讲信修睦，尚辞让，去争夺，舍礼何以治之？"它明确指出，"讲信修睦"对交往双方都有利，而"争夺相杀"则是人之大患。因此，处于人伦社会中的为人处事是一定要讲信修睦、尚辞让与去争夺的。这样，一族之内的人际和谐有利于家族的兴旺和家族首领地位的巩固；一国之内的人际关系和谐有利于政权的稳固和君主的统治。所以，人际关系和谐就成为中国传统社会追求的价值目标，忠、孝、节、义成为普遍的行为规范。可以说，在宗法制的家国同构的社会结构中，统治者们倡导"和"，是因为他们早就意识到了"和"在伦理纲常中具有重要的教化与德化功能。这样，宗法制度以及在此制度中形成的家国同构的社会观念就使得中国人特别重视所有人际关系的和谐，尤其是五伦关系的和谐，这种安定而有秩序的家族与社会建立在稳定而和谐的人际关系之上。所以说，家庭、家族组织在中国社会生活中所发挥的特殊作用，使以人际和谐为原则的家庭伦理在很大程度上扩展为社会伦理。因而有学者认为，传统中国是一个以伦理为本位的社会或称为伦理社会，这是不无道理的。中国传统社会就是以人伦、人缘、人情、人身依附为核心，讲究仁者爱人、父慈子孝、兄爱弟敬。宗法伦理道德约束的结果和中国封建社会维护统治秩序的需要，塑造了中国人情理交融、与人维和的心理倾向。人际和谐成为伦理社会结构中个人发展的护身符，"在家靠父母，出门靠朋友"成为人们的基本信念。

三、家国同构形成重他人的价值取向

在中国，由于氏族解体不充分，血缘宗法制度被保留下来，因此，个体与宗族之间在政治、经济、社会生活（祭祀）上仍然有着紧密的联系，处于一种交融互涉的依赖关系中——一损俱损，一荣俱荣。如《仪礼·丧服·传》中："大宗者，尊之统也，大宗者，收族者也，不可以绝。""异居而同财，有余则归之宗，不足则资之宗。"又如《礼记·曲礼》说："支子不祭，祭必告于宗子。"为了使大家能安于这种社会结构，社会伦理从小便训练人们以家族团体的兴盛与人际关系的维护为重，而以个人的意见、爱憎或荣辱为轻；从小到大，人们必须学会把握自己的身份，安于自己的本分，以使个人融入以家族为主的群体生活之中。经由如此这般的社会化，传统的中国人大都会形成他人取向的性格特质，产生注重人际关系、社会关系和

谐的道德心态。①

所谓他人取向，是指一种以人际关系为中心的认知与行为倾向。其特点是注重在人际网络或团体关系中表现出适当的角色行为，以维持自己与他人的良好关系。在这种认知与行为的倾向下，个人生活的重点是应付他人，以使他人对自己不致有不良的印象。现代许多学者多以诸如社会取向（social orientation）或集体主义（collectivism）之类的概念来描述中国人的价值观念和行为②。黄光国认为，儒家伦理、社会取向和集体主义等抽象层次甚高的概念，其实是通过一套由"人情""面子""关系"和"报"所构成的社会机制而对中国人的社会行为产生实际的影响③。杨国枢提出，中国是"社会取向"的社会，社会取向是指个人与周遭环境建立并维护和谐的关系，将自己融入，以有效地达成集体及社会关系性目标的倾向。杨国枢认为，中国人相当重视外在的社会情境和社会现实，并且非常在意别人的看法，常常为了符合社会情境的特征与要求，违背自己的原意，表现出适合那个情境的反应，以迎合外界。他提出，中国人的社会取向有以下几个重要特点。第一，强调人际或社会关系的和谐。中国人往往宁可牺牲个人的许多利益也要努力维持和谐的人际关系，起码要维持一种表面的和谐关系。第二，重视别人的意见或批评。中国人对他人的、家庭的或社会的意见和评价，看得比个人的好恶和评价还重。第三，重视因人、因时、因地制宜。"见人说人话，见鬼说鬼话。"外在情境一旦改变，个人的态度与行为也必须加以配合，以使自己的言行能时时具有社会的

---

① 杨国枢：《中国人的性格与行为：形成及蜕变》，转引自《中国人的蜕变》，244—245 页，北京，中国人民大学出版社，2013。

② Bond, M. H., Leung, K. & Wan, C. K., "How does Cultural Collectivism Operate? The Impact of Task and Maintenance Contributions on Reward Distribution," *Journal of Cross-Cultural Psychology*, 1982(2), pp. 33-56.

③ 黄光国：《人情与面子：中国人的权力游戏》，转引自杨国枢主编：《中国人的心理》，226—248 页，南京，江苏教育出版社，2006。

适应性，并能维持和谐的人际关系。能识时务，因人、因时、因地制宜，维持外表和谐得体的人际关系，才是社会生活的重点所在。第四，习于压抑自我以求和谐。中国人因特别重视表面社会关系的和谐，便格外讲求压抑自己，最好少活动、少说话，不把心中真正的意见表达出来。对"君子欲讷于言，而敏于行"（《论语·里仁》）最为推崇。第五，强调反求诸己而不外责。反求诸己是标准的中国人应有的做法。为了维持外界关系的和谐，常常先怪罪自己。由以上特点可知，中国人的社会取向的主要作用在于应付外界，希望能够维持自己跟别人的良好关系。① 也有许多学者认为，中国及东方社会文化主要是集体主义取向。杨国枢提出，在一个以农业经济为主的社会里，必须以持久而稳定的小团体作为运作的单位。最能持久而稳定的小团体当然是以血统为基础的家族，于是，家族的维护、和谐及团结成为最重要的事情，进而自然形成以个人为轻而家族为重的集体主义。② 李庆善也认为，集体主义是一种社会生活方式，也是个体对待社会和他人的行为方式。对于具有集体主义人格的人，把他叫作"集体人"，拥有一组典型的人格特征，其中之一是追求集体内部的和谐和团结，对不和及涣散十分敏感，由衷焦虑；极力避免矛盾冲突，千方百计地逃避争斗和分裂；以和气、合群、人缘儿好、善处、宽容、不挑剔、不攻击作为做人处事的规范。③ 从这些行为表征来看，在宗法制和家国同构思想的影响下形成的"他人取向"或"社会取向"的观念均相当有力地描述了中国人人际和谐的心理与行为倾向。

---

① 杨国枢：《中国人与自然、他人、自我的关系》，转引自文崇一、萧新煌：《中国人：观念与行为》，1—13页，南京，江苏教育出版社，2006。

② 杨国枢：《中国人孝道的概念分析》，转引自杨国枢主编：《中国人的心理》，32—59页，南京，江苏教育出版社，2006。

③ 李庆善：《中国人新论——从民谚看民心》，49—50页，北京，中国社会科学出版社，1996。

第四节　中国人人际和谐心理形成的文化背景

　　传统文化是一个民族精神情感的载体，民族特征的直接表现，民族凝聚力之所在。中华民族创造了人类历史上灿烂的中国文化，形成了具有强大生命力的传统文化。"所谓'中国传统文化'，就是中国历史上流传下来的、由思想家提炼出的理论化和非理论化的并转而影响整个社会的、具有稳定结构的思维方式、价值取向、国民品性、伦理观念、理想人格、审美情趣等精神成果的总和。"①绵延中国达几千年、深厚的崇尚和的传统文化，为中国人形成人际和谐心理提供了文化土壤和惯性推力。②

　　从前述可知，"和"作为一个伦理范畴，其基本品格形成于先秦时期。孔子、孟子、荀子、庄子、墨子等诸子百家，都处于礼崩乐坏、诸侯争强、战乱迭起、社会动荡、道德伦理裂变的时代，正是这样的一种社会现实，引发了一些有识之士对社会前途命运的深深忧虑和对追求稳定的社会秩序、和谐的人际关系的强烈愿望。在先秦诸子百家中，最具有代表性的学派是儒家、道家和墨家。儒家重"秩序"，尚"中庸"，讲"和谐"；道家"法自然"，崇"无争"；墨家尚"兼爱"，主"非攻"与"尚同"。他们都为中国传统和谐思想奠定了理论基础，共同构成了中国和谐文化与中国人崇尚和谐心态的三个重要理论源头。以下将分别阐释儒家、道家和墨家对人际之"和"的见解与主张，以探究中国人人际和谐心理形成的文化背景。

---

　　①　李宗桂：《中国文化导论》，14页，广州，广东人民出版社，2002。
　　②　杨中芳：《如何理解中国人——文化与个人论文集》，39页，重庆，重庆大学出版社，2009。

一、儒家的人际和谐思想

"和"是中国传统儒家的基本精神。春秋战国之际，正是礼崩乐坏之际，孔子等儒家学派希望通过恢复周礼，以"礼"治理社会，以"礼"规范社会活动中人与人的关系，并维持社会秩序和谐。在儒家看来，之所以要注重"和"，是因为"和也者，天下之达道也"（《礼记·中庸》）。孔子的社会理想的本质就是一个"和"字。他希望社会秩序达到一种和谐的状态，实现长久的和谐。在儒家思想中，"和"有着丰富的内涵：一是指和谐，即事物或要素之间的一种协调平衡状态；二是指合作，即人与人之间相互配合的行为；三是指谦和，即为人处世的谦让和气的态度。[①] "和"既是人际调和的手段，更是人际和谐的状态。在建立和谐人际交往及和谐处事哲学方面，儒家提供了一套完整的指导方案。

（一）以"礼"作为人际交注的基本规范

为实现人际和谐，减少人际冲突与误解，人们必须先掌握共同的、适宜的社会交往规则或者说社会习俗与道德规范。按照现代的话来讲，社会关系想要和谐，关系中的主体必须各按角色规范行事，以满足对方根据角色规范所形成的期望行事。这样，孔子承续周礼，由亲亲而言仁，由尊尊而言义，以"正名分"重新界定君君、臣臣、父父、子子的主从隶属关系，并建立各项伦理纲常，规范各级各类人的行为标准。孔子认为："名不正则言不顺，言不顺则事不成，事不成则礼乐不兴。"（《论语·子路》）所谓"名"就是周礼规定的每个人的社会位置，所谓"正名"就是强调人的身份地位的差异，规范各色人等的言行等。这样，儒家所构建的"礼"的实质是人们的行为准则，是一种社会秩序或者行为规范，使社会道德规范得到基本

---

① 李彩晶：《儒家"贵和"思想及其当代价值》，载《广西社会科学》，2009(8)。

体现。个体的一切社会行为都应当合于礼，即无论是视、听、言、行都要受礼的约束。孔子说："非礼勿视，非礼勿听，非礼勿言，非礼勿动。"这正强调了人在日常生活中也要一丝不苟地恪守礼，时刻以礼来约束自己，远离一切非礼的东西。孔子说："恭而无礼则劳，慎而无礼则葸，勇而无礼则乱，直而无礼则绞。"（《论语·泰伯》）这就是说，过分恭敬，而不约之以礼，就未免劳倦；过分谨慎，而不约之以礼，就难免流于胆怯懦弱；过分敢做敢为，而不约之以礼，就难免盲动闯祸；过分直率，而不约之以礼，就难免尖酸刻薄。恭敬、谨慎、勇敢、直率本来都属于人的好品德，但孔子认为，如果发挥不当，或不用礼来约束，其结果往往适得其反。

（二）以"和"作为人际交往的价值目标

儒家以"礼"来整合与规范人际关系与行为，以"礼"作为处理人际关系的手段与规范，其目标是实现人际之"和"。和是贯串于礼仪规范中最基本的价值目标，"和"是儒家"礼"所使用的最高宗旨，一切礼仪都高扬着和的精神。孔子说："礼之用，和为贵。先王之道，斯为美。小大由之，有所不行，知和而和，不以礼节之，亦不可行也。"（《论语·学而》）他主张"礼"的作用是以和为贵、为美，"和"是处理人际关系及一切事物的最佳准则，也是人行动的自律。孔子的思想就是希望通过一定的制度规范，促使人们之间、家庭及家族之间乃至国家之间，维持相互包容、求同存异、共生共长、和睦融洽的理想状态。《礼记·乐记》中说："乐者，天地之和也；礼者，天地之序也。和，故百物皆化；序，故群物皆别。"对于统治者而言，秩序与和谐是维护统治的重要前提。没有秩序，就会陷入混乱；没有和谐，人心就会涣散。这样，统治都将无法维持下去。因此，秩序与和谐都是十分重要的。由此可见，在儒家的和谐思想中，"礼"与"和"是相辅相成、相互为用的。孔子认为，制礼、守礼的目的是实现人与人之间"和"的状态，达到"和"的境界。所以，这才是"礼之用，和为贵"的真谛。当然，孔子虽然主张"和为贵"，但"和"也是有原则的，必须"以礼节之""和而不同"，且必须反对"乡愿"和"巧言令色"。孔子曾说："乡愿，德之贼也"（《论语·阳货》）；"巧言令色，鲜矣仁"（《论语·学而》）。换句话说，不能以牺牲原则来讲和谐。用孔子的话来讲，就是要搞君子的和谐，不要搞小人的和谐。无原则的、盲目的妥协，在孔子眼中都是对仁和德的损害。并且，孔子虽然主张"温、良、恭、俭、让"，但不是无原则地对恶人的让步，而是人与人之间的礼让与敬重。孔子主张对改恶从善者要宽宏接纳，但从未赞同与恶人和平相处之事。孔子曾对季孙氏擅权僭越的恶行说："八佾舞于庭，是可忍，孰不可忍也。"（《论语·八佾》）于是，他辞官而去，率众弟子周游列国。① 有人认为，讲"和"就是不分是非，不讲原则，是"和稀泥"，这与孔子"和"的思想可谓大相径庭。儒家提倡"和为贵"，并非无原则地调和折中，更不是教人圆滑处世。所以，孔子的学生有子说："知和而和，不以礼节之，亦不可行也。"（《论语·学而》）"礼"是"和"的保障，没有"礼"节制的"和"，容易流为"同"，是不行的。只有以礼节和，才是理想美的至境。这充分体现了和的目的论与价值论意义。这也告诫人们，不能为了获得一种勉强的和谐人际关系，而放弃适度的"竞争"；不能为了一味求同而放弃自己的个性，以致于形成一种依附性的人格。受孔孟思想的影响，荀子也讲求人际关系的和谐。他说："使人载事而各得其宜，然后使谷禄多少厚薄之称，是夫群居和一道也。"（《荀子·荣辱》）"刑政平，百姓和，国俗节。"（《荀子·王制》）"上失天性，下失地利，中失人和；故百事废，而祸乱起。"（《荀子·正论》）荀子巧妙地将人际关系的和谐与礼仪的宣扬、社会规范的遵从乃至一切社会关系的稳定连在了一起，意即百姓的

---

① 田正学、张申平：《两"和"发展战略的文化思想》，60—62 页，成都，电子科技大学出版社，2008。

和谐与否，直接关系到百姓的安危和国家的兴亡。可见，他把"和为贵"作为待人处世、理家治国的基本原则和要求。

(三)以"仁"作为人际交注的情感核心

如果说"礼"是硬邦邦、冷冰冰的硬性规则与规范，那么，"仁"则是渗透在"礼"中的情感润滑剂。若万事固守死礼，则人际间就缺少人情味了。在儒家看来，仁是一种关系的存在，"天地宇宙和人类社会都必须处在情感性的群体人际的和谐关系之中"①。因此，在用"礼"处理人际关系上，孔子强调以"仁"释"礼"，将外在的礼仪转化为内在的文化心理结构。"仁"在孔子的思想体系中处于核心地位，《论语》一书中讲到"仁"的地方就有109处之多，孔子的全部思想也都是围绕着"仁"展开的。孔子的人际和谐首先主张"仁者爱人"，两人关系中相亲相敬，即为"仁"。孔子又说："克己复礼为仁，一日克己复礼，天下归仁焉。"(《论语·颜渊》)他认为，只有通过"礼"的整合作用，人与人之间才能较少摩擦，化解紧张和冲突，维持一种持久的等级秩序，"仁"才能得以实现。《论语·雍也》载："子贡问：'如有博施于民而能济众。何如？可谓仁乎？'孔子曰：'何事于仁，必也圣乎！尧舜其犹病诸。'"孔子的"爱人"，就是要"博施于民而能济众"。《孟子·尽心上》中也提出："亲亲而仁民，仁民而爱物。"孟子也认为，人们只有基于仁义道德，才能形成一种真正友爱和谐的人际关系，才能形成一种彻底融洽和谐的社会状态。仁，就是要对他人充满仁慈友好的爱心；义，就是要做正当合理的事。"仁者爱人，有礼者敬人。爱人者人恒爱之，敬人者人恒敬之。"(《孟子·离娄下》)它提倡积极地将仁爱推己及人，这样，整个社会就必然和谐稳定有序，最终达到"仁"。可以说，儒家对人际交往中"仁"

---

① 李泽厚：《中国古代思想史论》，310 页，北京，人民出版社，1985。

的高度宣扬，对中国自古以来成为充满温情的人情社会而不似西方那种"冷冰冰"的人际社会产生了重要影响。

(四)以"忠恕"作为化解冲突的方法

在人际交往中，个人的思想认识常常带有一定的局限性和片面性，人与人之间难免会产生误解和冲突。当人与人发生冲突的时候，该如何妥善处理呢？儒家提出了"忠恕之道"。"忠恕"一词最早出现于《论语·里仁》，曾子曰："夫子之道，忠恕而已矣。"又见《论语·卫灵公》："子曰：'其恕乎！己所不欲，勿施于人。'"孔子的"道"是以一个核心思想贯串始终的，其道的根本就是"忠恕"了。孔子对忠恕的阐述很简括："己所不欲，勿施于人。"朱熹在《论语集注》中对"忠恕"的解释是："尽己之谓忠，推己及人之谓恕。"从具体的措施来看，儒家所倡导的"尽心为人"亦即"忠之道"，"推己及人"亦即"恕之道"，就是将心比己，理解与尊重他人。这也是"仁"的具体实施，如"己所不欲，勿施于人""己欲立而立人，己欲达而达人""老吾老以及人之老，幼吾幼以及人之幼""以直报怨，以德报德"等。如果人人都能设身处地地替他人着想，而不是只想到自己，那么，人与人之间就会加深理解、互利互让、和睦相处。用现在的话来说，就是要学会换位思考，将心比心。所谓人心都是肉长的，自己想这样，也要想到人家也想这样；自己不想这样，也要想到人家也不想这样。孟子也说："辞让之心，礼之端也。"（《孟子·公孙丑上》）孟子将谦让之心看作礼的发端，并且认为恭敬之心即礼。孔子及其弟子倡导"四海之内皆兄弟也""博施于民而能济众"等，都以"忠恕"为出发点，去解决现实中的各种人际冲突与摩擦，努力地争取社会的安定与和谐。

(五)以"中庸"作为待人处世的原则

在如何处理人与人、群与我的关系中，儒家向来提倡和推崇中庸的做法。何谓"中庸"呢？孔子"中庸"思想的本意是："去其两端，取其中而用之。"即手持两端，不偏不倚。朱熹的《四书章句集注·中庸章句》解释为："中者，不偏不倚，无过不及之名。庸者，平常也。"中，就是不要偏激，不要走极端，不要不及，也不要过头；庸，就是保持一颗平常心。中庸，就是要人们做什么事情，都要有个度。正由于此，《中庸》才说："发而皆中节，谓之和。"子思对孔子的中庸思想做了进一步的发挥，其最经典的陈述就是，"喜怒哀乐之未发，谓之中；发而皆中节，谓之和。中也者，天下之大本也；和也者，天下之达道也。致中和，天地位焉，万物育焉"（《中庸》），从而把孔子的中庸思想生成为"中庸之道"。中庸之道成为儒家历来所提倡的一种道德实践的原则和待人处世的方法。孔子认为，达到和谐之境的途径就是中庸。他还认为："君子中庸，小人反中庸。君子之中庸也，君子而时中；小人之中庸也，小人而无忌惮也。"（《中庸》）由此来看，"和"本身就是一个具有中庸思维色彩的单音节词。于是，"和"特别适合具有中庸思维的中国人的口味。这样，中国人将"和"作为调节人际关系的基本准则也就不足为奇了。可见，中国人在与人交往或处理人际关系时流露出来的人际和谐心理，正是中庸思维在人际交往中的具体体现和运用。同时，儒家文化从某种意义上讲又是一种道德文化，既然"大德莫大于和"（《春秋繁露·循天之道》），"中庸之为德也，其至矣乎"（《论语·雍也》），那么，儒家对"德"的重视必然会导致其也重视"和"。中庸之道与"和为贵"的思想相结合，便形成了中国传统文化基本精神中的贵和尚中传统。

总体来说，儒家文化是以调整和规范人与人之间的关系为主要内容的，并最终达到"和"的目的与状态。儒家认为，如果以"仁"为人际交往的核心，加之以"礼"为交往规范，并辅之以"忠恕之道"，就可以在人际互动中约束人的行为，减少人际摩擦，化解人际之间的紧张与冲突。但也需要强调的是，孔子主张的"和"，并非无原则的"和"，而是在一定条件和原则下的谐调、融合。对此，孔子提出了"君子和而不同，小人同而不和"(《论语·子路》)的主张。"和"即指人际间的相互协调、相互补充、相互推动，是建立在双方对立统一的基础上的真正和谐；而"同"则指盲目附合，毫无原则地追求表面统一。"和"的基础是"义"，而"同"的潜在支配力是"利"。君子之所以赞成他人的言行或者同他人合作，并非因其有利于己，而是因其合于义；小人则反其道而行之。汉王充《论衡·答佞》："利义相伐，正邪相反。义动君子，利动小人。"故"和"则两利，"同"则两伤。孔子把"和同之辨"作为君子与小人的分野，并在二者的比较中揭示出了和谐的本质特征。后来汉代推行"罢黜百家，独尊儒术"，儒学上升为"经学"，儒家道统与封建政统相结合，成为占统治地位的官方意识形态，从而，儒家的人际和谐思想对后世中国和谐文化的形成以及世代中国人的待人处世实践产生了深刻而久远的影响。

二、道家的人际和谐思想

如果说儒家建构的是人道之和，那么，道家更注重的是天道之和。面对西周末年"礼崩乐坏"的社会现实，孔子等儒家提出了"以礼治国"的入世思想，而老子则提出了建构"小国寡民"的理想社会模式的出世思想，提出"无为而治""无以人灭天""人与天一"等理念。在这种社会中，人与自然、人与社会、人与自我的关系都将得到和谐的发展。《老子·第五十五章》还提出："知和曰常，知常曰明。"它表明懂得和谐的作用，处事就会持久；懂得遵循自然规律，会越来越明智。在构建和谐社会关系、和谐人际关系以及和谐处事哲学方面，道家也提出了自己的主张。

(一)人与自然之间和谐共生

老子说："万物负阴而抱阳，充气以为和。"老子认为，万物都包含着阴与阳两个相反相成的方面，阴阳相互作用就构成和，和是宇宙万物的本质与天地万物生存的基础。在此认识论上，老子提出"道法自然"的思想，指出人类的一切行为应该顺从自然的本性，遵循自然规律，否则会遭受恶果。人与自然的和谐与互融就是达到天和，即"天人合一"的理想状态。与之相应，庄子也提出"独与天地精神相往来""天地与我并生，而万物与我为一"的人与自然的和谐观。他说："夫明白于天地之德者，此之谓大本大宗，与天和者也；所以均调天下，与人和者也。"(《庄子·天道》)庄子认为，人类要与天地万物运动变化相和谐。"天人不相胜"是庄子处理人与自然关系的重要原则，而"处物而不伤物"正是天人不相胜的具体表现。在庄子看来，自然与人类原本是合一的、和谐的，人类只是由于放纵自己的欲望，并且出于对知识、理性的盲目乐观而任意行事，才破坏了这种天与人的和谐统一。因此，他主张常因自然、顺应自然的法则。道家的这种天人合一思想，不仅表现在中国人对待与"大自然的关系"的思考上，同时也把人与自然关系的思考所得移转或反映至人与自身、人与他人、人与社会的关系上。因为，人伦与天道是互通的，人与其周遭的环境，包括与其他人都要和谐相处，并且人也有天赋的本性容许其与他人和谐相处，这些关系都以"和谐"为运作原理与最高的目标。

（二）人与人之间为而不争

老子认为，和谐是宇宙、社会、人生本身的常态，倡导"不争之德"，这样才能达到和谐的境地。[1] 在处理人与人、人与物的关系上，老子倡导"为而不争"。老子认为："天之道，利而不害；圣人之道，为而不争。"(《老子·第八十一章》)"为"是指"圣人无积，既以为人"和"既以与人"。

---

[1] 任继愈主编：《中国哲学史》，64页，北京，人民出版社，2003。

"既以为人"是说一切为了他人，"既以与人"是说将自己的一切无私地奉献给他人，这样便能形成"人人为我，我为人人"的人际交往模式。①"为而不争"是老子倡导的生存智慧。看似矛盾，其实不然。因为，"夫唯不争，故天下莫能与之争"（《老子·第二十二章》），"天之道，不争而善胜，不言而善应，不召而自来"（《老子·第七十三章》）。可见，老子所谓"不争"，并不是完全放弃一切，也不是自认失败不做任何打算的失败主义。老子认识到，"不争"是天道规律，要顺从自然的规律，就能得到应该得到的结果。所以，"圣人抱一为天下式。不自见，故明；不自是，故彰；不自伐，故有功；不自矜，故长"（《老子·第二十二章》）。圣人之所以是圣人，就是因为他们从不自我表现、自以为是，也不自我夸耀吹嘘，就是"不争"。"以其不争，故天下莫能与之争。"（《老子·第六十六章》）因为不争，就没有直接而激烈的矛盾冲突，所以就没有什么值得忧患的了。老子认为，要想做到不争，必须寡欲、知足。"祸莫大于不知足；咎莫大于欲得。"（《老子·第四十六章》）"不知足"和"欲得"是酿成灾祸的根源。所以，老子主张："不尚贤，使民不争；不贵难得之货，使民不为盗；不见可欲，使民心不乱。"（《老子·第三章》）只有消灭这些贪欲产生的根源，才能做到不争，而争者都没有好下场。

（三）群与群之间好静求安

中国的自然环境仿佛一个巨大的围墙，它为中国人提供了一个避免与域外世界发生竞争和冲突的生存空间。在近代以前，中国人很少感到域外世界的压力。对于中国人来说，压力始终来自内部：一是皇权的压迫，二是游牧民族的威胁。皇权与百姓的矛盾、农业民族与游牧民族之间的冲

---

① 杨中芳、彭泗清：《人际交往中的人情与关系：构念化与研究方向》，转引自杨国枢、黄光国、杨中芳主编：《华人本土心理学》，470—504 页，重庆，重庆大学出版社，2008。

突，始终是中国社会动乱的重要原因。既然中国人与外部世界是隔绝的，对外无路可走，对内只有求安一途。好静恶动，正是中国人千百年中相互求安而创造的一种生存智慧。老子最早用玄之又玄的哲理揭示了这种智慧。他说："致虚极，守静笃。万物并作，吾以观其复。夫物芸芸，各复归其根。归根曰静，静曰复命。复命曰常，知常曰明。"（《老子》第十六章）在老子看来，只有使心灵归于极度的清虚宁静，才能看清万物运作变化的本质：芸芸万物最终都要复归于那个支配着万变而自身不变的"常道"。只有"道"（不变的本体）是万物恒常存在的永恒的必然性。在老子看来，学会了以不变应万变，才是真正的聪明；而一味追逐表面的运动，则是十分危险的。这种静以求安的生存智慧教会了中国人消极无为、与世无争、知足常乐、委曲求全的处世哲学，也从此泯灭了与自然抗争、与社会抗争的奋斗的激情，扼杀了中国人开拓、进取、探索的开放心灵。[①]

（四）人与社会之间重在契约

老子说："和大怨，必有余怨，安可以为善？是以圣人执左契而不责于人。"（《老子·第七十九章》）老子认为，只靠"和解""调解"等办法调解怨仇，虽然可以了结大怨，但是不能了结余怨、小怨，这是不好的办法。因为，余怨不除，待到因缘重新际遇，矛盾还会发作。因此，圣人凭借"契约"来调解和构建各种社会关系。这样一来，按"契约"办事，既不会责备于人，当事双方也不会互相指责，而"怨"也就会顺利地、彻底地得到解决了。老子继承和发展了"圣人"这个思想。故老子说："有德司契，无德司彻。天道无亲，常与善人。"（《老子·第七十九章》）老子认为，"德"也是凭借契约办事表现出来的，有高尚品德的人总是属于按照契约办事的人，而

---

① 李振纲、方国根主编：《和合之境——中国哲学与 21 世纪》，202 页，上海，华东师范大学出版社，2001。

"无德"的人才会凭借诸如法令等这些强制性的东西。同时，在老子看来，以"契约"精神来办事是符合天道的。正因符合天道，其间就没有亲疏，不讲人情，大家的利害得失机会均等，反而使有善德的人得到助佑。即俗话说的，如果按照规章制度办事，老实人就不会吃亏。

总之，主张无为而治的道家最反对社会冲突，最希望实现社会的和谐。《老子》给人们描绘了一个人与人之间"无欲""无为""无争"，彼此和谐相处，宽大为怀，人人"甘其食、美其服、安其居、乐其俗"的理想社会。老子提出的"无欲""无为""无争""去甚，去奢，去泰""知止""知足"等主张，都是要人们效法天道，实现相对的和谐均衡。道家所昭示的遵道法自然的天人合一思想、贵德而无为的爱民治国理念、尚和而不争的少私寡欲警言，对于当今构建和谐的人际关系仍具有重要的启迪意义。

三、墨家的人际和谐思想

与儒家从伦理纲常论"和"、道家从天人合一谈"和"不同，墨家主要从国家和社会层面谈和，认为和是和谐、协调个人、家庭、国家、社会关系的根本原理、原则，是家庭、社会、国家不分裂的聚合剂。墨家认为，国家和社会动乱、矛盾、祸害、灾难、罪恶的原因就在于"不相爱"，如果"兼相爱"且重"兼和"，天下就能协调、和谐而治。《墨子·尚同上》说："古者民始生，未有刑政之时，盖其语，人异义。是以一人则一义，二人则二义，十人则十义。其人兹众，其所谓义者亦兹众。是以人是其义，以非人之义，故交相非也。是以内者父子兄弟作，离散不能相和合；天下之百姓，皆以水火毒药相亏害。至有余力，不能以相劳；腐朽余财，不以相分；隐匿良道，不以相教。天下之乱，若禽兽然。"墨子认为，人各是其义，"交相非"，这就必然导致像天下不能兼相爱一样的恶劣后果。那就容易相互争斗攻伐，这就像禽兽一般。《墨子·兼爱》中说：凡天下祸篡怨恨，其所以起者，以不相爱生也，是以仁者非之。既以非之，何以易之？墨子言曰："以兼相爱、交相利之法易之。"墨子把与"兼爱"相反的思想和行为称为"别"。他说："乱何自起，起不相爱"（《墨子·兼爱上》）；"别之所生，天下之大害也"（《墨子·兼爱下》）。因此，治理天下的正确途径就是"兼以易别"。墨子坚信，只要普天之下的人们都遵循"兼爱"，即将爱己之心施之于他人，由此形成人人互敬互爱的和谐社会，就必然会害除利兴、国泰民安、天下和平，达到乐园一般的完美境界。这也是墨子借鉴尧舜时代设计出来的大同世界的模型。《墨子·兼爱上》中如下论述道。

若使天下兼相爱，爱人若爱其身，犹有不孝者乎？视父兄与君若其身，恶施不孝？犹有不慈者乎？视弟子与臣若其身，恶施不慈？故不孝不慈亡有。犹有盗贼乎？故视人之室若其室，谁窃？视人身若其身，谁贼？故盗贼亡有。犹有大夫之相乱家，诸侯之相攻国者乎？视人家若其家，谁乱？视人国若其国，谁攻？故大夫之相乱家，诸侯之相攻国者亡有。若使天下兼相爱，国与国不相攻，家与家不相乱，盗贼无有，君臣父子皆能孝慈，若此，则天下治。故圣人以治天下为事者，恶得不禁恶而劝爱。故天下兼相爱则治，交相恶则乱。故子墨子曰："不可以不劝爱人者，此也。"

墨家指出，兼爱是处理个人与个人、个人与社会、家庭与家庭、国家与国家之间关系的普遍原则以及最基本的准则与手段，所以要用"兼相爱，交相利"之法易之，即"诸侯相爱则不野战，家主相爱则不相篡，人与人相爱则不相贼，君臣相爱则惠忠，父子相爱则慈孝，兄弟相爱则和调。天下之人皆相爱，强不执弱，众不劫寡，富不侮贫，贵不敖贱，诈不欺愚"（《墨子·兼爱中》）。墨子阐述的"兼爱"就是兼相爱，交相利，其含义包括相互联结的如下两个层次。[1]

---

① 陈道德：《墨家"兼相爱、交相利"伦理原则的现代价值》，载《哲学研究》，2004(11)。

其一，感情层次。感情层次就是要求人们相互地、平等地、普遍地爱人。所谓"相互地爱"就是自己和他人双方都承担"爱"的义务，也都享有"被爱"的权利。"爱人者，人亦从而爱之"（《兼爱中》），"爱人者必见爱也"（《兼爱下》）。所谓"平等地爱"就是反对"爱有差等"的儒家观点，实行"爱人若爱其身""为彼若为己也"。特别是父、君要以平等的态度爱子、爱臣，"视弟子与臣若其身"（《兼爱下》）。所谓"普遍地爱"就是爱人应该"远施周遍"，不受范围局限，对所有的人都去爱。"兼爱天下之博大也，譬之日月兼照天下之无有私也"（《兼爱下》），"爱人者此为博焉"（《天志下》），"天下之人皆相爱"（《兼爱中》）。儒家推行的是一种有差别的爱，是一套建立在君君、臣臣、父父、子子的伦理制度基础之上的爱。而墨子提倡的是"视人之身，若视其身""爱人若爱其身"（《墨子·兼爱中》），强调爱人如己。如果强调人与人之间的等级关系的话，就不可能实现真正的"天下之人皆相爱"。这种没有血缘、阶级、等级限制的无差别的爱，其根本意义就是能够真正建立起一个社会成员和睦相处、其乐融融的和谐社会。①

其二，利益层次。利益层次就是爱时必须给对方以利益，使对方在爱中得到利益，而且利益的性质主要是指物质利益。墨子说，"兼相爱"的实质内容就是"交相利"，"兼而爱之"就是"兼而利之"（《法仪》）。所以，墨子总是把"相爱"和"相利"、"爱人"和"利人"、"爱"与"利"同提并举。如"天必欲人之相爱相利""此自爱人利人生"（《兼爱下》）、"利爱生于虑"（《大取》）、"爱利天下"（《尚同下》）等。这样，相互地爱就成了相互交利，"利人者，人亦从而利之"（《兼爱中》），"交相爱交相恭犹若相利也"（《鲁问》）。平等地爱就成了平等互利，"有力相营，有道相教，有财相分"（《天志中》）；普遍地爱就成了使天下普遍受利，"万民被其利""天下皆得其利"（《尚贤中》），

---

① 田正学、张申平：《两"和"发展战略的文化思想》，125页，成都，电子科技大学出版社，2008。

"为利人也博"(《非攻下》)，不仅要利人，还要利天、利鬼，"上利于天，中利于鬼，下利于人，三利无所不利"(《天志上》)。① 关于"爱"与"利"这种通约和统一的关系，后期墨家在《墨经》中有一段很好的说明："爱、利，此也；所爱、所利，彼也。爱、利不相为内、外；所爱、所利亦不相为外、内。"(《经说下》)"爱"中有"利"，"利"中有"爱"，感情和利益在道德上是紧密联结、融合统一的整体。显然，在墨家看来，人际(群己)和谐的实质内容就是"利人""兼利""交相利"。"兼相爱、交相利"的价值观有助于形成和谐的人际关系和社会关系，有助于形成良好的社会互助体系。

总之，兼爱是墨子用以处理人际关系的普遍原则。墨家强调人际间的平等关系和社会公平，主张通过人与人之间的相爱来改善人际关系，消除冲突，创造良好的社会环境，使人们既能"自爱"又能"爱人"，从而使每个人的利益都能得到满足。这既符合人的自然性的需要，又符合社会道德的规范。这样，"兼爱"就做到了以人为本的人际关系的和谐。

综上所说，从半封闭的大陆型自然地理环境到自给自足的农业耕种经济，再到以血亲为基础的宗法式国家社会结构以及各家学派的和谐思想与主张，它们造就了中国人崇尚和谐、爱好和平，主张多民族和睦共存、多元文化融和共生，重视人与自身、人与人、人与社会、人与自然统一性的文化传统。在此四维空间的影响与熏陶中，以和为贵、以和为美成为中华民族最为深厚的集体无意识。② 由此也使得中国人形成了与重视和谐、追求和谐的文化传统相适应的尚和心理与行为方式。从而，强调社会和谐性及人际关系的合理安排一直被认为是中国文化最显著的特性之一。③

---

① 陈道德：《墨家"兼相爱、交相利"伦理原则的现代价值》，载《哲学研究》，2004(11)。
② 田正学、张申平：《两"和"发展战略的文化思想》，50—54 页，成都，电子科技大学出版社，2008。
③ Abbott, Kenneth A, *Harmony and Individualism：Changing Chinese Psychosocial Functioning in Taipei and San Francisco*，Taipei：Orient Cultural Service，1970.

第四章

中国人人际和谐心理的类型特征

中国社会生活中存在的尚"和"心态，如果从不同的角度区别，可以分为不同的类型。例如，若从中国传统和谐思想或和谐观的角度来分，中国人的尚"和"心态可以分为三个纵向的层次：一是微观层次的个体内部之和，即身心之和、主我与客我之和等；二是中观层次的人际之和，即人与人或人与群之间的和谐相处；三是宏观层次的天人之和，即人与自然之间的和谐相处。这在前面章节中已有阐述。

若从中国人的社会理想或社会活动（齐家、治国、平天下）的角度来分，则中国人的尚"和"心态可分为三个横向且向外扩展的圈层：第一个圈层是家，即讲究家庭和洽，父子、夫妻、兄弟以及各个家庭成员之间充满亲情、温润与仁爱，实现"家和万事兴"；向外的第二个圈层是国，即企盼社会和谐，举国上下团结一心，社会安定繁荣，和以处众，和衷共济，政通人和，人民过上祥和幸福的生活；再向外的第三个圈层是天下（世界），即祈愿天下太平，国家与国家之间"和平共处""协和万邦"，达到"四海之内皆兄弟"的局面。"家齐而后国治，国治而后天下平"也成为中国人的奋斗目标与毕生追求。这也如费孝通所言，传统中国社会的人际关系体系是"由己到家，由家到国，由国到天下，是一条通路。……在这种社会结构中，从己到天下是一圈一圈推出去的"①。在这个次序中，首先，圈子最内部、与每个人最切身而且最被看重的是每个人"自己"的利益，其次是他的"家"，然后是他所在的更大一个范围的团体，这样一层一层推出去，最后到"国"和"天下"。② 如前所述，在社会心理学领域，中国人的尚"和"心态主要体现为人际之和。那么，从现实人际交往活动中"需要和谐的对象"来看，人际和谐心理可细分为家庭之和（包括父子、夫妻、兄弟姐妹之和）、邻里之和、朋友之和、同学之和、上下之和（包括上级与下级之和、官民之和等）。假若上下级之间、领导与百姓之间的和睦均已实现，那就达到了"政通人和"的理想局面。③

若从人际交往的伦理道德范畴区分，人际和谐又可以分为君子式和谐、常人式和谐以及小人式和谐。传统理想的人际和谐状态是君子式和谐，但在现实中往往变形为以私德为基础的常人式和谐或以利为基础的小人式和谐。而从实现人际和谐的动态策略角度来看，中国人实现和谐人际关系的策略可分为两类：一是通过矛盾双方相互转换以达到动态的和谐；二是通过矛盾双方彼此斗争以达到动态的和谐。

以上尚"和"心态的分类仅是理论上的构想与质性描述，较难揭示人际和谐心理分类的内在机制及动态过程。从心理学的视角对中国人的人际和谐心理进行分类，不仅有利于人们更清晰地认识人际和谐的本质内涵，更有利于人们洞悉其内部动态转化的机制。以下将主要从社会心理学的角度介绍已有学者关于中国人人际和谐心理的分类及各种类型的内涵与转化机制，并在此基础上根据中国社会人际关系的动态转化探讨与建构一种新的类型与机制。

---

① 费孝通：《乡土中国》，29—40 页，北京，北京出版社，2004。
② 马戎：《"差序格局"——中国传统社会结构和中国人行为的解读》，载《北京大学学报（哲学社会科学版）》，2007(2)。
③ 方克立：《关于和谐文化研究的几点看法》，载《高校理论战线》，2007(5)。

第一节　人际和谐的分类及其转化机制

从心理学的角度来看，分类是人类的基本认知功能之一，也是人们认识事物的重要方式之一。通过对人际关系和谐进行分类，我们能够进一步看清人际和谐的内涵与本质。目前，学者们主要从社会心理学、组织管理学以及文化心理学三个角度对中国人的人际和谐心理进行了分类尝试，并探究了各种类型间的动态转化机制。

一、实性人际和谐与虚性人际和谐

在《华人人际和谐与冲突》的研究中，黄𬊤莉从"天人合一"的思想、"伦理本位"的礼治思想以及"国家意识形态化儒学"的意识形态中提取出辩证式和谐、调和式和谐以及统制式和谐三种中国人的和谐观，并从"虚实辩证"的角度认为，和谐有虚实两种性质，即有"实性和谐"与"虚性和谐"的区分，且两者之间存在转化，即"虚实转化"，从而将中国人的人际和谐分为了实性和谐与虚性和谐两类。[①] 以下分别进行介绍。

（一）实性和谐与实中带虚的和谐

所谓"实性和谐"是指两人（或两种成分、两个单位、两种力、两个团体等）之间统合无间、和合如一的和谐状态。当然，这样的实性和谐只是一种理想的状态，在世俗生活中较为可贵。而"实中带虚"的和谐是指和谐中潜藏着可能导致不和的因子，只是尚未被察觉或触动。这些可能引起不

---

① 黄𬊤莉：《华人人际和谐与冲突：本土化的理论与研究》，95—96 页，重庆，重庆大学出版社，2007。

和的因子可能来自人与人之间的差异性、需求的未满足或个体的自主性受到抑制、自我主张未能伸张等。

实性人际和谐中又因人际关系中的情义性成分逐渐减弱而功利性成分逐渐加大可再细分为三种。①"亲和式和谐"，指交往中的双方在情绪感受上的主要特征是温暖、温馨、亲和、亲切、融洽、其乐融融、甜蜜喜悦之感。这一类型的和谐最易发生在"亲人"之间（如父女、母子、夫妻等）。有些人虽非亲人，但彼此关系却似亲人，或是生命中最重要的人之一，或认定他为永不放弃的长久性关系。彼此双方相处时以情义为取向，亦即彼此之间主动地付出，关心对方、体贴对方，甚至迁就对方，顺其情、顺其意，目的就是让对方开心、满意，必要时也可以自我牺牲，以对方为尊，而这样的承担是心甘情愿、无怨无悔、不斤斤计较的。即使偶尔有口角或发生冲突，也只是因为一时的情绪失控，需要纾泄一下，很快又可以不计前嫌，或主动道歉求和，以使两人的关系继续保持足够的亲近度。②"投契式和谐"，交往中的双方在情绪感受上的主要特征是自由自在、轻松自然、没有束缚、没有压力，又有相知相契、意气相投、投缘之感。这种类型的和谐最容易发生在"关系亲密的朋友"之间，彼此之间没有利害关系，地位也相对平等。双方相处时以分享为主，且在分享中没有批评、挑剔，且以本真、自然为行为取向，亦即彼此之间真诚以待，不虚伪、不造作，并且相互尊重。虽然有时某一方会表达不同的看法或提供各式的建议，甚至有些许的驳斥，但都会尊重对方的自主自决权，全然地接纳对方。③"合模式和谐"，指交往关系中的双方有固定的名分与角色关系，个人依此名分、角色关系去履行一定的社会责任与义务。在情绪感受上，双方大都经历着理性、平和、安定、踏实、配合良顺、情理兼顾等。这一类型的和谐最易发生在有明确角色分际的关系中（如领导与员工、上司与下属、老师与学生等）。此关系是因"后天"的某种社会活动目的而发生的，并不是自然的血缘关系。彼此需要根据相处的目的而界定明确的名分与规范，且为了目标的达成，愿意遵循随此名分或角色而至的责任与义务。合模式和谐的主要行为取向是"顺适取向"，亦即行为法则以配合双方的名分与角色规范为最优先考量，以便彼此之间处事顺利。

实性和谐与实中带虚的和谐都可以称为彼此间真心实意的和谐（至少是为了实现共同的目标而一条心上的和谐），或谓"真和"。此种和谐首先建立在个体与有着不同关系的他人（如亲子关系、夫妻关系、上下级关系、同事关系、朋友关系等）保持恰当的亲密程度及接受、合作的不同程度的基础上，并且在各种不同的角色要求之间能够灵活地协调转换。实性和谐与实中带虚的和谐之所以为真和，并不是说个体与他人之间达到完全的"同心同德""千人一面""万众一条心"，而是人际交往的双方在社会地位、行为方式等方面的差距和差别能够被彼此所接受，即双方能够求同存异、和而不同，并且能以真诚的态度解决矛盾与冲突。当然，从实性和谐到实中带虚的和谐的逐渐转化可以看出，要实现这样的和谐，尤其是不存有血缘关系只存在社会关系纽带牵连在一起的合模式和谐，更需要交往双方可以接受彼此在社会地位、行为方式、个性特征等方面的差异与变化，并能顺势做出不同的反应。或者说，交往双方都要具有较高的情绪识别能力，具有一定的情商，才能够较长久地保持这种和谐融洽的关系。

（二）虚性和谐与虚中带实的和谐

所谓"虚性和谐"是指表面上维持和谐，而台面下却暗藏着不和。这是因为有些不和的因子是被察觉或被触动而形成的。身处此虚性和谐状态中的人，会运用各种和谐化方式，试图化解不和，以转化为实性（带虚）和谐，或扩大不和的容忍力，以维持表面上的和谐。纯"虚性和谐"则只是形式上维持表面的和谐，内里却暗自较劲而进行争斗之实，以遂行或扩大己欲或己利。此时，表面的和谐只是一种工具性或形式性的，目的在于掩饰或有利于内斗的进行，抑或在等待更佳的时机（如策略性忍让）才揭露不和的事实。

虚性人际和谐因人际的和合性逐渐趋弱而差异性逐渐扩大，又可细分为三种。①"区隔式和谐"，指只有部分范畴是依合模式和谐的顺适取向而行的，以维护和谐，其他范畴则在有不利和谐的因素或预知将有不和的情况下，事先予以区隔化，并排除在互动领域之外，以确保部分和谐。区隔式和谐是合模式和谐关系的进一步淡化，最容易发生在工作关系中。为达到这种部分和谐，必须先做区隔化工作，即做好"利"与"情"的区隔，即辨清"义"与"利"；做好"公"与"私"的区隔，即秉持公事公办的态度，一切照章办事。关系中的双方各守阵地、相互尊重，互动时依照一定的游戏规则行事，故而交往中的双方在情绪感受上是理性冷静、戒慎恐惧、防卫阻隔或平淡乏味的。区隔式和谐的行为取向以"领域取向"为主，亦即试图先根据各项准则将关系单元化，将空间区隔化，将责任区分化，将领域界定化等，然后选定某一关系、空间、领域为阵地。双方互动时，则依照领域内的游戏规则谨慎行事，只做分内事，其他部分避不碰触，以确保某部分的和谐。双方领域外的阵地，则小心谨慎，各自不加触碰，以免招惹不悦。就如同现在所说的"八小时之内咱们是同事，是上下级关系，是服务与被服务的关系，八小时之外则互不相干了"。②"疏离式和谐"，指维持外显行为"淡如水"似的疏离，交往中的双方的内在感受转化为紧张、冷漠或敬而远之，徒留表面上的和谐。疏离式和谐最容易发生在"关系生疏的朋友或同事"之间。朋友关系既非血缘亲人，又非工作上的利害关系人，若以"疏离"相对待，则表面的淡然和谐关系最易维持，对关系的伤害性也最小。若在无法断裂的亲友关系，抑或心中不悦但又不得不接触且相处的同事（尤其是上下级之间）或朋友关系，只有靠"暂时的分离""似接触实分离"

"以中介人为联系桥梁"等方法保持距离，以获得疏离式和谐。此种和谐以"形式取向"作为接触时的主要行为法则，即以礼仪式行为、貌合神离、表浅难以深入等方法达到虽接触但又有距离感的疏离效果。③"隐抑式和谐"，指的是一种里外不一的虚假和谐，内部隐藏着随时可能冲破礼仪防御面具而外显的冲突。隐抑式和谐是疏离式和谐关系的进一步"恶化"。这是在和合性已遭破坏，但双方的社会性关系（如亲友关系、工作关系）却又无法断绝，或双方不得不保持接触的情况下，当事者只好将对对方的不满或敌意等负面情绪强行压制或隐忍下来，代之以一般性的礼仪式社会互动。隐抑式和谐最容易发生在上下级关系之间，如上司下属等关系中，而且片面地发生在居下者的身上。隐抑式和谐以"抑制取向"为行为取向，亦即尽力压抑住对他人的气愤或不满，让自己久处于隐忍的煎熬之中。

虚性和谐与虚中带实的和谐都可以称为彼此间不是出自真心实意的和谐（至少是表面上关系很密切，实际上是两条心的和谐），此或谓"假和""面和心不和"。但从上述来看，将虚性和谐完全归之于"假和"，又实不尽然。后者是个贬义词，不仅不是出于"和谐"的目的，甚至一方对另一方或双方之间还包藏祸心、假仁假义、尔虞我诈，以"笑面虎""笑里藏刀"示人。而虚性和谐还控制在和谐的范围之内，至少其目的还是为达到共同的目标而努力维持着和谐，如维持正常的工作关系，维持平静的家庭氛围，是个中性词，只是在双方关系中情感性关系减弱，工具性关系增强，从而和谐性因素逐渐减少，冲突性因素逐渐增多。这时候的"不和"却还不是冲突，而只是冲突的前奏。① 这与借和谐之名行尔虞我诈、暗地争斗之实完全不同。以下为例，据《史记·越王勾践世家》记载，越王勾践在会稽战败后，向吴国求和，表面上臣服于夫差，并且进献美女宝器，为夫差喂马，

---

① 彭泗清：《书评二》，转引自黄曬莉：《华人人际和谐与冲突：本土化的理论与研究》，3页，重庆，重庆大学出版社，2007。

尽心尽力地为其做事，甚至不惜在吴王生病时为他尝粪看病，麻痹他，取得他的信任。但暗地里，勾践却一直在策划反击吴国。在得到吴王的信任回国后，他则卧薪尝胆，抓住吴国和晋国大战的机会，一举击败吴国，以报灭国之仇、羞辱之恨。这种"和"就不算是虚性和谐了，只算是"兵家诡道"而已。

（三）实性和谐与虚性和谐的转化机制

从两种和谐的内涵来看，实性和谐与实中带虚的和谐主要发生在具有血缘关系的亲人或关系亲密的朋友之间，如父子（女）、母子（女）、夫妻、兄弟姐妹、挚友、好友等。由于这三种实性人际和谐关系主要以"本然自在"为起点，逐渐添加"情意"成分，再转而以"公益"成分为重，即随着交际双方之间情义成分的减弱，人际和谐的性质逐渐从"实性"转向"实中带虚"，交往双方获得的情绪感受、和谐化的方式以及和谐化的行为取向等逐渐从"亲"到"疏"产生差异。虚性和谐与虚中带实的和谐主要发生在"关系生疏或一般的熟人与朋友"之间，如单位同事、领导下属、偶尔打招呼或点头之交的朋友等，这种人际关系缺乏情感的纽带，只是一种处于公众场合的交际与合作关系。这三种虚性人际和谐为了维持人际和谐，逐渐由领域的区隔化转变为双方保持距离，进而再转为内心与外表不一致，最后甚至戴上虚伪的面具以掩饰内在的真实意向，而使得人际之间的和合性越来越小、差异性越来越大。

在人际交往中，随着交往双方之间"关系"的变化，实性和谐与虚性和谐之间也可以透过不同的机制加以转化，而且和谐与冲突之间也可以相互转化。即一旦和谐失败，虚性和谐中内在不和的紧张性将会逐渐扩大，最后冲破表面防线而外显为冲突。例如，父子反目、夫妻成仇、兄弟姊妹生怨、朋友陌路等。当然，如果冲突的双方能够开诚布公地化解冲突，并从

"大局"或公共利益出发，也可以转化为和谐甚至实性和谐。根据《史记·廉颇蔺相如列传》记载，王"以相如功大，拜为上卿"，地位在廉颇之上，导致廉颇对蔺相如心怀不满，扬言要当众羞辱蔺相如。但蔺相如知道后，并不想与廉颇争高低，而是采取了忍让的态度。为了不让廉颇在临朝时排列在自己之下，每次早朝，他总是称病不至。有时，蔺相如乘车出门，远远望见廉颇迎面而来，就索性引车躲避。这引起了蔺相如舍人的不满。蔺相如解释说："强秦与廉颇相比，虎狼般的秦王我都敢当庭呵叱，羞辱他的群臣，我还会怕廉颇吗？强秦之所以不敢出兵赵国，是因为我和廉颇同在朝中为官，如果我们相斗，就如两虎相伤，没有两全之理了。我之所以避着他，无非是把国家安危放在个人的恩怨之上罢了。"蔺相如以国家利益为重，善自谦抑的精神感动了廉颇，于是廉颇身背荆条，赤膊露体到蔺相如家中请他治罪，从此两人结为刎颈之交。在廉颇与蔺相如的故事中，两人关系的发展趋势是：先同朝为官（为合模式和谐），因故而心生嫌隙（为隐抑式和谐，不和但未发生正面冲突）到冰释前嫌（发生和谐转化），再到成为刎颈之交（为投契式和谐），很好地诠释了和谐与冲突的转化过程与机制。因此，总体上，不论是实性和谐抑或表面（虚性）和谐，和谐化阶段的主要目的还是通过和谐化方式来维持人际间的和谐。这也是中国人人际尚"和"心态的主要基调。中国人人际交往的所有策略也几乎都是以和谐人际关系为目的的。就积极方面而言，保持和谐旨在设法维持个人内心的安详恬适，人际间的和谐愉悦，社会上的和合有序，给人们带来福祉，即使实中带虚的和谐转化为真正的实性和谐，抑或虚性和谐转化为实性和谐。就消极方面而言，保持和谐旨在避免个人内心的焦虑不安，避免人际间的紧张不快，避免社会上的混乱无序，避免给人们带来损失祸害，即使实中带虚的和谐不易触发成虚性和谐，抑或使虚性和谐不易转化为外显的冲突。

二、价值观和谐与工具性和谐

梁觉等从组织行为学的角度提出，在团体组织中，人们对和谐的追求出于两种不同的目的，其中一种是将和谐作为终极目标，是价值观的体现；另一种则是把和谐作为工具和手段，力图通过和谐达到其他功利目标。因此，围绕和谐作为目标还是手段，即个体在人际和谐取向上的差异，将和谐分为"价值观和谐"以及"工具性和谐"。①

（一）价值观和谐

价值观型的人际和谐取向将和谐作为交往双方所要追求的最终目的，奉行"君子和而不同"的做法，在工作实践中强调和谐本身的重要性。在以和谐解决冲突时，价值观和谐本着追求和谐的原则，解决矛盾，推进和谐。这一做法往往基于人与人之间相互信任、诚挚友好的人际关系，通过积极沟通，双方谅解达成共识，化干戈为玉帛，消除冲突的负面影响，甚至在冲突中加强交流，提高工作效果。价值观型取向虽然重视和谐，但在人际相处的过程中不会刻意回避冲突，制造和谐。由于价值观型人际和谐取向以和谐为目标与他人相处，以促进和谐为动力来采取行动，因而有利于构建坦诚相待、互通有无的真正和谐的人际交往环境。

（二）工具性和谐

工具性人际和谐取向促使人们强调和谐的实用意义，以和谐的人际关系作为实现其他目的的途径，并致力于消除引起不和谐的因素，以不破坏和谐为最终目标。有时候为了做到不破坏和谐关系，对有可能破坏关系的矛盾采取回避的做法，甚至不惜牺牲个人信念，阳奉阴违。工具性和谐的做法采用的是大事化小、小事化了的原则，小心地维护人际关系，对有可能破坏关系的矛盾采取回避、瓦解的做法，消除不和谐因素。工具性和谐

---

① Leung，K.，Koch，P. T. & Lu，L.，"A Dualistic Model of Harmony and Its Implications for Conflict Management in Asia,"*Asia Pacific Journal of Management*，2002(2-3)，pp. 201-220.

取向常常使人们的行事带有明显的功利性。由于刻意制造和谐，拉近人际关系，工具性和谐在短期内可能赢得表面上的亲密关系，但在长期相处的人际交往中无法取得相互信任、融洽的交往环境。尤其是在组织内部，工具性和谐对整个组织管理的绩效等有害而无利。

（三）价值观和谐与工具性和谐的转化

价值观和谐与工具性和谐并非水火不容。随着人们对这两种和谐追求的程度不同，可能导致四种不同的人际和谐结果或和谐化方式，如图4-1所示。

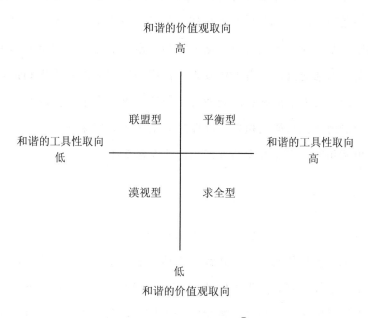

图 4-1　和谐二元矩阵模型①

1.“联盟型”

如果一个人高度推崇价值观和谐，较少考虑和谐的工具性意义，那

① 　路琳：《和谐二元矩阵模型及其在冲突管理中的应用》，载《心理科学》，2007(5)。

么，在解决冲突矛盾时，为了达到和谐的最终目的，他就会乐于做出个人利益的牺牲。"联盟型"和谐将更高层次的和谐作为最终目的，由于价值观取向大于工具性取向，人们无须刻意维护和谐的气氛，在解决问题的时候，人们本着就事论事的态度，目标一致，采取直接面对问题的方法，通过协商甚至争论等手段找到双方都认可的解决方案，消除矛盾，达到最终的和谐。但是，仅仅依靠问题解决后带来的高层次的和谐的目标，在处理冲突的过程中完全忽视人与人之间的和睦气氛，这和现实的文化内涵毕竟有一定的差距，因而，把和谐作为终极目标而不是行为手段的做法是一种理想状态。

2．"求全型"

如果重视和谐的工具型作用，而忽视和谐的价值观意义，人们会采用表面迎合屈就的态度以避免矛盾激化、关系失谐，这种隐忍往往别有所图。所以，阳奉阴违的做法只是委曲求全、回避矛盾，却不能彻底地解决冲突。求全型和谐又称为消极和谐，采用这样的方法处理冲突带来的是表面上的祥和，而真正的冲突仍然隐藏其中，矛盾双方很可能以一方暂时的隐忍告一段落。在实际工作中，矛盾和问题不但不能得到解决，还可能由于人为的回避而被忽视，长此以往，将带来"千里之堤，毁于蚁穴"的教训。

3．"平衡型"

在解决冲突的时候，平衡型既认为和谐有助于理顺关系、达到目标，又能够把和谐本身看作所要追求的目标的一部分。本着对和谐的双重认识，平衡型的人在实践中就会非常关注人际关系的和谐性，与此同时，为了达到最终目标，人们也会勇敢面对矛盾、积极合作，以双赢为原则解决冲突。这种认识将使人们以物质上的"双赢"为目标，而且"和谐"本身也是他们追求的目标。

4."漠视型"

漠视型指对和谐的工具性和价值观特质全然不顾。这种认识意味着对人际关系的全面否定和忽视。在解决争端时，他们全然不顾及如何维护人际关系。"漠视型"和谐以提高利益或效率为唯一目的，对人的情感需求置之不顾，忽略对人际关系的关心，这种处理方法往往带来人际关系失和，令集体内人际关系充满矛盾和混乱。

从图 4-1 来看，梁觉的和谐二元矩阵模型与黄光国提出的冲突解决模式具有相似之处。黄光国以"追求个人目标与放弃个人目标"和"维持人际和谐与不顾人际和谐"两个向度建构出五种冲突化解模式的雏形。[①] 见图 4-2 所示，该模式假设：行动者之所以必须采取某种冲突管理模式，是因为他的对手坚持要达成其个人目标。面对这样的情境，个人必须考虑的两个问题是："要不要维持人际关系的和谐"以及"要不要达成个人的目标"。

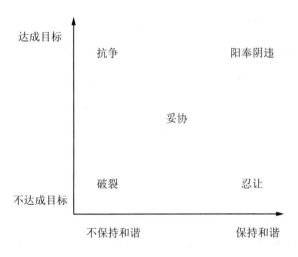

图 4-2 冲突解决的五种基本方式

---

① Hwang, K. K., "Guanxi and Mientze: Conflict Resolution in Chinese Society," *Intercultural Communication Studies*, 1997(1), pp. 17-37.

中国人在出现矛盾时，不像西方学者所说的那样，只是简单地避免冲突，而会根据社会互动的目的来决定是否采用冲突和斗争的策略。倘若他为了人际关系的和谐而放弃对个人目标的追求，他会做出"忍让"（endurance）的反应；倘若他不顾人际关系的和谐，坚持要追求个人的目标，他会和对方发生"抗争"（confrontation）；倘若他为了追求人际关系的和谐，避免和对方发生对抗，而又不放弃个人目标，他可能采用"阳奉阴违"的方式来达成其目的；倘若他既考虑人际关系的和谐，又不愿意在个人目标上有所退让，他可能和对方"妥协"（compromise）；倘若他不顾人际关系的和谐，又不想设法在和对方的互动中追求个人目标的达成，他和对方的关系便可能宣告破裂（severance）。黄光国的这五种冲突解决模式与梁觉的和谐二元矩阵模型联系在一起正好构建了组织管理中典型的人际和谐与冲突的转化机制。

　　梁觉的研究区分了促进和谐和避免破裂这两种不同的和谐动机，并认为促进和谐与和谐价值观更为接近，而避免破裂更多地与避免冲突相关，二者通过不同的机制影响到个体的行为。[1] 梁觉等人还指出，促进和谐（即真实和谐）反映了个体对和谐的真正认可和追求，将人际关系的和谐本身视为重要乃至首要的目标而非达成其他目标的手段。促进和谐需要真正地付出努力，参与到如建立声誉和归属感之类的积极行为之中。相反，避免破裂（即表面和谐）与工具性动机相关，因为它聚焦于紧张关系带来的消极后果。对于避免破裂的个体来说，维持良好的人际关系是为了保护自身利益，维护关系只是一种手段。维持关系行为背后的驱动力并非价值观或准则，而是与他人形成复杂的、相互依赖的关系以保护自身利益的工具性需

---

　　[1] Leung，K. "Negotiation and Reward Allocation Across Cultures"，In Earley P. C. & M. Erez（Eds.），*New Perspectives on International Industrial-Organizational Psychology*，San Francisco：Jossey-Bass，1997.

要。背后动机不同，对个体在各种人际交往中的表现的影响也不同。[①] 在中国文化情境中，可能兼顾和谐的价值观取向和工具性的"平衡型"和谐更符合现实的人际交往特点。这就要求我们在组织管理中，在处理人际和谐与冲突的时候，树立统一目标，明确原则，在双赢的基础上做出最有利于双方发展的决策。同时，在解决问题的过程中，我们应当策略性地处理矛盾冲突的双方的关系，要在相互尊重的基础上促进沟通，采用互惠互利的行为；对于冲突当中的矛盾焦点，我们可以适度地妥协，甚至忍耐，在寻求最佳解决方案的同时维护双方的利益与人际关系。

三、真和与伪和

与黄囇莉和梁觉等提出的和谐人际关系划分相似，汪凤炎和郑红认为，从"真"与"伪"的角度可以将中国人在实际生活中存在的"和谐人际关系"分为"真和"与"伪和"两大类。[②] 与之不同的是，前两人更多地从现实人际关系的类型（尤其是差序格局的人伦关系）以及组织与管理的角度谈论和谐及其转化机制，后两人主要从社会文化心理的社会人际关系角度阐释世俗生活中人与人的和谐关系，带有明显的道德价值判断成分。

（一）真和

所谓"真和"，指真实或真心实意上的和谐人际关系。在此种和谐中，交往双方是真心投入地促进彼此之间的关系。此种类似于黄囇莉的实性和谐与梁觉等的价值观和谐。综合中国文化尤其是中国传统文化的相关论述，能够同时符合下列两个标准的人际关系才称得上是真正意义上的和谐

---

① Leung，K.，Koch，P. T. & Lu，L.，"A Dualistic Model of Harmony and Its Implications for Conflict Management in Asia,"*Asia Pacific Journal of Management*，2002(2-3)，pp. 201-220.

② 汪凤炎、郑红：《中国文化心理学》（第五版），138—145 页，广州，暨南大学出版社，2015。

人际关系：一是交往双方都从心底彼此尊重并接受对方合情合理的个性特征，并相互鼓励对方发展自己的健全人格；二是做到"心和"，即交往双方都要从心底彼此友爱对方，从心底彼此理解对方合乎道义或法律的所作所为，在此基础上再通过民主协商对话、互容互谅或适度竞争等方式来寻求一种协调一致的关系。这也是中国传统文化中强调的"君子之和"。由此可见，"真和"的精神里既包含尊重人的个性和主体意识的要义，也蕴含现代社会所推崇的平等、自由、民主的理念。另外，中国人不但心中向往"真和"，并且有一些人按"真和"的理念去身体力行之。例如，春秋时期的鲍叔牙与管仲的关系，战国时期实现了"将相和"之后的廉颇与蔺相如的关系，三国时期的刘备、关羽与张飞三人之间的兄弟关系，都算是践履和谐伦理文化以交友的典范。

（二）伪和

所谓"伪和"，指虚假或者虚情假意上的和谐人际关系。此种和谐是为了防止关系破裂带来各种各样的损失，而不得不违心地投入以维持表面上的和谐。此类似于黄曬莉的虚性和谐与梁觉等的工具性和谐，或中国传统文化中所说的"小人之和"。若细分，常见的"伪和"又可分为两个亚类。①面和心不和。所谓"面和心不和"，指交往双方表面上看似关系和谐，但心中却是彼此怨恨对方，或一方对另一方心存不满甚或有怨恨的情绪。由于"面和心不和"常常掩盖了问题的实质，使问题不能得到真正的化解，结果，它易招致双方或暂时处于弱势的一方对暂时处于强势的一方的不满甚或怨恨情绪。假若这种不满或怨恨情绪没有通过合理的途径得到及时宣泄，而是越积越多，就会留下无穷的后患。一旦满怀怨恨，暂时处于弱势的一方在忍无可忍的情况下起来反抗并得势，哪怕仅一时的得势，也往往会对曾经压抑过自己的另一方展开强烈的、非理性的报复，并最终给中国文明带来严重的破坏性后果。① 现实生活中之所以会出现"面和心不和"，可能的原因很多，其中之一是，交往双方或一方在中国传统求和畏争与人情、脸面文化的长期浸染下，对与人维和有一种非理性的偏好，不是在迫不得已的情况下，绝不撕破脸皮；或即使交往双方或一方虽本无意与对方进行真心交流，进而真心悦纳对方，但鉴于"多个朋友多条路，多个敌人多堵墙"等做人"格言"，也不想"得罪"对方，于是采取"礼节性交往态度与方式"对待对方，而对方出于某种缘由——或同样不想"得罪"对方，或处于不对等的劣势，或善于做人等——也不予点破而已；还有一种可能原因是猜疑戒备心重。几乎每个中国人都懂得"人心难测"的道理，正所谓"知人知面不知心"，于是便建立了"防人之心不可无"的戒备心理。在"防"与"戒"的心态下，在社会交往中，对他人的戒心势必包含着对他人的不信任感。于是，我们总习惯性地对别人言行的真实性产生怀疑。一旦疑心建立，偏执的推理过程就会使误解愈演愈烈，由于对对方的真实意图不明就里，所以只好以"满脸堆笑"的方式虚与委蛇了。②以"同"代"和"。从人际交往的角度来说，以"同"代"和"就是以自我为中心，抹杀其他人的个性，从而谋求一种无差别的一致性的人际关系。"以同代和"之所以是伪"和"，最重要的原因之一是它不符合"彼此尊重对方合情合理的个性"这一真"和"的实质。"以同代和"容易产生下述严重后果：它抹杀了弱势群体的鲜活个性，使得一个群体内部由于缺乏不同的声音而显得单调，也使民主、协商、对话等沟通方式失去了生存的空间，从而极易滋生专制的管理方式；同时，这容易让被抹杀了个性的弱势群体在心里产生积怨，进而于无形中削弱本群体的凝聚力，甚至给本群体的生存发展留下无穷后患。更坏的后果是，这种以"同"代"和"的机制会造成圈子内表面上一团和气，而实际上

---

① 孙隆基：《中国文化的深层结构》，173页，桂林，广西师范大学出版社，2011。

是非混淆，上下沆瀣一气，甚至因为外在"一团和气"的掩饰，心术不正反而得以藏匿，最终造就了更多的伪君子或者阴阳转化即所谓"伪君子真小人"，以至于让"阳奉阴违"在人际交往中大行其道。或为了内部的所谓"和谐"，各方都在极力遵守并维护着这些"潜规则"，谁也不愿去打破它。正是这些阴暗而丑陋的"潜规则"，给了腐败以滋生和繁衍的温床。因此，在人际交往中，交往双方都要准确把握"和"与"同"的本质差异，明确区分"同"与"和"的情境；同时要牢记孔子所说的"见义不为，无勇也"（《论语·为政》）的古训，当组织中出现"一言堂"时，人们要勇于提出自己的真知灼见，切不可为了自己的私利暂时不受损而选择沉默或屈从。

从上述来看，真和是人们发自内心地与他人保持融洽的关系，其行为与目的是合乎伦理与法律的，而伪和则是人们出于功利性目的与他人保持和谐，避免自己的利益受到损失或伤害，其行为与目的有时是有悖于伦理道德的。从价值判断的角度来讲，"真和"与"伪和"中的"真"与"伪"带有明显的伦理道德的成分在里面。"真和"主要是出于"善"的目的，而"伪和"可能是出于"恶"的目的；真和所维持的人际和谐的目的及其所采用的和谐化手段是合乎伦理道义或法律规范的，而伪和所维持的人际和谐的目的或其采用的手段是有悖于伦理道义的。只要是"真和"就难以与"伪和"发生相互转化。而且自古以来，在中国传统的尚"和"的文化的熏陶下，中国人早就摸索出了一整套教人如何实现"和"的策略，尽管这其中既有实现"真和"的策略，也有实现"伪和"的策略。因此，为了更好地构建和谐社会，以实现社会和谐、人际关系真正和谐，人们就宜大力宣扬"追求'真和'，去掉'伪和'"的做人理念与做法。只有人人都树立起了"真和"的理念，才有助于"培育自尊自信、理性平和、积极向上的社会心态"，才真正有利于和谐社会与和谐人际关系的建立。

综上来看，黄曬莉的"实性和谐与虚性和谐"较好地解析了中国人日常生活中的人际和谐类型及其转化机制，梁觉的"价值观和谐"以及"工具性和谐"较好地解析了中国人组织管理领域中的人际和谐类型及其转化机制，而汪凤炎和郑红的"真和"与"伪和"则较好地解析了社会生活道德范畴中的人际和谐类型及其转化机制。从这些人际和谐的类型及其转化机制来看，现实生活中人们追求人际和谐的动机具有双重性，一方面是为了真心促进彼此间的人际关系和谐，另一方面是为了避免人际关系破裂而带来各种损失。动机不同，交往双方采用的和谐化方式也就存在差异。① 黄囒莉提出的实性和谐、梁觉提出的价值观和谐以及汪凤炎和郑红提出的真和的内涵趋向一致，属于前一种动机性质，体现的是交往双方都倾向于从积极的角度看待他人，更多地通过真心诚意、相互信任、相互支持的态度与人交往，形成亲近无间的融洽关系；而虚性和谐、工具性和谐以及伪和的内涵趋向一致，属于后一种动机性质，交往双方往往从消极的视角看待他人，在与人交流时往往消极被动、言行谨慎、小心提防、躲避退让，以尽力减少或避免人际冲突。三种分类观点虽都各自周全，但都多将"和"当作一个平面的单维度的构念，即"不和←和→不和"的模式，没有将维持和谐行为的不同动机及其方式以及内部转化机制等的多种调节性因素进行综合性的考虑，或者说，还缺乏一种契合中国本土文化解释的、理由充分的人际关系理论分类的理论基础。正所谓，"仁"者，从人从二，即表示两个以上的人与人之间关系的概念。我们希望，用人际关系的分类来解析人们在实际的人际交往中，会以两人所属的关系类别来决定以什么样的方式来对待对方，即以此决定两人的和谐化类型。或者说，一旦决定了两人关系的差别，那么，相互之间如何对待对方则是不言而喻的事了。因此，用关系分类来概念化人际和谐的类型，隐含着具体两人的人际和谐关系是由两人所

---

① Leung，K.，Koch，P. T. & Lu，L.，"A Dualistic Model of Harmony and Its Implications for Conflict Management in Asia,"*Asia Pacific Journal of Management*，2002(2-3)，pp. 201-220.

属的关系类别来界定的。

第二节 关系本位的中国人际和谐类型

众所周知，中国社会是一个"关系本位"的社会，人际关系在中国人的社会生活中具有特别的重要性。① 对于中国人而言，人之所以为"人"的关键，在于人际关系的处理，而不在于性格。可以说，"关系"是理解中国社会结构的关键性社会文化概念，同样也应是理解与建构中国人人际和谐类型的关键性文化概念。中国人的社会是熟人社会，而熟人社会必是一个讲关系、讲人情、讲脸面的社会。和谐化的方式是人际交往的方式，必定发生在一定的社会关系网络之中，其外表虽呈现出差异化的和谐化方式，但其内部还必然包含着各种复杂的因素。因此，在现实人际关系中的人际和谐类型及其转化要比以上各种和谐类型的划分要复杂得多。综合来说，在建构一种综合化、纵深化、本土化的人际和谐心理分类时，最好在横向上考虑差序关系的维度，即亲人关系、熟人关系、陌生人关系，在纵向上考虑交往原则的维度，即亲情原则、人情原则与利害原则等因素，这样才可能更好地解析中国人人际和谐心理的实质及其内部互动机制。

一、中国社会的人际关系类型

梁漱溟认为，中国社会既不是个人本位的，也不是社会本位的，而是关系本位的。人一生下来，便有与他相关之人（父母、兄弟等），人生始终

① 杨国枢：《华人社会取向的理论分析》，转引自杨国枢、黄光国、杨中芳主编：《华人本土心理学》，171—209页，重庆，重庆大学出版社，2008。

处在与人的关系中生活(不能离开社会)。如此则知,人生实存于各种关系之上。此种种关系,即种种伦理。在家庭中,有父子、兄弟姊妹、夫妇、子女乃至宗亲等关系;在社会上,有师徒、经济伙伴、君臣、乡邻、朋友等关系。① 许烺光提出了情境中心理论来描述中国人和西方人生活方式的差异。他认为,中国人的生活方式是情境中心(situation-centered)。血缘关系是一个非常重要的纽带,可以将家族里的亲属都连接到同一个社会网络之中。家族中的每个个体都是相互依赖的,同样也是相互制约的。这个关系网络是以父母—子女的关系作为基点,并不断向外扩展延伸的。个体对待网络之中的个体会以更加有安全感,即"怡然自得"的方式进行沟通交流,而对待网络之外的人则"有所区别"。根据不同的社会情境,人们会采用不同的原则,即"以情境为中心"②。这些观点都明确了"关系"的特殊性在中国社会人际交往中的核心地位。

中国社会中存在着各种不同的社会关系,而且其关系的亲疏各有差等。在中国本土心理学的"关系"研究中,学者们依据中国人的血缘亲疏关系提出了各种关系的类别及其性质。杨国枢提出,中国人的人际或社会关系,依其亲疏程度大致可以分为三大类,即家人关系、熟人关系以及生人关系。家人关系是指个人与其家人(父母、子女、兄弟、姊妹及其他家人)之间的关系,熟人关系是指个人与其熟人(亲戚、朋友、邻居、师生、同事、同学及同乡等)之间的关系,生人关系是指个人与生人(与自己无任何直接或间接的持久性社会关系的人)之间的关系。中国人特别强调自己人与外人之别。与熟人及生人相比,家人是自己人,熟人及生人是外人;与生人相比,家人及熟人是自己人,生人是外人。在中国人的日常生活中,

---

① 梁漱溟:《中国文化要义》,70—73 页,上海,上海人民出版社,2005。
② [美]许烺光:《美国人与中国人:两种生活方式比较》,12—13 页,北京,华夏出版社,1989。

与自己人的关系大大不同于与外人的关系。家人关系又可依对象的不同而分为亲疏不等的关系，熟人关系与生人关系亦然。[①] 与之相类似，朱虹和马丽区分了四种人际关系：家人关系（包括直接和间接血缘关系的人，如父母、兄弟姐妹等）、熟人关系（包括好友、经常来往的亲人等）、相识关系（指一般认识之人，如一般的同学、同事、关系较远的亲戚等）以及陌生关系（指未曾谋面的人）。家人关系是由于与生俱来的血缘关系加上长期的在日常互动中的朝夕相处而产生的情感联结；熟人关系主要是基于长久的互动和共同的关心和支持而互相依赖、互相帮助的情感联结，家人关系和熟人关系都是基于情感而发展起来的；而相识关系则是不同于家人和熟人关系的，是在情感和理性的共同作用下形成的，情感所起到的作用有所减少，而理性的博弈和揣度增多，双方在彼此利益的均衡和互惠的条件下产生关系；陌生关系多是偶然的、一次性的没有后继接触的交往活动，多数是经过理性计算后产生的短暂关系。[②] 黄光国则试图从"感情性多寡"与"工具性强弱"中找寻中国人关系的解释途径，将中国社会中的家人关系、熟人关系以及生人关系这三种人际关系进一步概括为情感性关系、混合性关系和工具性关系三种（见图4-3）。个人位于同心圆的核心，外面环绕着家族成员，家人外围是和自己有"关系"的熟人（如远亲、邻居、师生、同学、同事、同乡等），圆圈之外是和自己"没有关系"的陌生人（如店员与顾客、公交车司机与乘客、护士与病人等）。[③]

在中国社会的人际关系中，这种以自我为参考点，把他人按照与自己关系的亲疏远近，一轮轮、一波波向外逐圈扩散（越靠内圈的关系越亲，

---

① 杨国枢：《中国人的社会取向：社会互动的观点》，转引自杨宜音主编：《中国社会心理学评论》（第一辑），21—54页，北京，社会科学文献出版社，2005。

② 朱虹、马丽：《人际信任发生机制探索——相识关系的引入》，载《江海学刊》，2011(4)。

③ Huang, K.K., "Chinese Relationalism: Theoretical Construction and Methodological Considerations," *Journal for the Theory of Social Behavior*, 2000(2).

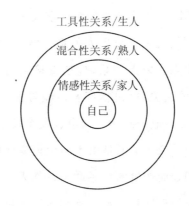

工具性关系/生人

混合性关系/熟人

情感性关系/家人

自己

图 4-3　中国社会中的三种人际关系

愈向外的关系愈疏)的类似同心波纹的人际或社会关系网，被费孝通称为"差序格局"。① 在不同的情景中存在不同的"差序格局"(如朋友圈、同学圈等)。在实际的人际交往中，"差序格局"还具有相对性、动态(发展)性的特点。例如，朱虹和马丽提出的"相识关系"概念，指一般认识之人，如一般的同学、同事和关系较远的亲戚等，并认为介于熟人与生人之间的相识关系正在成为中国人最主要的一种人际关系。② "点头之交""泛泛之交""一般朋友"都是这种关系的表征。黄光国和杨国枢两位学者并不是没有看到这种关系的存在，而是将相识关系放在熟人关系这个范畴之内。既然如此，是不是就没有必要将"相识关系"从"熟人关系"中剥离呢？从某种程度上说，似乎两者的界限并不太分明。随着交往时间的增多、交往深度的加强，"相识"会渐渐成为"相熟"。同样，"熟人"间也会产生矛盾和误会，以致产生隔阂，不再亲密如初的现象也比比皆是。"相熟"也可能变成仅仅是"相识"，所以，两者之间是可以相互转化的。同样，"生人"通过交往也可以转变成"熟人"，"熟人"也可以成为老死不相往来的"生人"。

---

①　费孝通：《乡土中国》，29—40 页，北京，北京出版社，2004。

②　朱虹、马丽：《人际信任发生机制探索——相识关系的引入》，载《江海学刊》，2011(4)。

在社会生活中，人们对亲人、熟人与陌生人关系彼此的交往角色期待、情感与利益的诉求都是不同的。有学者提出，特别是改革开放三十多年来，熟人社会在中国农村分崩离析，进入了"半熟人社会"，高度流动与异质性的城市正在由"半熟人的社会"向陌生人社会发展。在半熟人与陌生人的社会结构里，以亲疏远近、情感深浅为划分原则的传统人际关系正在发生最根本的变化，熟人关系中的情感成分日渐式微，工具理性为主导的相识关系成为人际关系中最重要的特征。[1]

二、中国社会的人际交往方式

依据"差序格式"，中国人在进行社会交往时，主要从关系亲疏与等级差序两个方面来考虑自己和他人的角色定位，并以此确定社会交往的基调与原则，从而决定采取什么样的行为方式。[2] 杨国枢提出，在中国人的心目中，家人关系、熟人关系及生人关系三者间，不只是亲疏程度的量的差异，而且也有截然不同的质的区别。这些基本的区别决定了个体人际互动的原则与互动方式。在家人关系中，彼此要讲责任或亲情（即责任原则或亲情原则），让双方做其所应当做的事，尽其所应当尽之责，而不那么期望对方做出对等的回报。这与进化心理学中所讲的"亲贷投资"理论相一致。在熟人关系中，相互要讲人情（即人情原则），以双方过去所储存的既有人情为基础，以自己觉得合适的方式与程度从事进一步的人情来往。因无血缘关系，人情的亏空或赊欠终有限度，自然比较会期望对方回报，这与社会心理学中所讲的"社会交换"理论相一致。至于生人关系，实则无任何实质关系，彼此相遇或打交道，只能依照当时的实际利害情形而行事（即利害原则）。两者间既无血缘关系，也无人情关系，因而比较会精打细

---

① 朱虹、马丽：《人际信任发生机制探索——相识关系的引入》，载《江海学刊》，2011(4)。

② Huang，K.K.，"Chinese Relationalism: Theoretical Construction and Methodological Considerations,"*Journal for the Theory of Social Behavior*，2000(2)，pp.155-178.

算、斤斤计较，对给与取的平衡与公道相当敏感，对回报的期望也很高。在家人关系中，既然彼此需讲责任、尽义务，则遇到任何事情都要全力保护自己的家人。在熟人关系中，基于人情的存在，中国人也会依据特殊主义的态度与做法来对待对方，但与对待家人相比，其程度则降低很多。至于生人关系，既不讲责任，也不讲人情，则只有依双方的利害情形而行事。如无任何利害考虑，则可能依据社会上一般的公道原则照章办事，既无任何通融，也无任何留难。而对待陌生人，我们也有时会触发善心，设法予以通融；有时，因为对方与自己无关，办事就会推脱迁延，不痛不快。这三种社会关系中具体的人际对待原则、对待方式、互依型态及互动效果见表 4-1。

表 4-1　三种社会关系中不同人际对待原则、对待方式、互依型态及互动效果①

关系类别	对待原则	对待方式	互依型态	互动效果		
				正向情绪 (良好互动)	负向情绪 (不良互动)	因应或 防卫方法
家人关系	讲责任 (低回报性)	全力保护 (高特殊主义)	无条件 互相依赖	无条件信任 亲爱之情	罪感、沮丧、 其他焦虑、 愤怒或敌意	压抑、否认、 怨尤、体征化、 反向行为形成
熟人关系	讲人情 (中回报性)	设法通融 (低特殊主义)	有条件 互相依赖	有条件信任 喜好之情	耻感、其他 焦虑或敌意	合理化、 自卫性投射
生人关系	讲利害 (高回报性)	便宜行事 (非特殊主义)	无任何 互相依赖	有缘之感 投好之情	愤怒或敌 意、耻感	自卫性投射、 合理化、 直接发泄

　　黄光国则提出，在儒家文化影响下成长的个体大多倾向于分别以需求

---

　　①　杨国枢：《中国人的社会取向：社会互动的观点》，转引自杨宜音主编：《中国社会心理学评论》(第一辑)，21—54 页，北京，社会科学文献出版社，2005。

法则、人情法则或公平法则，与情感性关系、混合性关系和工具性关系这三种关系不同的人交往（见图 4-4）。这三种不同的交往方式，是中国人社会行为的"原型"。无论在何种时空情境下，中国人表现出来的社会行为，表面上纵然有所差异，其基本"原型"却没有什么不同。[①]

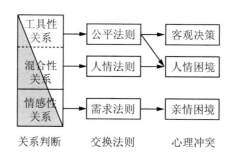

图 4-4 中国社会的三种人际关系及其交往法则

在图 4-4 中，前两种关系之间以实线隔开，后两种关系间以虚线隔开。实线表示在情感性关系和混合性关系之间，存在一道不易突破的"心理界限"——属于混合性关系的其他人很不容易突破这道界限转变为情感性关系；虚线表示工具性关系和混合性关系之间的心理界限并不明显，经过拉关系或加强关系的动作之后，属于工具性关系的其他人也可能加强彼此间的情感性成分而变成混合性关系。[②] 用符号互动论的概念来讲，人与人之间的关系并不是一成不变的。陌生人或属于工具性关系的双方，经过一段时间的社会互动之后，可能转变成混合性关系，而原来属于混合性关系的双方，也可能"反目成仇"，演变成"竞争关系"或"交战关系"。如中国俗语中常说的"人走茶凉""世态炎凉"。至亲好友对簿公堂，甚至原本属于情感

①　Hwang, K. K., "Face and Favor: The Chinese Power Game," *American Journal of Sociology*, 1987(4), pp. 944-974. 黄光国、胡先缙等：《人情与面子：中国人的权力游戏》，北京，中国人民大学出版社，2010。

②　黄光国：《中国人的人情关系》，转引自文崇一、萧新煌：《中国人：观念与行为》，30—50 页，南京，江苏教育出版社，2006。

性关系的夫妇，也可能感情破裂，走上离婚之路，从此"视同陌路"。在日常交往方面，由于个体预期，将来他会和属于情感性关系或混合性关系的其他人进行长时期的交往，他必须将彼此之间的感情成分考虑在内，因而容易陷入"亲情困境"或"人情困境"。[①] 相反，当他与属于工具性关系的其他人互动时，他比较可能从事"精打细算"的理性行动，从而做出客观的决策。

美国心理学家费斯克（Alan P. Fiske）综合了社会学、社会心理学和文化人类学的研究，提出了一个系统的社会关系模式。他认为，社会互动主要有四种模式：一是共享（communal sharing）模式，由团体成员共享情感与资源，不分彼此，家人、亲密朋友等关系中往往遵循这种模式；二是权威排序（authority ranking）模式，依据年龄、阶层、地位等形成不对等的权威与顺从关系，长幼关系、上下级关系等关系中遵循这种模式；三是对等互惠（equality matching）模式，双方平等，强调对等回报与交易的平衡，一般性朋友、同事等关系中往往遵循这种模式；四是市场定价（market pricing）模式，双方基于理性，进行得失衡量，考虑成本与收益的比率，商业关系往往如此。[②] 费斯克认为，这四种模式是存在于个人大脑中的关系原型，可以帮助人们理解和建构社会关系，决定与不同对象的交往方式。

黄囇莉则根据中国社会中三种不同的人际关系及其交往原则，进一步细分出六种不同的人际交往取向：①本真取向，即双方都自然、真实地自我呈现，而不论好坏，都可以彼此接纳、尊重；②情义取向，即优先考虑

---

① Hwang, K. K., "Face and Favor: The Chinese Power Game," *American Journal of Sociology*, 1987(4), pp. 944-974. 黄光国、胡先缙等：《人情与面子：中国人的权力游戏》，北京，中国人民大学出版社，2010。

② Fiske, A. P., *Structure of Social Life: The Four Elementary Forms of Human Relation*. New York, Free Press, 1991. 转引自沙莲香主编：《社会心理学》（第4版），59—60页，北京，中国人民大学出版社，2015。

对方的需要，不计较自己的利益得失，即使有所牺牲，也心甘情愿；③顺适取向，即谨守角色分际，但也有情分考量，以让彼此的共事（相处）顺利滑润；④领域取向，即尽量把关系单纯化，不相干的事情则小心谨慎，不要去碰触；⑤形式取向，即只以基本的日常礼仪与对方交往（或公事公办），保持淡淡的或貌合神离的关系；⑥抑制取向，即总要尽力压抑住对他（她）的气愤或不满，否则忍不住会顶他、刺他一下，或跟他吵起来。①在人际交往中，结合不同的人际关系，我们采取的不同人际取向具体见表4-2。

表 4-2　中国社会的三种人际关系及六种人际取向

	本真取向	情义取向	顺适取向	领域取向	形式取向	抑制取向
情感性关系	√	√				
混合性关系			√	√		
工具性关系					√	√

　　上述阐释可以显示出中国人在人际交往方面的一些特点。中国人同家人和亲人交往时形成责任关系，同熟人交往时形成人情关系，同生人交往时形成利害关系；责任关系的交往法则是相互负责，人情关系的交往法则是人情和面子运作，利害关系的交往法则是利益交易。随着从家人之间的责任关系到熟人之间的人情关系，最后到生人之间的利害关系的变化，人们之间由纯真情感逐渐变成利害的局部同一，最后变成界限明确、壁垒分明的利益交换。②"像水的波纹一般，一圈圈推出去，愈推愈远，也愈推愈薄"③。亲情的成分越来越薄，而利益的成分越来越浓。"至于和自己毫不

---

　　①　黄曬莉：《华人人际和谐与冲突：本土化的理论与研究》，239—240 页，重庆，重庆大学出版社，2007。

　　②　李庆善：《中国人新论——从民谚看民心》，74—75 页，北京，中国社会科学出版社，1996。

　　③　费孝通：《乡土中国》，34 页，北京，北京出版社，2004。

相干的陌生人，则不在儒家伦理所约束的范围之内。"①当然，在现实生活情境中，由于人们在社会关系体系中的地位、利害得失各不相同，因而对于即成关系的评价性反映也会迥然相异，但大体上皆都如此。

三、中国社会的人际和谐类型

综上来看，若要厘清中国社会中人际关系中的和谐类型，则不得不考虑清楚中国社会中的人际关系的本质。只有了解清楚中国社会的人际关系及其形成的不成文的交往规则与人际取向，才能更好地认清中国社会的和谐方式与类型，并理解其中潜在的转化机制，做到较好的社会人际适应。例如，在日常生活中，社会道德规范鼓励年轻人在车上给老弱病残让座，虽然有人遵行，但也常发现，还是有部分人不会这么做。而一旦遇到的是熟人，则彼此都会殷勤礼让。这种和气与谦让，并非是与陌生人的交往之道，只在熟人之间才能发挥作用。因此，"中国式和谐类型"理应建立在对"关系"的考量上。从以上中国社会中三种人际关系的区分到三种交往原则的确立，再到六种人际取向的细化，已经非常清晰地勾勒了中国社会的人际交往关系。因此，若根据"差序格局"中人与人的亲疏关系以及在对待不同亲疏关系的人中考虑的"情"与"利"等因素，将其作为一个中介变量，参考以上各种社会心理学的观点，则中国人的人际和谐心理可以分为三类：情感性和谐、混合性和谐与工具性和谐(见图 4-5)。三种人际和谐分别发生在不同的人际关系圈层中，表现出不一样的特征。

(一)情感性和谐

情感性和谐主要发生在亲人之间或家人关系中，如亲子关系、夫妻关系以及兄弟姐妹关系等关系圈层中。情感性关系往往以亲密的血缘关系为

---

① 黄光国：《中国人的人情关系》，转引自文崇一、萧新煌：《中国人：观念与行为》，30—50页，南京，江苏教育出版社，2006。

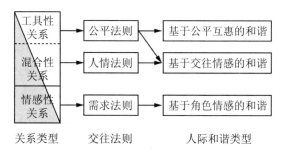

图 4-5　中国社会的三种人际关系及其和谐类型

基础，当然有时也包含亲密、感情深厚的人之间的情义。亲人关系通常都是一种长久而稳定的社会关系，个人和亲人建立这种关系主要满足其关爱、温情、安全感和归属感等情感方面的需要。在情感性关系中，交往双方主要存在责任关系。责任关系是交往双方相互负责的关系。如父慈子孝、夫唱妇随等都是一种责任与义务，既为责任与义务也就不需要去考虑彼此之间交往的得失或是否公平的问题了。亲情的要求是只讲付出，不讲回报的。在情感性和谐中，家庭成员彼此之间以"责任关系"来交往并表现出较多的真诚性和谐行为，每一方都对对方具有真心、责任心，并趋向于对对方负责，真心愿意为对方付出而不计回报，竭尽所能地做出有利于对方的和谐化行为反应。

　　由于家人关系天生具备血缘纽带和亲密的日常互动而发生深度的情感粘连，因此，家人间的和谐也更多源于一种原始的伦理角色的情感。情感是维系家庭伦理关系的纽带，以家庭伦理为中心的情感性和谐，特别重视的是"情"。中国的"家和万事兴""和气生财""家不和外人欺"等一类格言、谚语都是重情的表现，一家人"一团和气""和和睦睦"的"和"就是生于情。而且在"情"与"理"之间，家庭关系也更偏重于情，而不是理。因此，俗话中有"清官难断家务事"的说法，说明正常家庭关系和谐的维系，有时用讲理的方式是很难奏效的。孔子主张在家庭中要"父为子隐，子为父隐"，也是着眼于父子之间的情。一般来说，如果不是大是大非的问题，家庭矛盾还是尽量在家庭内部解决，尤其有一些事情是非难明，俗语说"家丑不可外扬"，是符合情理和人心的。传统伦理教导人们对父母要尽"孝"，对子女要"慈爱"，夫妇之间要相"敬"，朋友之间要守"信"，为尊者讳、为亲者讳，这些伦理规范都是以伦理亲情为核心的。[①] 如果家族内部发生矛盾、发生争执，都以尽量调解为好，正确的做法是将其消极影响缩小到最小限度，不把家庭中的任何小事都上升到"阶级斗争"的地步，毕竟"亲情浓于水""打断骨头连着筋"，这也正是家庭情感性和谐的真正内涵。因此，情感性和谐是一种真和，一种非常"简单"或非常"单纯"的人际和谐类型。

(二)混合性和谐

混合性和谐主要发生在熟人之间或熟人关系中，如乡亲、邻里、同学、同事和一般性朋友等，尤其以同事关系和邻里关系最为典型。熟人关系中的人际和谐主要是由持续的互动以及彼此的关怀和帮助所滋生出的情感而产生的。当然，在这些熟人关系中，其熟悉程度也存在一定的差异，如人际距离远近不同，交往频率高低不同，彼此间感情深浅也不等同。对于相识性的关系而言，情感对于信任所起的作用较弱，交往过程中的博弈和思量增多，人际和谐的产生更多来自双方利益上的平衡和互惠。而对于一般的熟人关系来说，情感对于人际和谐所起的作用也进一步弱化，交往双方在交往的过程中会产生较多的博弈和利益考量，"礼尚往来，来而不往，非礼也"是对"熟人关系"交往法则最贴切的描述。在这种关系中，情感和理性计算都会影响到人际和谐，和谐的产生和维持也更多来自交往双方利益上的平衡和互惠。而一旦利益(这个利益既包括经济利益，也包括

---

① 王举忠、王冶主编：《传统文化与中国人》，58 页，沈阳，辽宁大学出版社，1988。

精神利益)的分配出现不均等，人际和谐便可能遭遇质疑，难以维持。

由于熟人关系中主要遵循人情法则运作，而人情关系又是一种既有情又缺乏真情的关系，因而混合性和谐建立的人情关系不是纯真的情感关系，交往双方不是出于情感需要而选择对对方负责的行为，而只能把有限的情感作为筹码，通过交往达到各自预设的目的。彼此间的人情既是人们操弄的手段，又是实现各自利益的工具，在利益上既合又分。同时，亲戚、邻里、同学和同事等熟人之间总有一定的共同生活空间，有某些不可避免的合作与协作，有这样或那样实际利益上的瓜葛。但是，他人在利益上的共同性是有限的，他们的整合性是有严格条件的。因此，熟人之间既要通过人情及面子或某种彼此默认的规则来维护彼此间的和谐关系，防止或避免因"撕破脸皮"而导致"两败俱伤"；又要在彼此和谐的情况下，心照不宣地巩固和扩大自己的利益。这使中国人在同熟人打交道时，有较强的求和愿望，往往显得十分谦恭、和气、安详、耐心和乐于倾听。这不单出于印象整饰，给他人留下好印象，又具有明显的自利或自保动机。尤其是面对那些混淆感情、关系和利益的人，人们往往采取回避与疏远的态度，以避免人际冲突。有时甚至为了逃避人伦情感需要担负的义务，将亲近关系"陌生化"处理。换句话说，中国人的自我保护意识或自保取向，不仅表现在同熟人打交道时，还表现在他对熟人社会的整个适应上。他要防止与熟人发生矛盾冲突，避免与熟人进行争斗，不使自己卷入是非，遭受妒嫉、打击和迫害，他就得同熟人保持和的状态。[①] 因此，混合性和谐是一种最复杂的人际和谐类型。

(三)工具性和谐

工具性和谐主要发生在存在利害关系的陌生人之间或陌生人关系中。

---

① 李庆善：《中国人新论——从民谚看民心》，92页，北京，中国社会科学出版社，1996。

如未发生这种利害关系，没有任何实质性交际的双方也就谈不上和与不和了。利害关系是临时性集体中的一种人际关系，这种关系多具有临时性或偶然性。中国的人际关系是"亲缘"关系的扩展，陌生关系中的交往双方彼此之间既无原始的血缘、地缘关系，也不存在任何情感关系。人们对于陌生人一无所知，也无任何情感瓜葛。本来是些毫无关系的人，只是由于某种因由（如不同社会角色的安排）才使得生人之间不得不打交道，从而发生临时的人际关系。与陌生人打交道时，多属于利益交换或交易，而且在利益方面边界明确、壁垒分明，各有自己的利益。这样，陌生人之间采取的法则为"公平合理"或"公事公办"。同时，工具性交往获得的有利社会资源有两种：一种是现在的，为了当前的利益，不得不维持和谐；另一种是预见性的，如果个体认为，即使现在不需要这个人的帮助，但将来还是可以利用得上的，那么，他也会表现出和谐的一面，即通常所说的"多个朋友多条路，多个冤家多堵墙""朋友多了路好走"。这些都告诉人们，即使与陌生人交往也不要轻易得罪人。因此，中国人在道义面前，对陌生人可以用冷漠视之来形容，但往往又必须依照社会上的礼仪，表现出热情好客的一面，跟对方保持表面上的和谐，或称为"敷衍面子"，但这种热情与好客背后的动机仍不一样。[1]

当前，中国正处于社会转型时期，从"熟人社会"到"陌生人社会"是中国社会转型的重要表现之一。随着流动性和开放性日益增强，传统村落的熟人社会的性质也在发生深刻变革，日趋呈现"半熟人社会"的性质。[2] 熟人社会的两大特性——长久性与非选择性——正在迅速蜕变，这必然影响人们的交往逻辑。在人与人的关系上，现代城市所带来的最大冲击莫过于

---

① 黄光国：《关系与面子：华人社会中的冲突化解模式》，转引自《儒家关系主义：文化反思与典范重建》，60—81页，北京，北京大学出版社，2006。

② 贺雪峰：《论半熟人社会——理解村委会选举的一个视角》，载《政治学研究》，2000(3)。

日常必须与陌生人频繁接触。路上的行人，在班车上遇到的人，除了少数常相处的人，几乎都为陌生人，都是以"冷漠疏离"的方式对待彼此。我们常说，与人友善、忍让为先，但是在这种陌生人社会的城市生活中，却看到许多争先不让的情形，丝毫不具容忍与礼让的气氛。在商场或公司，或到一些部门办事时，人们经常会碰到办事人员爱搭不理的态度，冷面孔，甚至遭到白眼。为了改善服务，政府部门不得不强调与推行"微笑服务"的强制性应景措施，鼓励人们多说"您好""请""谢谢""对不起""再见"等文明礼貌用语、客套性话语。这样，在陌生人间保持的人际和谐，一方面既可以为自己获得"素质高，教养好"的良好社会声誉，另一方面又可避免"待人不和气"的制度惩罚。例如，店员和顾客、司机和乘客、销售人员与客户等，双方的人际交往都发生在工作场所，彼此可能不知道对方的姓名，但双方都以同对方和谐交往作为达成自身目标的手段，而一旦交往活动结束，则彼此的交往关系也宣告结束，交往双方也不愿再将这种在工作场所建立的关系带到生活的其他方面，从而又从和谐变为了冷漠。

有学者认为，东西方人在社会交往上的一个最大的差别，就是对待陌生人的态度。西方人交朋友往往适可而止，很难有中国人那种两肋插刀式的朋友之交，但西方人对陌生人的相助热情却比中国人要高得多。在国外，向陌生人探路问事总能得到热心的指点，但在国内，人们总把美好的表情和助人的热情留给熟人，对待陌生人的态度至少是冷漠，甚至很不友好。比较而言，如果说西方人是助"生人"为乐，中国人则只是助"熟人"为乐。所以，尽管中国人在与陌生人交往时常常会缺乏耐性、忍让精神而大肆争吵乃至大动干戈，但是在熟人之间却是相当讲究谦让、忍让的，甚至多以自己吃一点"亏"的方式来换取相互间的和谐关系。因此，从这些场合性的交际形式来看，工具性和谐更多是一种利益性和谐，一种表面上的假性和谐。

四、人际和谐转化的机制模型

人际关系在人际交往的进程中都会随着双方交往场合的性质以及交往结果发生变化，从而改变人际关系的综合状况，因此，这三种和谐化的类型也可以随之发生转化。在亲人关系中，由于亲人之间的"血缘关系"不可改变，其和谐化方式主要还是亲和式的和谐，较少突破亲情的界限。当然，父母与子女之间或亲人之间"反目成仇"的事例也不在少数。或包括父子之间、夫妻之间、兄弟姐妹之间等，生活中亲人之间发生矛盾也是在所难免的，但这毕竟是有着血缘之亲的，即使有了矛盾，也会很好地沟通，很快地处理，不会把矛盾拖到亲情耗尽。俗话说得好，"母子没有隔夜仇""血浓于水一家人，打断骨头连着筋""天上下雨地下流，小两口打架不记仇""床头吵架床尾和"。同时，在家人间的和谐化手段方面，常言说"国有国法，家有家规"，这个家"规"与国"法"又有不同，它的遵守不是靠或者说主要不是靠强制手段，而是靠家庭成员的道德自觉，用个人的道德自觉来维护家庭内部的人伦秩序。像家庭中的父子之亲、夫妇之别、长幼之序都是靠"情"这一纽带由家庭成员自觉维护的，而对"叛逆者"的惩罚也主要是道德谴责，这也是中国人在家教方面十分偏重伦理道德教化的重要原因。但情感性和谐和混合性和谐之间则存在一道不易突破的"界限"。属于混合性和谐的关系双方很难突破这道界限，转变为情感性和谐，即使有时转变成功了，也可能是情境依赖性的或易破裂的，遇到大难则各自飞了，这也突出了"患难见真情"的可贵。工具性和谐与混合性和谐则可以经过利益交换、拉关系或社会互动而演变为混合性和谐，而原来属于混合性和谐的双方也可能"反目成仇"，从和谐转化为冲突，形同陌路。因此，中国社会中人际和谐的类型可以视情感性成分与工具性成分为中介变量，将家人、熟人、生人三种传统的人际关系纳入这种人际和谐发生机制中，形成一个理论转化模型。（见图 4-6）

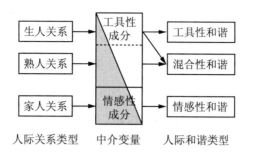

图 4-6　中国社会的人际和谐转化模型

　　通过"人际关系—中介变量—人际和谐"模型，我们可以进行以下总结。一是人际关系仍然是影响中国人人际和谐的关键和重要因素。这种差序格局式的人际和谐以"己"为中心，与己愈亲近，则人际和谐的情感性因素越多，工具性因素越少，出自"和"的本心也越"真"；与己愈疏远，则人际和谐的工具性因素越多，情感性因素越淡，出自"和"的本心也越"虚假"。二是不同关系的和谐化机制是不同的。对于家人关系来说，人际和谐更多源于一种原始的角色情感，其和谐的基础是彼此间的责任与义务；熟人关系中既有情感的影响，同时更多包含了交往双方的理性计算，其和谐的基础是彼此间利益与情感的平衡；陌生关系的人际和谐行为则完全是理性计算的结果，其和谐的基础是彼此间利益的有无。三是人际关系除了包括两人既定关系的连带基础之外，双方交往的经验也构成其重要部分。个人交往经验可以按对其中工具交换及情感交流这两个层面的满意程度而细分为两个成分。中国社会的人际和谐在某一时间点的状况可以看成是关系基础、工具交换以及感情交流三个成分的现状全面加权的综合。并且，人际和谐在人际交往中的运作，依交往情境性质的不同，以不同的组合来影响交往时所做的判断、决策及行为。

五、中国人的人际和谐化特征

　　通过情感性和谐、混合性和谐与工具性和谐的转化模型也可以发现，中国人在人际交往中建构的情感性和谐、混合性和谐与工具性和谐存在以下特征。

首先，在三种人际关系中，交际最多，关系最复杂，也最需要使用"和谐化"手段的是在熟人关系中。在中国，熟人有广义与狭义之分。广义的熟人与"生人"（陌生人）相对，指自己熟悉的人，它包括自己熟悉的亲人、朋友、老师、学生、同学、同事与邻居等；与此相对，生人指一切自己不熟悉的人。狭义的熟人一般仅指与自己保持一般关系的同学、同事、近邻和其他自己认识的人，即虽然与自己相识，但在交情上又达不到好友水平的人。这样的熟人之间的交往既有一定的情感基础，如存在地缘或业缘关系，又往往具有长期性、相对的稳定性，并且彼此之间常常还存在一定的利害关系。因此，与这样的熟人打交道时最需要在心里掂量掂量和谐化的手段。有关要求被试者对各种人际关系需要和谐化的程度所进行的调查表明，百分比较低的是"岳父母与女婿的关系"及"公婆与媳妇的关系"，这可能是因为两者虽无直接的血缘关系但都是间接的亲人人际关系。百分比最低的是"兄弟姊妹的关系"及"父母与子女的关系"。这两者都以间接或直接的血缘关系为基础，而不必轻易归因于一般性的和谐作用。也有学者提出，亲和式和谐已经不单是人际关系还包括家庭亲情。亲情其实已经超越和谐，子女与父母的血缘、亲情及深层的感受都和中国传统的孝道有关；同时也超越了西方心理学的"人际关系"。① 而百分比高的是"同事关系"与"邻居关系"。这两者虽无血缘关系，却皆有地缘（服务机构或居住场所）关系或业缘关系，从而需要多做"和谐"。所以，中国人的社会交往中还有一个非常重要的基本原则，即与周围有"关系"的人交往时，人们总是想方设法地尽量避免冲突，无论是采取中庸、调和，还是采取谦恭、忍让

---

① 叶锦成：《书评一》，转引自黄囖莉：《华人人际和谐与冲突：本土化的理论与研究》，7页，重庆，重庆大学出版社，2007。

的方式，其核心目的就是如何避免出现人际间的不和。因此，在三种和谐类型中，混合性和谐应该是社会心理学研究的重点。

其次，在熟人群体中，如在与朋友、同事和邻居等的交际中，人与人的交往更多还是以"工具性成分"为基础的，而非以"情感性成分"为基础，即"利"的权重大于"情"的权重。即便说中国社会是一个讲人情的社会，但这个熟人关系中的"情"与亲人关系中的"情"还是存在巨大差别的。前者是亲情，而后者是人情。朱瑞玲据此将人际交往中的"情感"分为表达性及功利性两种类型。表达性的情感是指一种自动自发的向另一人表露的情感，而功利性情感是指迫使对方回报给自己更多好处，而事先给予对方的情感，亦即为换取自己想要的目的，而给予对方的情感。这种情感交换就是人情的运用。社会交换理论（social exchange theory）认为，人际交往是一个社会交换的过程，人们之间的所有活动都是交换，是一种准经济交易：当个体与他人交往时，个体都希望获取一定的利益，作为回报，也准备给予他人某种东西，他人也是如此。这种理论假定交换中的个体都是自利的（self-interested）：人们试图使自己的收益最大化，并使自己的成本最小化，从而确保交换结果是一个正的净收益。交换关系中的每个个体都会评估自己和他人在贡献、收益两方面的相对大小。如果觉得自己的投入获得了大致相等的回报，他们就会认为这种社会关系是公平的。① 虽然在中国文化的人际交往中，动则言"利"是一件不好的事情，中国人也非常忌讳常将"利"挂在嘴边。例如，《孟子·梁惠王上》载：孟子见梁惠王，王曰："叟，不远千里而来，亦将有以利吾国乎？"孟子对曰："王，何必曰利，亦有仁义而已矣。王曰何以利吾国，大夫曰何以利吾家，士庶人曰何以利吾身，上下交征利而国危矣。……王亦曰仁义而已矣，何必曰利！"但在现实

---

① 沙莲香主编：《社会心理学》（第 4 版），67 页，北京，中国人民大学出版社，2015。

的人际交往中，个体做出和谐还是冲突的选择，应黄光国所说的，是依其目标的达成而定的。这也主要是因为，中国的社会是一个人情的社会，也是一个讲"利"的社会，正如司马迁所言"天下熙熙，皆为利来；天下攘攘，皆为利往"（《史记》卷一百二十九《货殖列传第六十九》）。人与人之间的关系都属利益关系，做人处事必然要与"义"和"利"打交道。据《史记》卷八十一《廉颇·蔺相如·赵奢·李牧列传》中记载，当廉颇被免官时，其平日所养的幕僚全都离他而去，后来，赵王重新启用廉颇为将，先前离去的幕僚又回到廉颇身边，廉颇对幕僚的这一做法表现出很不高兴的样子，不料幕僚却反过来教训廉颇说："吁！君何见之晚也？夫天下以市道交，君有势，我则从君，君无势则去，此固其理也，有何怨乎？"因此，可能在熟人交往中情感投入再多，"到头来仍然只是一场交易而已"；交情再深，皆有可能因一场"利"而形同陌路。当然，这其中的"利"既有个人的私利也有社会或群体的公共利益。换句话说，社交都不是单纯的情感往来，而是一种社会投资、一种社会交换手段，起到对交往双方互惠互利的作用。

最后，作为社会和集体的价值安排，人情与面子在平衡熟人关系中的群我、人我关系及其和谐的维持上具有终极意义。群我和人我关系的最佳状态是和谐、和睦、和气、祥和，是勿争勿斗、勿怨勿仇。然而，一旦进入讲人情、讲面子的熟人关系，和与忍的终极价值地位就发生了动摇，并被人情与面子取而代之。熟人关系中也讲和与忍，但究竟是和还是争、是忍还是斗，归根结底取决于对方拥有多少人情与面子资源。给不给"面子"或讲不讲"人情"往往是中国人人际和谐与否的重要条件，它直接关系到人际关系发展的方向及程度如何。对于人情与面子资源丰富者，不当和也要和，当争也不能争；而对于人情与面子资源贫乏者，当忍也不忍，不当斗也要斗甚至狠斗、猛斗。因此，在社会生活中，人们真正关怀的是积累个人的人情资源，适时地进行人情投资。① 并且，在实际社会生活中，人情的作用往往大于各种法规制度，所以，人际交往的人情互惠交换性在中国人的社会生活中显得更为突出与重要。中国人对熟人与陌生人的态度之所以有着极为悬殊的差别，正是由于施予陌生人的热情是无"利"可图的，而施予熟人的优惠却可以得到回报。当然，回报的方式是多种多样的，包括感情形式的回报和物质形式的回报。熟人之间的互惠互利终归能够构成等价交换的利益关系。这就意味着，给予熟人的热情不会是无偿的付出，或迟或早总会换回某种形式的回报或实惠。所以，"去时留人情，转来好相见""山水尚有相逢时，留下人情好相见""凡事留人情，日后好相见""多栽花，少栽刺，留着人情好办事""话不说死，事不做绝"。这些都是中国人做人处事的良方。

综上可以看出，依据中国社会中的人际关系理论，中国人的人际和谐存在三种类型，尤其是熟人关系中的混合性和谐是最需要"做""经营"或维护的和谐。在混合性和谐中，中国人人际和谐的心理与行为在很大程度上取决于对双方关系的认知。个体在现实人际交往中，是否和谐或不和谐、和谐的实与虚之间如何转化，是综合人情、面子、差序关系以及情与利关系等多种社会因素而进行的情境性的或权变性的行为反应。在这三种和谐类型中，混合性和谐是人们和社会学、心理学研究所要关注的主要对象，因而本研究的理论架构与实证研究中所要讨论的人际和谐也主要是指混合性和谐，而对情感性和谐与工具性和谐不多加讨论。

---

① 李庆善：《中国人新论——从民谚看民心》，90 页，北京，中国社会科学出版社，1996。

第五章

中国人人际和谐心理的日常表征

　　作为中国传统文化中的重要思想理念，"和"不仅反映了中国人对和谐人际关系的向往与追求，也成为中国人现实生活中人际交往遵循的价值准则与行为规范，并以一种"集体潜意识"的方式深深沉积于中国人的心里，影响与牵制着中国人的人际思维模式与日常交际行为。所谓"表征"，《现代汉语词典》的解释是"显示出来的现象""表现出来的特征"。[①] 人际和谐心理的表征，是指个体受传统"和为贵"观念的影响，为了建立或维持人际关系的和谐，在日常的人际交往中表现出来的各种行为及现象。李庆善曾提出，中国人强调的"和"的具体价值规范主要包括求同心、求协力、避争斗与避怨仇等。[②] 汪凤炎和郑红也认为，中国人在与人交往或处理人际关系时流露出来的尚"和"心态，除了"和而不同"与"谦和待人"以外，还有和为贵、企盼和事佬、畏争、随大溜、迁就与迎合六种表征。[③] 本章将结合以上观点，对中国人在日常与他人交往或处理人际关系时表现出来的崇尚

---

　　① 《现代汉语词典》（第7版），88页，北京，商务印书馆，2018。
　　② 李庆善：《中国人新论——从民谚看民心》，78—79页，北京，中国社会科学出版社，1996。
　　③ 汪凤炎和郑红认为尚"和"心态有六种表征，参见汪凤炎、郑红：《中国文化心理学》（第五版），124—130页，广州，暨南大学出版社，2015。而作者本人认为尚"和"心态有七种表征，详见本章七个小节。——编者注

"和"的心态所表征的内涵及价值等进行深入阐述。

第一节　和为贵的心态

一、和为贵的内涵

和为贵是指一种推崇"和"或崇尚"和"的心理。受中国传统尚"和"文化的影响,中国人多希望人际之间和谐相待、和睦相处;在人际行为上追求以和为贵、以和为美。此种心态可从某些深入中国人心中,为广大中国人所推崇的民间谚语中得到印证:"和为贵""二人同心,其利断金""众心成城,众口铄金""内睦者家道昌,外睦者人事济""和气生财""家和万事兴""家和万事成"等。这类谚语都从正面肯定了"和"的好处,尤其是已成为中国人口头禅的"天时不如地利,地利不如人和"一语,将人和视作高于天时、地利的最重要因素,推崇"和"的心态更是溢于言表。并且,汉语在描述一个人待人接物的态度好时,多用"温和""和易""和柔""和气"或"一团和气"等词语来形容;描述一种团结、良好的人际关系时,多用"和一""和谐""和平""和合""和洽""和勉"与"和解"等词语。这些词语多具褒义,从这里面也可看出中国人在人际交往中崇尚人际和谐的心理。可以说,每一个成长在中国传统和谐文化氛围内的中国人,都深谙"以和为贵,和气待人"的做人智慧。

二、和为贵的表现

在日常生活中,中国人"和为贵"的处事方式常在以下情境中出现,并以一定的言行特征得以表现。一是在中国式家庭生活中,即讲求一家人应该和和气气地过日子,不能为了一点点的小事就三天一小吵、五天一大闹。夫妻之间要互敬互爱，兄弟姐妹之间要和睦相处，这样的家庭才能兴旺发达。"家和万事兴"就是这个意思。二是在中国式集体活动中，这里主要指在熟人关系的集体活动中，邻里街坊之间、同事朋友之间，"吃了吗""去哪呀""好些了吗"，逢人见面都要面带微笑热情地打招呼，嘘寒问暖一番，虽然言语本身的意义性不大，但总要显示出自己对他人的和气。由于讲求"和为贵"，中国人在集体交往中还特别重礼节、讲礼数，总是要竭尽全力地热情招待，最担心因"礼数不周"而在无意中得罪人，为日后埋下隐患。俗话说"逢人面带三分笑，遇人遇事有关照""油多不坏菜，礼多人不怪""礼到人心暖，无礼讨人嫌"，这就是尚"和"心理与行为方式的常见反映。中国被称为"礼仪之邦"恐怕与此也不无关系。一个人与他人和谐关系的建立和维持，重体面、讲礼仪是必不可少的，而一个蛮横无礼的人，是绝不会有人愿与他融洽相处的。三是在交往中涉及利益冲突时，"和为贵"是化解冲突最好的原则与策略，同时也是给自己和他人退路的最好借口，其目的都是不愿为一点"小事"而将矛盾、冲突激化彰显出来。"大事化为小事，小事化为没事，方是兴旺之家，若是一点子小事，便扬铃打鼓地乱折腾起来，不成道理。"所以，中国人在教育孩子时，就非常注重灌输以自己吃亏的妥协方式来求得平和的人际关系。而且，中国人在生意交往中，讲求"和气才能生财"。顾客上门要是老板总拉着脸，恐怕谁也不愿来买东西。就算是买卖双方谈不拢，老板也要笑呵呵地送顾客出门，毕竟"买卖不成仁义在"。如果和顾客发生了争执，一般都会"吃亏是福，以和为贵"，宁愿自己吃点亏，也要让顾客满意。这样，回头客也自然就越来越多了，"和气生财"由此而来。

说到以和为贵、谦恭礼让，则不得不提在中国民间流传的一桩脍炙人口的民间传说，"争一争，行不通；让一让，六尺巷"。六尺巷位于安徽省桐城市的西南一隅，全长100米，宽2米，建成于清朝康熙年间，巷道两端立石牌坊，牌坊上刻着"礼让"二字。史料记载，张文瑞公居宅旁有隙地，与吴氏邻，吴氏越用之。家人驰书于都，公批书于后寄归。书上仅诗一首曰："千里家书只为墙，让他三尺又何妨。长城万里今犹存，不见当年秦始皇。"家人得书，遂撤让三尺，而吴氏得知后也觉羞愧，遂亦撤让三尺，故六尺巷遂以为名焉。"六尺巷"作为一个文化的新载体，其典故所包含的以和为贵、谦和礼让精神实际上也是中华传统文化的精神，是中华民族的传统美德。它的"宽"不是宽在"六尺"上，而是"宽"在人们的心灵境界与和谐礼让的精神上。

如果将"和为贵"的运用范围进一步扩大，人与人之间要和睦相处，国家与国家之间则更应该如此。只有和气、和睦、和平才能促进小家发达，国家兴旺，天下太平。因此，中国人的和为贵心态，还把对和谐人际关系的追求上升到对外交往的原则中。历史上，中华民族一贯反对穷兵黩武、侵略扩张，坚持互信互利、平等合作。如今，中国依然首推"以和为贵"，主张用开放的态度和宽广的胸襟互相包容，共同繁荣发展，积极倡导世界各国、各民族之间平等相待、和平共处、共谋发展，这获得了国际社会的一致认同和推崇。

三、和为贵的价值

一般而言，"和为贵"在协调人际关系中的作用与价值，可以分为两个层次。它的低层次作用是化解人际关系中的矛盾与冲突，缓和紧张局面。孔子说："听讼，吾犹人也。必也使无讼乎！"（《论语·颜渊》）"讼"是人际关系矛盾的激化，"无讼"是孔子的理想，目的是化解矛盾，缓和冲突，使人世间没有讼事与争端，这是"和"的表现和追求。这也表明，在和他人起纷争时，"和为贵"的传统文化不是让我们不要和别人争执，而是教导我们要恰到好处地去处理纷争。没有纷争的社会是不存在的，通过道德教化避免纷争发挥作用的空间有限，关键是纠纷如何得到恰到好处的解决。"和"

的高层次作用是指社会成员之间通过彼此的信任、理解和沟通，同心同德，协作共赢，这是一种互为目的、互相新生的关系，是"人和"的最高境界，亦即达到上文所说的"真和"状态。例如，战国时期，蔺相如处处退让，是以国家利益为重，才不计较私人恩怨。而当廉颇听了蔺相如的话之后，他认真反省，知道自己有错，就脱去上衣，把荆条绑在背上，由门客引导着到蔺相如府中请罪。他见到蔺相如说："我是个粗鄙无知的人，竟不知道您如此宽宏大量！"蔺相如忙扶他起身，两人从此结为生死之交。蔺相如对于廉颇的无理，并没有耿耿于怀，而是从大局出发，向廉颇阐明了将相和对国家的重要性。最后，二人言归于好，这使得秦国再不敢小看赵国。可见，和气的局面既是个人之幸，又是国家之幸。所以，在日常生活中要以和为贵，化解人际间的矛盾，铲除隔阂，同时也要善待他人，不要因他人的一点过失就咬住不放，这样人与人之间才会保持和谐的状态，达到"四海之内皆兄弟"的理想境界。

和的对立面是不和。中国人在倡导和的正面价值的同时，还揭示出不和的负面价值，使人们看到不和的巨大代价。不和，对于国家来说，意味着发生动乱；对于家族来说，意味着家事不兴；对于兄弟来说，意味着外人欺侮；对于夫妻来说，意味着奸人作怪；对于朋友来说，意味着歹人作邪；对于个人来说，意味着晦气、倒霉。总之，不和有百害而无一益，实在是国家、家族、兄弟、夫妻、朋友和个人都应该千方百计避免发生的。[①]"将相不和，国有大祸""将相不和邻国欺""家不和，家不兴""家失和气，祸在头里""家不和，外人欺""兄弟不和邻里欺""夫妻别扭，奸人捣鬼""夫妻不和，奸人作怪""朋友失和，歹人喜""人不和，人晦气"。这些谚语一直流传下来，就是在不断地提醒和告诫中国人为人处事要以和为贵，更要

---

① 李庆善：《中国人新论——从民谚看民心》，78—79 页，北京，中国社会科学出版社，1996。

尽力避免各种关系的不和。而且，中国是一个极讲"人情"的社会，在处理人际关系中的矛盾时，往往很难用摆事实、讲道理的方式收到好的处理效果，而是更多地动之以"情"，而不是以"理"服人。也就是说，情感是人际关系的核心。因此，处理人际关系的积极有效的方法是"和为贵"，而大可不必逢事非闹个水落石出不可。由此可见，"和为贵"的心理既在人们的行为中表现为追求人际和谐，同时它反过来又是实现人际和谐所必需的一种重要的心理品质。

第二节　企盼和事佬的心态

一、企盼和事佬的内涵

"和事佬"是中国人在解决人际冲突的过程中常出现的关系网内的第三方角色，也是一个非常具有中国特色的角色。按《现代汉语词典》的解释，和事佬指调停争端的人，特指无原则地进行调解的人。[①] 总的来说，企盼和事佬主要指这样一种心理：自己在处理人际关系时，一旦不能达到"和"的状态，就企盼和事佬的出现，希望由和事佬出面来打"圆场"，找台阶下，从而使面临冲突或失衡的人际关系重新恢复和谐状态。

二、企盼和事佬的表现

中国人有着强烈的企盼和事佬的心理，关于这点，明恩溥有过一段精彩的描述。

在中国乡间，邻舍间时常会吵架，在这种困扰每个村庄的频繁争吵

---

① 《现代汉语词典》(第 7 版)，527 页，北京，商务印书馆，2018。

中，不能没有和事佬来进行调解，而担负调解任务的和事佬则必须充分考虑到怎样使争吵的双方都能保住"面子"以达成平衡势态，就像欧洲政治家在处理国际纠纷时一向奉行的维持势力均衡一样。中国人在这种争吵后安排和事佬进行调解，目的并不在于能有一个公正的裁决，即使这种裁决很需要，它在中国人之间也不可能达成。但是，和事佬角色的安排，却在一定程度上会促使有关各方在"面子"上达成平衡。在官司的裁决中，也常实行这样的原则。因此，中国人的官司往往是一场不分胜负的游戏。①

　　费孝通也有过亲历的见闻。

　　在乡村里所谓调解，其实是一种教育过程。我曾在乡下参加过这类调解的集合。我之被邀，在乡民看来是极自然的，因为我是在学校里教书的，读书知礼，是权威。其他负有调解责任的是一乡的长老。最有意思的是保长从不发言，因为他在乡里并没有社会地位，他只是个干事。调解是个新名词，旧名词是评理。差不多每次都由一位很会说话的乡绅开口。他的公式总是把那被调解的双方都骂一顿："这简直是丢我们村子里脸的事！你们还不认了错，回家去。"接着教训了一番。有时竟拍起桌子来发一阵脾气。他依着他认为"应当"的告诉他们。这一阵却极有效，双方时常就"和解"了，有时还得罚他们请一次客。②

　　由上可见，"和事佬"在许多人际冲突的解决中都是十分重要的角色。和事佬通常是双方共同关系网内社会地位比较高的人。当发生严重的争执时，中国人都期盼有个和事佬出来打圆场，进行调解，以有助于"僵局"的打破，使争执双方停止争战，重新恢复或建立和谐的人际关系。在调解冲突时，和事佬的主要策略是"和稀泥"，和事佬并不必真正弄清楚谁是谁

---

　　① ［美］明恩溥：《中国人的特性——西方人眼中的中国》，9—10页，北京，光明日报出版社，1998。

　　② 费孝通：《乡土中国》，77—84页，北京，北京出版社，2004。

非，只是强调"识大体""为和谐""为大家""家丑不可外扬"，必要时拿出最后的撒手锏——"你们双方都没有错，我这个中间人错了，我向你们磕头。"这种和稀泥策略相当有效。[①]

三、和事佬的价值

在争斗中，和事佬的任务一般是先将双方分开，以避免冲突的进一步升级；再通过施行中庸之道，了解双方的层层关系，权衡利弊，审时度势地处理好冲突，以平息纠纷，达致和平。但在一般情况下，和事佬并不必真正地弄清楚谁是谁非，而是采用和稀泥的方法来减除冲突，恢复和谐。中国人"息争"的心态，也使得"和事佬"在中国文化中成为一个具有道德上的优越性的角色。[②] 因此，在这个时候，和事佬经常能够出卖自己的"面子"，要求双方"给我点面子"，以给冲突双方台阶下——双方在做出适度退让时，往往都声称是为了给和事佬"面子"，放弃敌对姿态并且不会丧失自己的面子。[③] 这种和稀泥的策略相当有效，因为双方都怕担负破坏和谐的罪名，同时也不愿得罪和事佬。倘若连和事佬都得罪了，那"理"就不站在自己这边了。这样既不利于冲突的解决，反倒使自己落得个不懂理的恶名。何况此时还可以借此向和事佬卖个人情："我今天就看在某某的面子上，这件事情就这样算了。"在必要的情境中，和事佬甚至还要做出一点点自我牺牲，目的是顾全大家的体面。

史密斯曾描写中国这样的"功不可没的和事佬"。

中国人的争吵，实际上是一种对骂比赛。比赛的内容就是如何说出更肮脏、更恶毒的语言。这样的比赛，除了会因为长时间大声的争吵而损害

---

① 杨国枢：《华人社会取向的理论分析》，转引自杨国枢、黄光国、杨中芳主编：《华人本土心理学》，172—209 页，重庆，重庆大学出版社，2008。

② 孙隆基：《中国文化的深层结构》，167 页，桂林，广西师范大学出版社，2011。

③ 黄光国：《关系与面子：华人社会中的冲突化解模式》，转引自《儒家关系主义：文化反思与典范重建》，60—81 页，北京，北京大学出版社，2006。

嗓子以外，似乎没有任何严重的伤害。但是，在这样的争吵中，我们从来没有发现有谁会站出来阻止斗争。有的时候，在争吵的过程中也会出现两三个和事佬好言相劝，让双方息怒。但是，一旦争吵的人发现自己处于和事佬的保护之中，就会火上浇油，骂得更凶。当然，他只是表面上很凶，实际上他在寻找时机，希望能够立刻停止这场争斗，只不过他更希望是对方先偃旗息鼓。即使在最愤怒的时候，中国人也没有忘了，时刻保持"面子"。有谁见过在吵架的时候，会有人和劝架的和事佬打起来，并责怪他多管闲事呢？实际上，中国人即使在最愤怒的时候也是希望和平的，这一点主要表现在一种抽象的意义上。和事佬在劝架的时候，总是拉开好斗的一方，此时，好斗的一方总会一边往后退一边叫骂，目的是表示他非常蔑视对方。……实际上，这些和事佬在中国的社会上有着举足轻重的作用。这些和事佬非常热衷于和平，即使事不关己，他们也愿意为当事人四处奔走，两边劝慰，只希望促使大家和睦相处。如果把中国比喻成一个复杂的机器，那么，它必定会经常发出吱吱作响的声音，甚至有的时候会被巨大的压力扭曲；但是，很少有断裂的迹象。中国的政体就像人的身体一样，有着大量优质的润滑液，在最紧要的关头它总会帮助我们渡过难关。中国人是非常爱好和平的，因此，每一个中国人都会成为社会有价值的一分子。中国人是非常遵守秩序、尊重法律的，即使中国的法律并不值得尊重，他们仍然一如既往地尊重着。在整个亚洲，中国人是最容易被统治的，只要统治的方法合理。当然，许多国家，他们的社会文明都远远超过中国，但是，很少有哪个国家像中国那样承受着如此巨大的压力，因而中国的和事佬的贡献是最功不可没的。①

四、如何做好和事佬

俗话说得好，清官难断家务事。在人际交往中，扮演好和事佬的角色

---

① ［美］亚瑟·亨·史密斯：《中国人的脸谱》，153 页，北京，北京联合出版公司，2014。

不是一件容易的事。说和了，皆大欢喜，是"灭火器"；说不和，说不准会被人扣上"两面派""假惺惺"的帽子，甚至会被骂成一个"刀切豆腐——两面光"的人，最后反倒使自己成为众矢之的，不得脱身。因此，作为和事佬在帮忙处理事务时也要讲求技巧。一般来说，首先，做和事佬要注意摆正自己所处的立场。在调解时，和事佬千万不能偏袒其中的任意一方，需要不偏不倚。比如，当双方为某件小事争论不休、各说一套、互不相让、纠缠不休时，和事佬无论对哪一方进行过分褒贬的表态，都犹如火上浇油，甚至会引火烧身。和事佬此时只能比较客观地将事情的真相说清楚，将双方的歉意以及想保持交往的愿望准确真实地进行传递，而不加任何评论，让双方消除误会，从事实中反省各自的缺点或错误，引导他们各自多做自我批评，使矛盾得到解决，达到团结的目的。其次，要注意分清争论问题的轻重。如在调解中，遇到属于非原则性的争论，双方又各执己见，这时，和事佬不妨岔开话题，转移争论双方的注意力；或找借口把其中一人支开，让他暂时脱离争论，等他们消了火气，冷静下来了，争端也就趋于平息了。假如争论的问题有较大的异义而双方又都有偏颇，但出于自尊心，双方又都不肯当面服输，那么，和事佬应考虑双方的面子，将双方见解的精华归纳出来，也将双方的糟粕整理出来，做出公正评论，阐述较为全面的、双方都能接受的意见。调解这种冲突时，和事佬就不能"各打五十大板"。如果不分青红皂白、不问是非曲直，乱批一气反倒不利于问题的解决。最后，注意把握调解话语的分寸。作为和事佬，尤其是在处理周围熟悉的同事与朋友的纠纷时，更要善于把话说得合双方的心意。一是实话要说得巧妙，使双方听得舒坦。发生冲突的双方当事人都有虚荣心，心里虽然都知道继续争斗无益，但又都"抹不开面子"，这时和事佬在调停双方矛盾时，说话一定要注意，实话不一定是好话，需要把实话变着法说，实话巧说，让双方都能坦然接受，找个台阶借坡下驴，避免因为评价不当激起新的冲突。二是丑话要说得漂亮，批得入耳也入心。双方矛盾激化，自然情绪紧张，可谓一触即发。作为和事佬，要揣摩当事人的心思，安抚双方情绪。即便要说些晓以利害的丑话，和事佬也要注意方式分寸，把难听、刺耳、不容易被人接受的"丑话"漂亮地说出来，使话语入耳入心，双方虚心接受。三是道理要讲得温情，理到情处人自醒。无理的评判即是攻击。要想让反目成仇的人重归于好，就必须做到以理服人。调节双边矛盾，靠的就是把道理说清，让当事人认可你的道理，最终达成一致。因此，讲道理时要包含情义，要尽量将道理化成涓涓细流，春风化雨般地滋润当事人的心田，情理结合才会让听者心里舒服。①

第三节　畏争的心态

一、畏争的内涵

畏争即为害怕争斗。畏争心态主要指一种畏惧或害怕与人发生争论或争斗的心态。在日常生活中，中国人有着强烈的追求"和谐"的愿望，而对和的丧失持一种恐惧的心态。这种心态在很多谚语中有所反映，如"将相不和，国有大祸""将相不和邻国欺""一争两丑，一让两有""家不和，家不兴""家有一心，有钱买金；家有二心，无钱买针"和"兄弟不和邻里欺"等。这类谚语都是从反面警告人们不和所带来的严重后果。由于担心和的丧失会给自己、家人或国家等带来诸多"灾难"，于是，中国人多有畏争的心态。所以，在中国人的心目中，"争"多带贬义，如谚语"二虎相争，必有

---

　①　李洪伙、柳杨军编著：《中层领导的说话技巧》，29 页，北京，中国纺织出版社，2014。

一伤"和"斗一斗，瘦一瘦"等，多是让人明白争的坏处所在。广为流传的"鹬蚌相争，渔翁得利"的寓言故事也告诫人们，为了区区小事而互不相让，结果只能是两败俱伤，让第三者占了便宜。因此，自古以来，中国的文化、社会和历史环境都不鼓励以正面的攻击行为来解决人际关系中的矛盾，并会尽力减少发生冲突的可能，或者采取间接的方式表达不满，以免引发无谓的争斗。

二、畏争的表现

中国人之所以畏争，多持争论有害观，可能潜意识里受到中国传统尚谦让恶争斗思想的影响。稍通中国传统文化的人都知道，《老子·第七十三章》所说的"天之道，不争而善胜"的思想一向为中国传统文化所推崇。《荀子·礼论》记载："人生而有欲；欲而不得，则不能无求；求而无度量分界，则不能不争；争则乱，乱则穷。"又说："人生不能无群，群而无分则争，争则乱，乱则离，离则弱，弱则不能胜物。"(《荀子·王制》)显然，荀子看到人的基本欲求是雷同的，但可以满足的资源又有限，欲求没有节制，资源又太少，自然引起争夺，而争夺则会引起乱、离、弱、穷等不利现象，反而降低人类自身的幸福感。因此，在生活中，中国人畏争且经常挂在嘴边的理由有：争论无助于问题解决；争论显得没修养、没气量；争论既伤身又伤神，对自己身体不好；争论会有损人际关系，造成人为紧张；争论有利于第三者，易被他人利用等。这样，中国人在行为上表现出能不争则不争，能让则让。

另外，争有辩讼、辩论的意思。《玉篇·受部》："争，讼也。"因此，中国人的畏争还表现在怕"讼"上，即害怕打官司。首先，中国传统观念历来追求无讼社会，主张和为贵，忍为高，正所谓"饿死不做贼，冤死不告状"。孔子说："听讼，吾犹人也。必也使无讼乎！"(《论语·颜渊》)在中国人看来，诉讼是无可奈何的事，理想的境界是"无讼"。"无讼"对于中国文化和中国人而言是一种理念。这种理念首先是人们的一种思维方式，人们只要提到纠纷，自然想到的解决方式不是到法院里打官司，而是寻找其他解纷途径。作为人们的思维方式——"无讼"自然也成为人们的一个评价标准。一个经常到官府里打官司的人会被人们所不齿，而且人们将那些喜欢挑拨离间的"讼师"称为"讼棍"，这种称呼的转变实际上隐含着一种文化的评价标准。在中国人的文化观念中，那些搬弄是非的人永远也不可能得到好的名声。而好的名声对于传统社会的人的生存来说是非常重要的，人可能因为名声而不能在社会上立足。费孝通在《乡土中国》的"无讼"中也提到，在乡土社会里，一说起"讼师"，大家就会联想到"挑拨是非"之类的恶行。做刀笔吏在这种社会里是没有地位的。可是，在都市里，律师之上还要加个大字，报纸的封面可能全幅是律师的题名录，而且好好的公司和个人，都会请律师做常年顾问。在传统眼光中，都市真是个是非场，规矩人是住不得的了。[①] 因此，"无讼"不仅体现了其作为人的思维方式和评价标准的价值，而且"无讼"对于社会民众而言已经成为一种行为方式。"无讼"不仅是人们内心的理念，而且是人们行为的习惯。内心的理念一旦转换为行为习惯，就表明了这种习惯与这种文化所具有的内在契合性。

其次，中国古代社会是在血缘关系的基础上形成的。在每个村落内部，甚至临近的几个村落之间都有着或远或近的血缘关系。这些关系是以家庭为中心的，若干个家庭交错重叠而构成的一个血亲的关系网络。在这种血缘关系基础上形成的是熟人化的社会结构，人与人之间的熟人化特征决定了人们更愿意通过调解或和解的方式解决纠纷，而不是到公堂上打官司。因此，传统中国的社会结构对诉讼具有一种抑制的作用。大家是熟

---

① 费孝通：《乡土中国》，77—84 页，北京，北京出版社，2004。

人，熟人就要讲究情理，照顾面子，这样才能维持熟人之间长久的关系。而如果动辄到公堂上打官司，不仅当事人双方之间的和谐关系会被破坏，而且参与诉讼的当事人在当地的威信也会大打折扣。传统熟人社会不同于现代陌生人社会，现代社会人们的生活环境基本上是陌生的，人们之间没有面子或情感的约束，即使在现代社会，熟人之间的官司所占据的比重依然是很少的。而且即使没有血缘关系，商场上的两个长期合作的伙伴也绝对不会动辄去打官司。所以，人们是否去诉讼往往要考虑各方面的利益问题，进行全面的考量，从而决定采取最恰当的解决纠纷的方式。最后，由于中国古代各种法律制度不够完善，人情高过法理，人治大于法治，导致"自古衙门朝南开，有理无钱莫进来"。受这种传统观念的影响，包括现代社会的很多人都认为与人打官司是一件耗财耗力、劳民伤财的事，即便是赢得了官司，也怕会落得个"人财两空"的结局，因而能不闹到法庭上去就不闹上去，能私下调解就私下调解。

因此，自古以来，中国人多养成遇事"不争"的性格，"人争闲气一场空""若争小可，便失大道""一日动干戈，十年不太平""贫不与富敌，贱不与贵争""人弃我取，人争我不争"。争斗除了危及社会、集体和个体之外，还留下更为严重的后果，那就是双方结怨记仇。怨仇都是怀恨在心的，中国人多主张把怨恨"抱"起来，这叫"抱怨"；把怨恨"埋"起来，这叫"埋怨"，都是教人们不要暴露，不要随时发泄，等时机成熟再来个总结算。中国人多主张把仇恨"记"下来，不能忘记，记仇的目的也在于等待时机进行报复。怨仇易结不易解，一旦结下怨仇，就意味着时光漫长的甚至世世代代无休止的争斗，直至两败俱伤、无力争斗下去为止。因此，中国人极力倡导逃避怨仇，并教人们化怨解仇，变仇人为兄弟，化干戈为玉帛。如"多个朋友多条路，多个冤家多堵墙""宁与千人好，不与一人仇""一日结成冤，千日解不彻""冤仇不可结，结了无休歇""冤家莫结，势力难凭""冤家宜解不宜结""仇人转兄弟，冤家转亲戚"。①

三、畏争的害处

畏争虽然多有益处，如上文所讲的"不争而善胜""不争而能保全性命"等，但在有些时候，畏争带来的害处也多。因此，此处只讲畏争的害处。

"和为贵"或"息争"的态度，使中国人给他人一种容易相处、容易说话的感觉。然而，这种放弃"对抗"与"竞争"的态度，却往往造成"自我"的弱化。因为，自我权利观念的模糊，使坚强的"自我"疆界无法建立起来。在大部分中国人之间，它造成了一种将自己贬低才能获得社会称许的倾向，结果就形成了自我压缩的人格。② 这种自我压缩的人格，很容易变成没有"个性"的人格。例如，为了保持人际关系的和谐，中国人往往有迎合别人的倾向；有时，中国人在说出了自己的意见后，听到别人不同的意见，就立即改口赞成；有时，自己有异议却藏在心中，不敢说出来。这种自我压缩人格，既然认为公然地保障自己的权益是不合法的，因此，对让别人占便宜的容忍度就比较大，对受别人利用、摆布与控制的敏感度就会比较低。而且，这往往会纵容与姑息不合理的事情，让它们继续存在。因此，在与人交往中，当出现冲突时，我们应该提倡积极的谦让，而不应提倡消极的退让，不能丧失个体的独立个性与维权意识。

值得注意的是，也有一些人利用他人畏争的心理，以和为贵，低调处理，使"私了"成为一个"潜规则"，成为某些腐败或犯罪可怕的帮凶。例如，在冲突处理领域，学者们发现，很多中国人由于担心自己与他人的关系受到损害，在面临冲突的时候，不敢直接处理冲突，而是回避冲突，其目的仍然是维持彼此关系的和谐。③ Friedman 等人设计了一个实验情境，

---

① 李庆善：《中国人新论——从民谚看民心》，82—83 页，北京，中国社会科学出版社，1996。
② 孙隆基：《中国文化的深层结构》，169 页，桂林，广西师范大学出版社，2011。
③ 张志学、姚晶晶、黄鸣鹏：《和谐动机与整合性谈判结果》，载《心理学报》，2013(9)。

让实验者设想自己的某个想法或报告被他人窃取，自己的利益受到损害后是否会向对方讨回公道呢？该研究发现，中国人比美国人更有可能选择回避，而这样做的目的就是担心破坏双方的关系。① 因此，在面对一些不良的社会风气与现象或违法乱纪之事时，中国人也采取畏争的心态，那么，最后受害的就是自己。在波士顿犹太人屠杀纪念碑上铭刻着的德国新教教士马丁·尼莫拉的短诗仍令人们警醒："在德国，起初他们追杀共产主义者，我没有说话，因为我不是共产主义者；接着，他们追杀犹太人，我没有说话，因为我不是犹太人；后来，他们追杀工会成员，我没有说话，因为我不是工会成员；此后，他们追杀天主教徒，我没有说话，因为我是新教教徒；最后，他们奔我而来，却再也没有人站起来为我说话了。"

第四节　随大溜的心态

一、随大溜的内涵

《现代汉语词典》对随大溜的解释是"跟着多数人说话或行事"②。这也称为"随波逐流"，比喻没有坚定的立场，缺乏判断是非的能力，只能随着别人走。在日常与人交往或在处理人际关系时，一旦遇到来自群体的压力（它可以是实际存在的，也可以是想象中存在的），一些中国人往往会采取一种随大溜的做法，以使"和"的局面不致被打破。用社会心理学术语讲，就是"从众心理"，指在实际存在或想象存在的群体压力下，个人改变自己

---

① Friedman，R.，Chi，S. C. & Liu. L. A.，"An Expectancy Model of Chinese-American Differences in Conflict-Avoiding，"*Journal of International Business Studies*，2006(1)，pp. 76-91.

② 《现代汉语词典》(第 7 版)，1252 页，北京，商务印书馆，2018。

的态度，放弃自己原先的观点，而采取与大多数人一致的心理或行为。尤其是在中国传统社会里，群体优先于个体的观念在意识形态领域占主导地位。这种随大溜的心态在处理个人与自然、个人与社会、个人与个人之间关系方面，都强调从和谐的动机出发再复归于和谐的目的。

当自己主动与多数"别人"保持一致时，这是从众；而当要求多数"别人"与自己保持一致时，这是众从。众从，指在实际存在或想象存在的压力下，多数人改变自己的态度，放弃自己原先的观点，而采取与少数人甚至某个人保持一致的心理或行为。当然，确切地说，中国人的随大溜与西方学者眼中的从众不是一回事。社会心理学中的从众概念是指行为主体直接迫于群体压力而被动地跟着多数人说话或行事，而中国人的随大溜则是行为主体基于策略考量而主动地跟着多数人说话或行事。通常，从众更多地隐含了行为主体表里如一的预设，因此，行为主体在从众之前会因群体压力而直接激起内心的冲突、紧张、焦虑，而行为主体在随大溜之前则不会产生诸如此类的内心不适感。无疑，相当多中国人的为人处世是经常随大溜的。既然随大溜是人们基于策略考量而主动地跟着多数人说话或行事的，那么，也可以说，随大溜是中国人比较普遍的一种策略性处世态度或行为方式，或者说，随大溜是中国人比较突出的一种为人处世策略。

二、随大溜的表现

在中国人的日常生活中，"随大溜"现象或从众行为随处可见。如当代大学生群体，就出现了学习从众、消费从众、恋爱从众、择业从众乃至作弊从众等种种从众现象。当代社会人群，就存在择业从众、消费从众、择友从众等种种从众的心理与行为。"众从"现象也随处可见。例如，"权威"与"明星"总是少数，许多中国人的"遵从权威""追星"的心态与行为，都是众从。这些都是日常生活中常见的，也是较为平常的随大溜现象。心理学研究表明，在某些特定的环境中，人们多半会选择"随大溜"，而在其他时候，人们还是更愿意忠于自己。美国心理学家大卫·梅耶斯研究了环境对人的压力的影响，认为在以下几种环境中，人们更倾向于"随大溜"：周围人让我们觉得没有安全感；其他人达成一致，没有不同意见；我们对周围人的认可度较高；当你成为其他人注视的焦点；身处一个尊重社会规则的大环境中。认知心理学教授基斯·斯坦诺维奇（Keith E. Stanovich）认为，人们会在一些琐事上选择"随大溜"是出于一种图方便和走捷径的心理，跟大家一样就省去了独立思考的过程。这种做法其实是每个个体"自我"向所谓"大多数"的妥协，正因为"自我"太过于脆弱，才会轻而易举地被别人的想法所左右。

但在团体或组织内部，有一种随大溜是消极回避的表现，这主要发生在下属对领导不满的心理反应上。下属无法认同上级领导的价值观念或管理风格，而领导的权力控制欲又太强，下属的这种不合、不顺感无法通过正常途径进行正面的沟通化解，这时，被压抑的下属们大多会采取随大溜的方式，对上级领导的要求敷衍塞责、随声附和，你叫我怎么做我就怎么做，别人怎么做我就怎么做，不表达自己的主见，以冷漠视之或敬而远之。这外表看似"和谐融洽"，实则内部关系紧张、疏离。

三、随大溜的价值

从一方面来讲，中国人在与人交往中喜欢随大溜或从众，主要因为人们认识到，随大溜对外不易引起人际关系紧张，显得不合群，能够落得与人和睦团结的美名；对内能够满足心理安全的需要，具有自利或自保（保全脸面、保全利益，甚至保全性命）的功能。倘若反其道而行，标新立异、特立独行，轻则遭来轻狂无礼的恶名，重则惹来杀身之祸。①

中国人很早就从自然界中或日常生活中观察到，一些"出格"或"出头"的事物和人容易受到伤害，最终都没有"好果子吃"。如"出头的椽子先

---

① 汪凤炎、郑红：《中国文化心理学》（第五版），148 页，广州，暨南大学出版社，2015。

烂";"树大"往往易"招风",因为在一片树林里,假若有一棵树长得比其他树都高,"鹤立鸡群",大风一来,往往是这棵树先遭殃。正所谓"木秀于林,风必摧之"(《运命论》)。倘若某人在某一行业中出名了,容易惹来同行竞争者或仇人的造谣中伤、妒嫉攻击。迁移到社会的人际交往中,"树大招风""枪打出头鸟""人怕出名猪怕壮""人随大众不挨骂,羊随大群不挨打"等从生活经验中形成的观念便以警世名言的形式留传下来,成为许多中国人的座右铭,告诫人们不要在众人里出风头。风头出多了,必将遭到外部势力的首先发难。即使万不得已要出头,也不要"先出头"。再者,中国人也从古代许多行为"出格"的人物落得悲惨下场中得到许多经验教训,从而不敢"为天下先"。如商鞅首倡变法,使秦国得以强大,但变法就意味着与众不同,结果遭车裂之刑。西汉末年的王莽为人谦恭俭让、礼贤下士,曾被时人看作"周公再世",也被当时的朝野视为能挽西汉危局的不二人选。但王莽代汉后,宣布推行新政,史称"王莽改制",导致天下大乱,王莽自己也死于乱军之中。[1]宋人王安石试图变法以强国富民,虽未遭车裂之刑,但下场也颇为悲惨。这诸多"前车之鉴",让许多中国人深深体会到这样一个道理:"出格"是危险的,而不"出格"则是一种稳妥的做人方式。因此,一些中国人虽然内心渴望自己出名,比别人强,但同时又伴随着一种相反的力量来牵制自己,压抑这种想出头的愿望。对中国人的心态与行为方式产生过重大影响的先哲老子在《老子·第六十七章》中说:"我有三宝,持而宝之。一曰慈,二曰俭,三曰不敢为天下先。"老子将"不敢为天下先"视作三宝之一。而《老子·第七十三章》则说:"勇于敢则杀,勇于不敢则活。"《诗·大雅·烝民》中也提出"既明且哲,以保其身"[2]("明哲保身")一语,这些被许多中国人视为做人的格言,信奉至今!

---

[1] (汉)班固:《汉书》,(唐)颜师古,注,4039—4194 页,北京,中华书局,1962。
[2] 程俊英、蒋见元:《诗经注析》(全二册),898 页,北京,中华书局,1991。

从另一方面来讲，喜欢随大溜的中国人在为人处事时，既不敢为人先，也不愿落人后，而是乐于处在大多数人的中间，这样能够得到心理和生命的安全。俗话说"天塌下来，有大家一块顶着""上游冒险，下游危险，中游保险""三条路中间行（遇事时，既不激进，也不保守）"等，这些就是求和心理的反映。处于中间位置者默默无闻、平平常常，既不可能去招人、惹人、欺人和罪人，也不可能遭人妒嫉、欺侮、打击和迫害。因而，他就不会陷入是非、矛盾、冲突和争斗中，也根本不会与人结怨记仇、对簿公堂、打官司告状。即使万一遇到麻烦，卷入是非中，由于他属于大多数人之一，即便错了也是大家的错，而不是"我"一个人的错，由此可能会逃脱惩罚，毕竟"法不责众"。从现代认知心理学的角度来看，这也是个体在面临复杂的决策情境时，由于信息量过少、不完整或未来事态发展不明朗等，个体难以做出有效的人际决策，而不得不采取随大溜的策略，相信大多数人的决策总是没错的，"跟着大家走总不会有错""跟着大部队走总不会吃亏"。这就是中国人为什么推崇随大溜的道理。

　　而且，中国人随大溜的心态也与中国人有铲平主义倾向有关。中国人的"个我"极不发达，多具有"他者取向"。在此背景下，个人的自我价值必须不断地与他人比较才能确立。所以，一个人在待人接物时，就必须看多数的"别人"是如何做的，若发现自己的言行与多数的"别人"不一致时，就会赶紧与他们保持一致。或者，他想方设法让别人与自己保持一致：若自己有权力，便用"威逼利诱"的方式去铲除别人与自己的差异；如果自己没有权力，便用"忠告"或"游说"的方式去铲除别人与自己的差异。[①] 而中国又是一个讲人情、重脸面且"人治"现象颇为流行的社会，所以，后者的做法常能奏效。反过来，如果在一个群体或组织里，一个人常常保持思想与

---

　　① 孙隆基：《中国文化的深层结构》，351—352 页，桂林，广西师范大学出版社，2011。

行为上的独特性，那么，领导们就会将这种"标新立异"的做法视为"异端"而予以抨击，一定要来一个"会商"制度，并且提前安排好一些告密的人盯梢，随时将其言论动态向上汇报，直到这个思想怪异的人不再怪异为止。所以，随大溜也是中国人自保的主要行为方式之一。当然，从一定意义上说，这也限制了中国人独立个性与求异思维的发展，从而在一定程度上阻碍了中国人创新思维的发展。

以上是从个人的角度来讲的，若从社会或群体的角度来看，中国人随大溜心态的形成也与中国社会文化的价值取向有关。这也在前文讲过。杨国枢指出，传统中国社会由于精耕农业、家族共产、父系传承及差序结构等原因，形成中国人融入或配合社会环境的生活适应方式，同时学习社会取向(social orientation)的社会互动行为风格。社会取向又包含家族取向、关系取向、权威取向和他人取向。前三种有特定的指涉，"他人取向"则泛指非特定对象的人，这可能是由他人所构成的或想象中的"观众"或"听众"。整体而言，社会取向意指中国人的心理与行为受到他人影响的一种趋向，特别重视他人的意见、标准、褒贬及批评，在行为上努力与别人相一致，希望在他人心目中留下良好的印象。社会取向共包括四个方面的特征：顾虑人意、顺从他人、关注规范和重视名誉。因为顾虑他人的意见，以致不敢表达或凸显自己与他人不同的想法或特性，因而无法坚持自己，而显得缺乏自主意识，甚而要改变自己来趋同于他人。即使个体其实不想这样或那样做，希望自己跟他人不同，但由于其希望获得大家的认同，要做一个"好好遵守社会规范的人"，也就不得不按社会上大多数人的行为规范而行事了。[①] 按现在的话来讲，多数中国人是嵌入诸多群体或社会圈之中的。处于若干群体与社会圈包围中的多数中国人，感到在中国社会中生

---

① 杨国枢：《中国人的社会取向：社会互动的观点》，转引自杨宜音主编：《中国社会心理学评论》(第一辑)，21—54 页，北京，社会科学文献出版社，2005。

存发展，需要尽量做到合群。一个经常得罪人、四处树敌的个体也必然要四处碰壁。在日常话语中，在某群体或社会圈中比较合群的个体通常被认为"人缘好""人缘不错"，反之则被认为"人缘差""人缘糟糕"。因此，个体在某群体或社会圈中的"和谐"状况直接决定了个体在其中的生存和发展状态。在某群体或社会圈中，拥有良好"和谐"的个体才能在该群体或社会圈中长期摄取更多资源，维持一般性的"和谐"至少可以在该群体或社会圈中继续立足，而一些不合群、"人缘"较差的个体则比较容易被该群体或社会圈边缘化，甚至有可能遭到较为严重的排挤、打击。尤其是在同熟人打交道时，中国人要防止与熟人发生矛盾冲突，避免与熟人进行争斗，不使自己卷入是非而遭受妒嫉、打击和迫害，他得同熟人保持一致的和合状态。对于中国人来说，"我行我素""一意孤行""孤芳自赏"等，都不是好的状态；一个人自顾自，不惠及别人，也被称作"孤寒"；而单个人的见识也被认为是有限的，因此说"孤陋寡闻"；至于不经自己选择而又不能与别人在一起的状态，则是值得同情的，例如，"孤儿寡母""孤苦伶仃""无主孤魂"等。①

一些中国人喜欢众从，原因除了上文所说的"与中国人有铲平主义倾向有关"外，也与中国人有权威思维有关。至于出现"追星"之类的众从行为，则与一些中国人缺少独立思维、缺少个性等有关。

综上所言，随大溜或从众心理实质上是一个人在社会中受某个群体的影响，最终放弃自己的意见，转变原有的态度，采取与多数人相一致的行为现象。随大溜有其合理的一面，如在良好的社会风气下，与此相适应的社会舆论与群体气氛等常常让人感到一种无形的压力，在这种情况下产生的随大溜或顺从行为多是积极的。如上所言，随大溜有时也是中国人的一

---

① 孙隆基：《中国文化的深层结构》，28 页，桂林，广西师范大学出版社，2011。

种正常的自我保护心理机制，但是，在一些事关原则性的问题上，个体还应该有自己的立场和主见，不能什么事都随大溜。《论语·卫灵公》载，子曰："众恶之，必察焉；众好之，必察焉。"《论语·子路》载，子贡问曰："乡人皆好之，何如？"子曰："未可也。""乡人皆恶之，何如？"子曰："未可也。不如乡人之善者好之，其不善者恶之。"在这两处，孔子都亮明了他慎重评价的态度。"众口一词"，还要怀疑吗？孔子的回答是：不见得全信，即使"众恶之""众好之""皆好之""皆恶之"，也还要有自己的审视、判断，不能犯人云亦云的错误。《论语·子罕》中载，子曰："麻冕，礼也；今也纯，俭，吾从众。拜下，礼也；今拜乎上，泰也。虽违众，吾从下。"孔子赞同用比较俭省的黑绸帽代替用麻织的帽子这样一种做法，但反对在面君时只在堂上跪拜的做法，表明孔子不是顽固地坚持一切都要合乎周礼的规定，而是在他认为的原则问题上坚持己见，不愿做出让步。因跪拜问题涉及"君臣之礼"的大问题，与戴帽子有根本的区别。因此，我们应该辩证地看待中国人"随大溜"的心态，在一些非原则性的问题上随大溜无可厚非，但若缺乏分析，不做独立思考、不顾是非曲直地一概服从多数、随大溜走，则是不可取的，是消极的"盲目从众心理"。

第五节　迁就的心态

一、迁就的内涵

迁就或将就别人，指个体为了不失和，尽管心中不同意他人的意见或做法，表面上仍对他人曲意求合或降格相就。用社会心理学的术语说，它是一种顺从或服从心理。其中，顺从指个人由于群体或他人的压力而改变自己行为或信念的现象；服从指个体在权威或强制性命令下放弃自己的观点或行为而接受他人的观点或行为。相对而言，服从对个人来讲主动性少而被动性成分大；顺从则是个人自愿的行为，并不伴随明显的强制性与潜在的惩罚。

二、迁就的表现

平日经常挂在中国人嘴边的"忍""让""饶"诸字，实际上都是迁就心态的一种极致反映，即"有理让三分""得饶人处且饶人""与人方便，与己方便"等。这些描述都是个体为求得良好的人际关系而被动地去适应或改变自己的观点与行为。于是，对违反自己意愿或利益的事情，只要不"逼急了"，多数中国人往往会压抑自我，采取退让的应对方式，认可"吃亏是福"的道理。于是，一些人便利用中国人不轻易拒绝别人要求的心态，将自己的不合理要求强加在对方身上。[1] 许多中国人明知自己正面临被别人利用的情况，但碍于人情或脸面，仍不知道怎样说"不"，只好在感觉被人利用后，自我安慰道："就算再帮他一次吧！"或者说："就算他占了这点便宜，也发不了财！"[2]

三、迁就的原因

中国人迁就心态的原因可能有三种，一种是对自己吃亏的敏感度降低，甚至全无，并可随便让别人在自己的身上践踏，逆来顺受，其典型例子就是鲁迅笔下的"祥林嫂"；第二种情形是充分自觉地利用"不争"的姿势，去获得更大的利益，如一般人都是利用自己"多吃一点亏"的办法，来为自己在社群中"吃得开"铺路，而极端化的例子就是历代的弑篡者或窃国者，他们明明在野心勃勃地窥伺神器，却由下面的人先发动"劝进"，而自

---

① 汪凤炎、郑红：《中国文化心理学》（第五版），150—151 页，广州，暨南大学出版社，2015。

② 孙隆基：《中国文化的深层结构》，254—255 页，桂林，广西师范大学出版社，2011。

己至少推让三次，才去攫取它；① 第三种情形则是迫于形势、迫于压力，不得不放弃自己的原则与立场，无奈地做出迁就的举动。

　　当然，在中国人看来，假若一个人面对原则性分歧时也采取迁就他人的做法，乐做一个"好好先生"，则容易被人看作是没有"主心骨""没有原则立场"或"没有主见"的人。此种人也不受他人欢迎，在有些场合，甚至招人痛恨。看过《三国演义》的人都知道，三国时期有位名士叫司马徽，为人清高拔俗，有知人论世、鉴别人才的能力，受到世人的敬重。但在《世说新语》所引的《司马徽别传》里，有这样一段笑话："徽有人伦鉴，居荆州，知刘表性暗，必害善人，乃囊括不谈时人。有以人物问徽者，初不辩其高下，每辄言佳。其妇谏曰：'人质所疑，君宜辩论，而一皆言佳，岂人所以咨君之意乎？'徽曰：'如君所言亦复佳。'"后来，世人遂以"万事称好司马公"嘲笑那些凡事只说"好，好，好""是，是，是""对，对，对"的好好先生。当然，这也不能排除司马徽的"不谈时人""每辄言佳"是由于形势所迫，值得同情。因此，迁就别人表面看来是和善之举，但实际上是不坚定的表现。在生活中，我们需要尊重他人的立场和原则，但也不能怕得罪人。而不言人过、不辨是非，一味地迁就和顺从别人，也是没有原则的表现。一个人总要有自己的原则、自己的立场，不能一味地迁就别人，一点主见也没有。这里的原则既包括办事的方法，也包括日常生活中为人处事的立场、原则，少了哪个都会给自己带来困难，并将影响自己的生活。工作办事没有自己的方法，只听命于他人，别人怎么说自己就怎么做，没有自我，走弯路、浪费时间不说，有时难免使自己陷入两难境地，甚至是要犯错误的。

---

　　① 孙隆基：《中国文化的深层结构》，171页，桂林，广西师范大学出版社，2011。

第六节　隐忍的心态

一、隐忍的内涵

中国人在公共场合与陌生人争斗，大概是出于无所顾忌的宣泄。但是，在认识的人中间，值得顾忌的内容就太多了。考虑到各种利害关系，"忍让"成为人们通用的交往准则。面对着争斗的普遍性，中国人终于找到了避免争斗的价值定向，那就是忍。隐忍是与迁就相类似的一种行为，这是"为和而和"的一种更消极的表现。忍是指自我约束、自我压抑、自我克制、自我剥夺或自我放弃。所谓"小不忍则乱大谋"，从心理学的角度看，忍让是指为了追求人际关系的和谐，不仅克制住内心的冲动，而且放弃掉对个人目标的追求。这类心态形成的和谐关系仅止于表面，背后却隐藏着许多埋怨，甚至潜伏了极端的不和谐。

二、隐忍的表现

忍一直被中国文化所推崇，是中国人化解冲突的重要方式。忍是需要以内在的心理机制进行忍的功夫的。中国人在日常生活中，经常用到的忍的心理机制主要有四种表现：克制、坚心（承受内外的压力而不改变行事的意志）、容受以及退让。[①] 中国人在遇到冲突时，总是劝诫自己或他人"忍一忍也就过去了"。如当自己的小孩与邻居家的小孩打架时，为避免因小孩子的事而撕破大人们的脸皮，父母们往往将他们拆开后，也不管正义

---

① 李敏龙、杨国枢：《忍的心理与行为》，转引自杨国枢、黄光国、杨中芳主编：《华人本土心理学》，580—608 页，重庆，重庆大学出版社，2008。

在哪一方，总是先教训自己的小孩一顿。在团体和群体生活中，我们大都约束自己，尽量不得罪人，什么事都要谨言慎行，以维持良好的人际关系，不要说别人的坏话，也不要标榜自己的优点，对别人要隐恶扬善、和和气气，对自己要唯唯诺诺、不坚持己见。在现实工作和生活中，大家也都能观察到，有些人什么都好，就是脾气不好导致关系处理不好而误了大事。"小不忍则乱大谋"，就是告诫众人要把自己的性格隐藏起来，为了达到目的，我们必须牺牲一些不愉快。

隐忍除了在行为上表现出退让外，在言语上还表现为"少言寡语"，即为了避免"祸从口出"，于无形中得罪人，而尽量少说话，不说话，少表达自己的意见。因而，少言寡语也是中国人自保的行为方式之一，并且在中国文化中，自古以来都推崇少说话、多做事的做人处事哲学。《史记·孔子世家》中记载，老子赠言孔子说："聪明深察而近于死者，好议人者也。博辩广大危其身者，发人之恶者也。"聪明深察的人常常受到死亡的威胁，那是因为他喜欢议论别人的缘故；博学善辩、见识广大的人常遭困厄危及自身，那是因为他好揭发别人罪恶的缘故。《论语·里仁》中载，子曰："君子欲讷于言而敏于行。"语言本来是人们用以传递信息、交流思想、沟通情感、达成共识、增进理解、消除误解的工具。但是，语言弄不好也会产生误解，给当事人带来麻烦，引起是非、矛盾、冲突和争斗。因此，中国人总主张少言寡语，倡导慎言、少言、不言，尤其是自己"知面不知心"的人，更要多听多看，少议论是非，要保持"一定的沉默度"。汉语谚语中多有"口开神气散，舌动是非生""病从口入，祸从口出""口是祸之门，舌是斩身刀；闭口深藏舌，安身处处牢""万言万中，不如一默""欲人勿知，莫若勿为；欲人勿闻，莫若勿言"。① 受这一传统自抑文化的影响，在现代

---

① 李庆善：《中国人新论——从民谚看民心》，94 页，北京，中国社会科学出版社，1996。

的组织管理中，敢于跟上级唱反调的进言少之又少，反而时常可见如同《皇帝的新衣》中闭口不言的现象。这样的情形对中国的管理来说并不陌生，下属们虽然发现了公司企业运营或管理中存在的问题，然而他们掌握的信息和拥有的观点没有往上传递，错过了扭转组织决策失误的机会。更有甚者，企业的一些计划可能在一片赞许声中走向了失败。副总经理觉得如果自己提出疑问，就是对上级不尊重，很有可能被解雇。研发部主任也说自己不能让上级了解自己的怀疑，因为他们都深信这个计划会成功。就这样，这个错误的决策一步步拖垮了企业。还有一些研究表明，即便是最积极的员工在进言之前也要"见机行事"，看看在某一具体的情境下进言是否安全。如果他们认为向上级进言的个人成本太高，进言的效果不佳，那么，他们也宁愿保持沉默。①

三、隐忍的价值

在中国文化中，一方面，忍具有较高的价值，也是作为一种美德被中国人推崇为做人最重要的品德。在人际交往高度频繁的中国社会，"忍让"是一种生存策略，是求得"安全感"的一种人生技巧。中国人对"安全"的需求，既包括身体安全，也包括心理安全。珍视既得利益，不轻易冒风险是为了保证"身"的安全，而重视人际关系的和合性、重"忍让"则是为了"心"的安全。中国人在人际交往中善"忍让"或"自我压缩"，根本用意是为了避免一切可能招致的敌视而获得心理的安宁。谚语中常有"忍为高，和为贵""忍气饶人祸自消""忍一时风平浪静，退一步海阔天空""忍一时之气，免百日之忧""若要好，大做小"（指要把关系处理好，就得不计身份，谦恭待人）；"事不三思终有悔，人能百忍自无忧"。"得忍且忍，得耐且耐；不忍不耐，小事成大""小不忍则乱大谋""欲成大事，必有小忍""君子之身可大可小，丈夫之志能屈能

---

① 魏昕、张志学：《组织中为什么缺乏抑制性进言?》，载《管理世界》，2010(10)。

伸""委曲能求全,委曲图安然""屈己者能处众,好胜者必遇敌"。因为忍,所以,中国人处处以对方为重,"贵人而贱己,先人而后己",自我贬抑与压低"自己人"。据《旧唐书·孝友传·张公艺》记载:"郓州寿张人张公艺,九代同居。北齐时,东安王高永乐诣宅慰抚旌表焉。隋开皇中,大使、邵阳公梁子恭亦亲慰抚,重表其门。贞观中,特敕吏加旌表。麟德中,高宗有事泰山,路过郓州,亲幸其宅,问其义由。其人请纸笔,但书百余'忍'字。高宗为之流涕,赐以缣帛。"张公艺是我国历史上治家有方的典范,他的家族九辈同居,合家九百人,团聚一起,和睦相处,千年以来,倍受历代人民尊敬,传为美谈。张公艺以"忍"齐家的名声由此广为传播,以其名义写成的《百忍歌》也流传至今,"张百忍"之名由此而得。

另一方面,忍的目的在于避免争斗,放弃自己的需要,不与别人争权、争利、争名;压抑自己的不满和怒气,不与别人斗气;克制自己的嘴巴,不与别人斗嘴;约束自己的手脚,不与别人拳来脚去、大打出手。在人际交往中,面对矛盾冲突,不少人有时候缺乏及时、平和、有效化解的能力,错过了正常的"大事化小、小事化了"的机会不说,反而可能把"小事弄大",甚至大到无法弥补的地步。因此,这时忍让是避免争斗、退出争斗的有力工具。但"严格来说,忍并非真正面对问题,解决冲突,而只是中国人消解冲突的一种方式"[1]。有一首打油诗更是将"忍"君子的心态描述得入木三分:"忍字头上一把刀,为人不忍祸自招,能忍得住片时刀,事过方知忍为高。"当然,大部分中国人在人际交往时,心中对对方的忍也都有个"度",一旦超过个体容忍的度,他们在现实生活中一遇到冲突,就很容易把对方想象成潜在的对手。当双方都带着这种莫名的怨气而互相拱火时,冲突必然会升级。因此,忍让是一种美德,我们提倡忍让,但也不

---

[1] 李敏龙、杨国枢:《忍的心理与行为》,转引自杨国枢、黄光国、杨中芳主编:《华人本土心理学》,580—608页,重庆,重庆大学出版社,2008。

能把他人的忍让视作怯懦，若把对方逼急后果不堪设想，俗话说得好，"兔子急了也咬人"。

忍的意义不仅仅是避免争斗，避免结冤记仇，更重要的还在于能实现同心协力，从根本上消除争斗情境的发生。忍对社会、对集体、对个体都是不可或缺的，具有极其重要的价值。人心不同，可是要做到同心，个体只有放弃或剥夺自己内心的某些东西而去认同集体和他人之心，才能求得同心；同样，人的行为及其方式也是五花八门、各自有别的，可是要做到协力，则个体只有约束、克制和压抑自己的某些行为而去认同集体和他人的行为，才能求得协力。因此，忍也是实现同心协力，达到和的境界的基本手段。没有忍就不可能出现真正的和。①

第七节　迎合的心态

一、迎合的内涵

迎合指一种猜度别人的心意而投其所好的心理或行为。从人际交往的观点看，迎合指在人与人的交往中产生的、期待对方发生符合自己期望的"适当"行为或满意结果的心理或行为倾向。这里的"适当"行为并不一定是符合社会规范和道德标准的，而只是个人认可并期望的。假若说"随大溜"与"迁就"多是个体被动地去适应他人或群体以谋求一种和谐人际关系的心态与行为的话，那么，"迎合"则是一种个体为谋求和谐人际关系的局面而主动去适应他人或群体的心态与行为。迎合的一般理由有：善解人意，投

---

① 李庆善：《中国人新论——从民谚看民心》，85—86页，北京，中国社会科学出版社，1996。

其所好；与人方便，与己方便；棋高一着，留条后路等。

二、迎合的表现

迎合主要表现出为谋求良好的人际关系而主动改变自己的态度与行为去适应他人与群体，如恭维对方（对他人的权力、品德等方面的优点加以赞扬，而对其缺点佯装不知）、顺从对方（认同他人观点并模仿其行为）以及施惠对方（为得到希望获得的好处而帮他人的忙）等。熟人社会中长时效性和低选择性的关系结构给人们带来的和谐、稳定或顾全大局的压力很容易导致个性受到压抑，并且在中国社会，个性太强是一个不好的评价。许多个体为了在这样的关系结构中生存，要策略性地放弃自己的意愿，也不表露自己的真情实感，并适时地甚至一味地迎合他人的需要。久而久之，中国人在日常交往中会给自己戴上一个面具，造成互动模式上的表里不一以及对人情与面子问题的关注。[1]

从日常生活方面来讲，中国人有许多客套、寒暄、应酬语。社会取向强的人甚至还善于说谎，非常老于世故、圆滑，也非常表面化。又如中国人爱讲吉利话，这些吉利话或恭维话都是为了应付某种社会情境而发明的，用以维持人际关系的表面和谐，虽然大家也知道这种恭维话未必真实。但在中国社会中，一个不善于迎合他人的人，或者说，连一些迎合的话都不会说的人，则容易被看作是"不懂得体谅别人""不懂得人情世故"之人。此种人既难以与他人交往，也不受他人欢迎。

鲁迅在其短文《立论》中讲述了这样一个故事，仍值得人们回味。

我梦见自己正在小学校的讲堂上预备作文，向老师请教立论的方法。

"难！"老师从眼镜圈外斜射出眼光来，看着我，说："我告诉你一件事——一家人家生了一个男孩，合家高兴透顶了。满月的时候，抱出来给

---

① 翟学伟：《关系与谋略：中国人的日常计谋》，载《社会学研究》，2014(1)。

客人看——大概自然是想得一点好兆头。一个说：'这孩子将来要发财的。'他于是得到一番感谢。一个说：'这孩子将来要做官的。'他于是收回几句恭维。一个说：'这孩子将来是要死的。'他于是得到一顿大家合力的痛打。"

"说要死的必然，说富贵的许谎。但说谎的得好报，说必然的遭打。你……"

"我愿意既不谎人，也不遭打。那么，老师，我得怎么说呢？"

"那么，你得说：'啊呀！这孩子呵！您瞧！多么……。阿唷！哈哈！He he! he, he he he he!'"

鉴于类似的教训，在适当的场合，凡事都说"好"，迎合他人的心境，以免引得别人生气，自己也免得挨骂遭打，落得个与人好相处的美名，又何乐而不为呢？当然，这种刻意或者说"虚情假意"的迎合又体现出中国人为人处世的圆融或者圆滑。中国人在互动中喜欢强调行为表达的恰当与否（而非真假），这点让西方人误以为中国人不讲真话。在西方人眼里，如果中国人不说实话、不做实事，那么就是欺骗或者弄虚作假。但从情境中心来看，根据场合来调整自己的行为是一种恰当的、合情合理的心理与行为。所谓恰当的意思，就是一个人可以不考虑自我与行为之间的一致性，只需要考虑如何根据场合来决定自己的行为，并由此隐藏自己的真实自我，不以真面目示人。[①]

三、迎合的价值

从一方面看，在人际交往中主动迎合他人的动机不外乎是为获取更多有利的资源，减少对方给予伤害的可能性，或为了提升自己的价值。在中国人的心目中，"迎合他人"有时也是善解人意的体现。这种人也容易与他

---

① 翟学伟：《关系与谋略：中国人的日常计谋》，载《社会学研究》，2014(1)。

人相处，人们也愿意与这种人相处。当然，为了获得和谐的人际关系，迎合他人也是一门学问，如能把握得恰到好处，这会使交往双方的关系更为融洽。反之，这会让对方觉得你虚情假意或另有所图，反而让人小心提防，使关系疏远。

从以上对人际和谐心理的各种表征的阐述可知，在注重人际和谐的中国社会里，人们做出人际和谐行为的决定因素，有可能并不建立在自己认为什么是对的、什么是错的判断上，而是将重点放在决定了对、错之后，如何在保持人际和谐的基础上，把自己认为是对的具体地做出来。在具体情境中，选择如何去做的途径或技巧，才是中国人思考的重心，务必令自己的行为，能维系周围的人际和谐。这种以人际和谐为目标，注重自己行动后果的思维架构，可能使人们在思考"如何"去做时，一是不冲动地采取即时行动；二是顾全大局，全面考虑所涉及的人和事；三是注意自己的行动对全局中其他人所产生的后果；四是采取中庸之道，以对大家来说，以合情合理的途径来行事。① 从这方面来说，中国人人际和谐心理的表征也是中国人所使用到的尚和"功夫"，反映了中国"做人难"的道理。正所谓"世事洞明皆学问，人情练达即文章"。

从另一方面看，中国人在与人交往或处理人际关系时流露出来的人际和谐心态表征是多种多样的。这些日常表征之间既有相通的一面，也有相异的一面。但也需指出，中国人讲的"和"，强调的是要于事物的多样性中求得和谐。这样，中国人在与人交往或处理人际关系时推崇"和"的心态，也是以充分尊重每个人的个性为前提去谋求一种和谐的人际关系的，既承认人与人之间个性差异的存在，又主张互补互济，达到和谐、统一的状态，以便营造出一种其乐融融的和谐人际关系。此思想至今看来仍是值得

---

① 杨中芳、彭泗清：《人际交往中的人情与关系：构念化与研究方向》，转引自杨国枢、黄光国、杨中芳：《华人本土心理学》，470—504 页，重庆，重庆大学出版社，2008。

肯定的。不过，在中国关系取向的社会中，一些"尚和功夫"便是做给混合性关系的其他人看的，而真诚行为则只能显露给情感性关系的自己人看。从中国人在实际的与人交往或处理人际关系的过程中出现的人际和谐诸心态可知，在某些情况下，中国人的求和举动实际上又是一种求"同"的做法，即为了获得一种勉强的和谐人际关系（面和心不和），中国人有时又不惜压抑甚至取消自己的个性与真情，以与他人或群体保持一种单一性的一致关系。这就是中国人在与人交往或处理人际关系的过程中一味求和所带来的弊端所在。此弊端的存在，使得有些中国人在与人交往时难以做到以诚相待，而是"当面一套，背后又一套"。这表现在某些"社会智商高"的人精于世道，懂得配合，善于表演，做人"圆滑"，甚至成为一个"精致的利己主义者"（钱理群语）。这也表明，随着时代的变迁，中国人在与人交往或处理人际关系的过程中流露出来的人际和谐心理中的"和"，也于不知不觉中渗进了"同"的成分，再不是"君子和而不同"中那个纯粹意义上的、原汁原味的"和"了。个中原由，至少有二：就其内因而言，"和"要求做人谦和、和睦，这样，甲方在与乙方进行交往时，为获得一种和谐的人际关系，有时就不得不放弃或保留自己的观点，而去迁就或迎合乙方，于是，于不知不觉中滑入了"同"，这说明和与同之间的界限本不是泾渭分明的；就其外因来看，或许是封建专制思想加强的缘故，封建统治者为了控制人的思想，从内心不喜欢"和"而喜欢"同"，但因孔子儒学非常推崇和而鄙视同，同时孔子儒学在后世又一直处于独尊地位，迫于这种文化的压力，一些封建统治者至少从表面上讲，是不能明目张胆地要同而不要和的。两厢妥协就产生这样一种结果：表面上打着尚"和"的牌子，骨子里却是尚"同"的。

第六章

中国人人际和谐心理的实证探索

从前文分析可知,"和"是中国传统文化的一个核心范畴,源自中国文化的深层结构。自先秦以来,中华民族就崇尚"天和""地和""人和","和为贵"是中国传统文化的基本精神之一。[①] 不过,在现代中国人的头脑中,"和"的含义与结构是什么?现代中国人在与人交往时还崇尚"和"吗?如果崇尚,那么,中国人在日常的人际交往中是怎样实现"和"的呢?现代中国人的人际和谐心理也存在"差序格局"吗?中国人在与熟人交往中,影响人际关系和谐的因素有哪些呢?等等。对于此类问题,还需要进行深入的实证探究。本章尝试对现代中国人的人际和谐心理进行实证研究,为中国人的人际和谐心理研究提供实证依据。

第一节　中国人人际和谐心理的内隐结构

一、和谐心理结构的研究回顾

在中国传统文化中,"和"有着丰富的内涵:一指和谐,即事物或要素

---

① 张岱年:《中国文化的基本精神》,载《齐鲁学刊》,2003(5)。

之间的一种协调平衡状态；二指合作，即人与人之间相互配合的行为；三指谦和，即为人处世的谦让、和气的态度。① 心理学的研究兴趣主要是后两者，即个人的心理和谐以及人际间的关系和谐。目前，一些学者采用实证方法，以大学生为被试，探讨了大学生心理和谐的结构。例如，吕春莉的研究表明，当代大学生平和心态的结构包括人际和谐、认知协调、行为适中与情绪稳定四个因子，其中，人际和谐是核心因子。② 刘婷、秦琴和张进辅提出，大学生心理和谐的结构包括自我和谐与社会和谐、人际和谐与自然和谐四个二阶因素以及积极性、适当性、敏锐性、认同性、和睦性、融洽性、亲近性和相融性八个一阶因素。③ 吴九君和郑日昌的研究表明，大学生心理和谐结构包括自我和谐、人际和谐、人事和谐三个因素。④ 武宝军、巩彦斌和郭胜忠的调查表明，大学生对心理和谐的认识主要有 17 种理解：坦诚重情谊、沉着自制、积极乐观、淡定、宽容、合群易相处、热情、奋斗进取、爱社会、自我健康、知足、平衡、信任、豁达、爱家庭、理智性、独立。⑤ 谭小宏和江银的研究表明，大学生的自我和谐包含时间和谐、情绪和谐、人际和谐、身体和谐四个维度。⑥ 以上皆为心理和谐结构的探讨，而真正从人我关系和群我关系的角度探究尚和结构的，目前只有一项相关研究。常丹将大学生的尚"和"心理划分为四个维度，即尚"和"认知、尚"和"情绪、尚"和"动机、尚"和"行为。尚"和"认知是指个体

① 李彩晶：《儒家"贵和"思想及其当代价值》，载《广西社会科学》，2009(8)。

② 吕春莉：《当代中国大学生平和心态的心理学研究》，硕士学位论文，南京，南京师范大学，2009。

③ 刘婷、秦琴、张进辅：《大学生心理和谐的维度探讨》，载《西南大学学报(社会科学版)》，2010(2)。

④ 吴九君、郑日昌：《大学生心理和谐量表的编制》，载《中国健康心理学杂志》，2011(5)。

⑤ 武宝军、巩彦斌、郭胜忠：《大学生心理和谐内隐观的调查研究》，载《中国健康心理学杂志》，2012(1)。

⑥ 谭小宏、江银：《大学生自我和谐问卷的编制与信效度分析》，载《绵阳师范学院学报》，2016(10)。

对尚"和"心理的内涵、性质和功用等的认识,包括对尚"和"心理与行为的赞同与反对;尚"和"情绪是指个体对自己或他人表现出的尚"和"心理与行为的情绪体验,包括对尚"和"心理的正性情绪体验和负性情绪体验,如在尚"和"情境下感到愉快、喜欢还是厌恶、不屑等;尚"和"动机是指人们在实际人际交往过程中是趋向还是回避尚"和"的心理和行为,包括趋向性和回避性;尚"和"行为是指人们在人际交往的过程中表现出来的尚"和"的言行,包括言语和行为两个部分。[1] 但该研究主要是从知、情、意、行的视角建构尚"和"结构的,并未揭示普通大众内隐的对人际和谐的观点与看法。

总体上,目前,研究者对大学生心理和谐的实证研究较多,但对人际间的和谐心理与行为研究较少,且对人际间和谐的内涵与结构等研究还不够深入。本研究将采用实证方法,深入探讨大学生内隐的人际和谐的心理结构。所谓内隐观,是指人们在日常生活和文化背景下形成的,且以某种形式存在于个体头脑中的关于人们对某些心理特征的概念、结构及其发展历程的认知,也称为内隐理论或公众观。[2] 目前,心理学领域有关内隐观的研究主要涉及创造性、智力、人格、能力、价值观、心理健康、经济自立、心理承受力、压力、良知、友谊和择偶等方面,尤以对创造力和智力的内隐观研究较多。内隐观(或内隐理论)是与外显理论相对的。外显理论是指由专家提出或建构的正式的心理学理论;内隐理论不是心理学家建构的正式理论,而是普通人对某一概念的基本特性(如智力、品德和人格特征等)持有的基本认知图式或朴素理论。内隐理论的研究在一个特定现象的初期具有极其重要的作用,可以依据研究结果大致框定研究的突破口和

---

[1] 常丹:《当代大学生尚"和"心理测量量表的编制》,硕士学位论文,四川师范大学,2014。
[2] 朱永祥:《认知的内隐理论及其分析方法》,载《心理发展与教育》,1991(4)。

初步范围，从而有利于正规研究的开展和外显理论的建立。① 本研究认为，人际和谐的内隐观是指反映在个体经验基础上的对维持和谐人际关系活动的潜在认知。它虽然不能被个体意识到，但却反映了个体的内部心理活动和文化特征，并在潜移默化中影响个体与他人之间的关系与交往方式。本研究将采取内隐理论的研究路径，采用字词自由联想方法，通过对结果的内容分析和聚类分析，揭示当代大学生头脑中人际和谐心理的内隐结构，了解普通大众对人际和谐的理解，以补充专家学者理论的不足，为中国人人际和谐心理的研究寻找新的突破口，同时也能更有效地指导当代大学生构建和谐人际关系的实践活动。

二、本研究的程序与方法

本研究主要采用社会效度的研究方法，分为两个阶段进行。

（一）第一阶段：预调查

1. 被试

以三所高校的在校大学生为被试，发放问卷 400 份，实得有效问卷 384 份，有效回收率为 96%。其中，大学一年级学生 97 人，大学二年级学生 148 人，大学三年级学生 92 人，大学四年级学生 47 人；女生 246 名，男生 138 名；年龄在 18—22 岁之间。

2. 研究工具

《大学生人际和谐观调查问卷》主要包括一个问题：根据您的亲身体验或日常观察，依次写出自己认为能够揭示人际交往中"人际和谐"这个概念的内涵的形容词或短语至少 10 个。

3. 研究程序

本研究采用有条件限定的自由联想词法，要求被试按问卷要求，进行

---

① 边玉芳、滕春燕：《教师心理健康内隐观研究》，载《心理科学》，2003(3)。

不限时间的联想，依次写出词语。任务完成后，回收问卷并对收集到的联想词进行内容分析和频数统计。本研究首先采取"完全同义者合并"的办法减少项目，将量少者并入量多者，但近义者则不予合并。最后得到频数高、富有代表性的前 60 个高频联想词(频数在 3 或以上)。

(二)第二阶段：项目分类

1. 被试

本研究选取某师范大学汉语言文学专业大学三年级两个班共 102 人为被试，进行课堂纸笔测试，剔除少写或回答不完整的问卷后，实得有效问卷 90 份，有效回收率为 88%。其中，男生 27 人，女生 63 人，被试年龄在 20—22 岁。

2. 研究工具

《大学生人际和谐描述词分类问卷》由预调查中选出的 60 个高频词语按随机顺序排列编写而成。

3. 研究程序

本研究要求被试根据自己对人际交往中崇尚人际和谐含义的理解，对 60 个描述词按其内在关联性进行分类。主试告知被试注意不要根据词的语言或语法特征(如字数、词性、词频和词的结构等)进行分类，分类的唯一依据是这些概念的内在关系，分类结果无所谓对错，分成多少类取决于被试自己，分类的过程中可以反复调整，直到被试认为满意的分类出现为止。所有的被试分类完成后，主试对任意两个词被归入同一类中的次数(实为人数)进行统计，以作为这两个概念的相似性测度。主试采用 Excel 制表将分类结果转换成相异度矩阵：如果两个词语被分在同一类，就在两个词的交叉点上记作 0，否则就记作 1。然后将所有被试的结果叠加，构建出一个 60×60 的相关矩阵。

(三)数据处理

所得矩阵使用 SPSS17.0 进行系统聚类分析处理。在此类研究中,进行数据基本结构的建构时,一般常用的方法是因素分析法和系统聚类法。因素分析法(这里主要指探索性因素分析,即 EFA)是指通过研究众多变量之间的内部依赖关系,探求观测数据中的基本结构,并且用少数几个潜在变量来表示基本的数据结构。其目的在于用最少的"因子"概括和解释最大量的观测事实,从而建立最简洁、最基本的概念系统,揭示出事物之间本质的联系。系统聚类法是指将分类对象置于一个多维空间中,按照它们空间关系的亲疏程度进行分类。它把性质相近的个体归为一类,使得同一类中的个体具有高度的同质性,不同类之间的个体具有高度的异质性。简单来说,探索性因素分析是对变量进行浓缩(减少变量数量),而变量聚类是对变量进行分类(不减少变量数量)。[①] 在以往类似的采用了社会效度的研究中,采用系统聚类的数据处理方法居多。因此,本研究也将采用该方法进行分析,以确定被试对人际和谐描述特征词的分类结果和心理结构。

三、人际和谐结构的实证建构

(一)高频联想词及联想频次

笔者对开放式问卷收集到的有关人际交往中人际和谐含义的联想词或短语进行内容分析和频次统计。根据统计规则,共选出频次≥3的高频词60个(见表 6-1)。对于每一个词,其联想频次(人次)是不同的,越多的人联想到该词,说明它与"人际和谐"概念的关系越近。在这些联想词中,大

[①] 张杉杉、徐祥刚、孟庆茂:《探索性因素分析和变量聚类分析的比较》,载《统计教育》,2003(6)。

学生看法比较一致(排在前十位)的依次是真诚、互相帮助、乐观开朗、和睦融洽、不以自我为中心、谦虚低调、热情爱打招呼、团结协作、友爱、文明有礼貌。

表 6-1 60 个高频联想词及联想频次($n=384$)

联想词	频次	联想词	频次	联想词	频次	联想词	频次
真诚	123	平易近人	40	细心体贴	14	视为知己	5
互相帮助	111	好沟通交流	39	不固执己见	12	勇敢	5
乐观开朗	94	平和不妒忌	38	平等相处	11	合群	5
和睦融洽	84	随和	35	独立自立	10	有耐心	5
不以自我为中心	72	待人和气	33	大方不吝啬	16	有同情心	5
谦虚低调	69	有上进心	33	志同道合	13	欢声笑语	5
热情爱打招呼	63	鼓励赞美他人	21	仗义	9	进退有度	5
团结协作	58	谦让礼让	19	有爱心	9	感恩	4
友爱	58	积极活跃	19	有原则和主见	9	深情厚谊	4
文明有礼貌	57	互相分享分担	19	言出必行	9	迁就迎合	3
善良	54	不惹事能自律	17	互惠互利	8	自由无拘束	3
善解人意	53	勤奋好学	16	善倾听	7	沉默是金	3
宽容	53	有责任心	15	老实朴实	7	守信用	3
互相尊重	53	行为举止得当	15	自爱	6	相依相惜	3
退让隐忍	43	幽默	15	理性	6	换位思考	3

(二)系统聚类分析的初步结果(使用最大距离法)

在较低的层次上,60 个词语被聚类成 7 个基本簇。综合各项目内容的含义以及被试在分类时给出的理由,7 个基本簇的命名及按平均联想强度排列见表 6-2。

表 6-2　系统聚类分析的初步结果

代码	名称	项目内容	平均联想强度
V	个人自身品德	随和、平易近人、有同情心、善解人意、真诚、宽容、友爱、感恩、仗义	11.00
Ⅲ	积极人际态度	不固执己见、行为举止得当、不以自我为中心、鼓励赞美他人、热情爱打招呼	9.53
I	人际合作品质	视为知己、志同道合、相依相惜、深情厚谊、团结协作、互惠互利、互相分享分担、互相帮助、和睦融洽、换位思考、互相尊重、平等相处、合群、欢声笑语	7.11
Ⅶ	个人自身素质	积极活跃、自由无拘束、谦虚低调、文明有礼貌、不惹事能自律、有原则和主见、有上进心、勤奋好学、独立自主、有责任心	6.46
Ⅳ	个人自身性格	自爱、勇敢、理性、有爱心、善良、幽默、乐观开朗、朴实老实、有耐心	5.61
Ⅵ	人际交往修养	守信用、言出必行、待人和气、谦让礼让、好沟通交流、大方不吝啬、平和不妒忌、细心体贴、善倾听	5.15
Ⅱ	消极人际态度	退让隐忍、迁就迎合、进退有度、沉默是金	3.52

（三）系统聚类分析的最终结果（使用最大距离法）

在较高的层次上，7个基本簇被进一步聚类成4簇，见图6-1。若按强度从大到小的顺序排列，4个高阶簇依次为：①"个人自身性格与品德"簇（16.61），由Ⅳ与Ⅴ两类合并而成，共18项；②"人际交往态度与倾向"簇（13.05），由Ⅱ与Ⅲ两类合并而成，共9项；③"人际交往素质与修养"簇（11.61），是Ⅵ与Ⅶ两类合并而成，共19项；④"人际合作的行为品质"簇（7.11），是延续下来的基本簇，共14项。

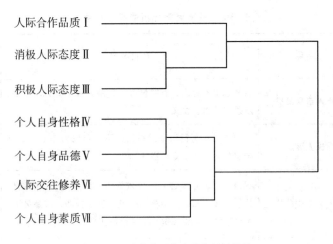

图 6-1 基本簇的系统聚类分析树状图

四、四维人际和谐结构的内涵

(一)平均联想强度和比重的意义

认知心理学认为，人类头脑中的概念不是单个存在的，而是作为概念体系的形式存在的。这些概念之间可能是相反、相近、相属或部分与整体的关系。严格地讲，本研究采用联想方法所探讨的是"人际和谐关联概念"的心理结构，而非直接对"人际和谐"概念进行探索。之所以这样做的根据就是概念表征的"激活扩散模型"。激活扩散模型假设，一个概念所具有的意义或所包含的信息(如特征、种属等)存在于它和其他概念的种种关系之中。分析"概念"与"关系"这两个要素，能使激活扩散模型具有更简洁、更灵活的形式。而且，一个概念可以同许多概念发生联系，可以处在不同的网络平面上。唯有以词为分析单位，才能从最基本的层面上有助于发现"人际和谐"这一概念的心理表征。

在本研究中，把簇的强度定义为该簇内项目的平均联想强度。① 从平均联想强度来看，最强的基本簇是"个人自身品德"，内容涉及"随和""平易近人""有同情心""真诚""宽容""友爱""感恩"等指代品德的词语，说明对于人际交往中的"和"，大学生们首先想到的是个人自身应该具备良好的道德品质；中等强度的基本簇是"积极人际态度"，内容涉及"不固执己见""不以自我为中心""鼓励赞美他人""热情爱打招呼"等指代人际交往态度与行为的词语，说明对于人际间的"和"，大学生们其次想到的是个人应该积极、主动、热情地对待他人并为他人着想的态度与行为；本文弱强度的基本簇是"人际合作品质"，内容涉及"视为知己""志同道合""深情厚谊""团结协作""互相分享分担""互相帮助"等指代人际交往与合作品质的词语，说明对于人际交往中的"和"，大学生们最后想到的是个人在与他人交往与合作时应该具备良好的同心协作的品质。

从高阶簇的情况来看，强度最大的是"个人自身性格与品德"，它由"个人自身性格"与"个人自身品德"合并而成。这说明，在当代大学生头脑中，对于人际交往中"和"的理解，首先想到的是自身要具有良好的性格与品德，这样才能被他人所接纳，进而与他人友好相处、关系和睦。这也是通常所说的"正人先正己"与"严以律己，宽以待人"的道理所在。其次是"人际交往态度与倾向"，它由"积极人际态度"与"消极人际态度"合并而成。这说明，在当代大学生头脑中，对于人际交往中"和"的认知，既要注重相互之间主动、热情相待，为他人着想，还要懂得隐忍退让、迁就迎合他人，才能与人和气，彼此关系和谐。用社会心理学的术语讲，如果每个人都能做到以仁待人、以礼待人，整个社会的人际关系就可以形成正常的良性循环。

如果系统聚类分析采取两类解，可以从树状图上发现：一类是由"个人

---

① 徐伟、李朝旭、韩仁生：《友谊的结构研究——一项对大学生友谊内隐观的调查研究》，载《心理科学》，2006(5)。

自身的性格与品德"以及"人际交往的素质与修养"合并而成，可定义为"人际交往中个人具有的内在性格与品德及素质与修养"；另一类是由"人际交往态度与倾向"与"人际合作的行为品质"合并而成，可定义为"人际交往中个人具有的外在态度与行为"。两类所占比重分别为 28.22％ 和 20.16％。这充分说明，对于人际交往中的"和"，当代大学生们在内隐层面是从内与外两方面进行认知与建构的：对内注重个人自身的道德素质与修养，对外注重个人积极的待人态度与行为。或者说，当代大学生在潜意识中认为，要想获得和谐的人际关系，一要注重养德，塑造良好的道德品质与性格特质；二要加强修身，培养良好的待人接物的行为与方式。这与中国传统文化强调的"内圣"与"外王"的理念相符合，也与中国传统文化中"和"的精神相一致。

（二）与儒家人际和谐思想的比较

"和"作为儒学乃至中国传统伦理道德的核心概念影响深远，也是儒家倡导的处理人际关系的最高道德准则。将本研究得到的大学生头脑中"人际和谐"的"个人自身性格与品德""人际交往态度与倾向""人际交往素质与修养"和"人际合作的行为品质"四个层次与儒家人际和谐思想相比较可以发现，它们具有较大的一致性。首先，"个人自身性格与品德"与儒家倡导的造就"君子人格"理念相一致。儒家强调，"君子有诸己而后求诸人；无诸己而后非诸人"（《大学》），即强调个人的道德自觉意识，鼓励人们为创建和谐的人际关系而增强道德自律，增进道德修养，造就具有"仁、义、礼、智、信"等特质的君子人格。正如有学者所说："在中国传统伦理发展史上，'和'在更多的时候被作为一种道德要求。对于个体而言，'和'既是一种理想人格的追求，同时'和'还必须内化为自我的内在的精神素养。"①

---

① 修建军：《中华伦理范畴·和》，18 页，北京，中国社会科学出版社，2006。

其次，"人际交往态度与倾向"与儒家提倡的人与人之间要相互宽容和理解的观点相一致。即在处理人际关系时，要有宽广豁达的胸怀，能够退让与隐忍。孔子说："躬自厚而薄责于人，则远怨矣。"（《论语·卫灵公》）在遇到问题时，要多责备自己，少责备别人，多站在他人的角度看问题，这样就不会招致怨恨。《礼记·坊记》中说："君子贵人而贱己，先人而后己。"凡事看重别人，先去顾及别人的感受，这样人们相互之间就能多些宽容与谅解，人与人之间自然也就会温馨和谐。曾参也提出："吾日三省吾身：为人谋而不忠乎？与朋友交而不信乎？传不习乎？"（《论语·学而》）可见，对待他人言而有信、表里如一、言出必行，才能换得彼此间长久的和谐关系。

再次，"人际交往素质与修养"与儒家倡导的"仁爱"理念相一致。"仁"是儒家伦理学说的核心。孔子强调"仁者，爱人"（《论语·颜渊》），就是强调在处理人际关系时要同情人、关心人、爱护人、帮助人，真正建立人与人之间相亲相爱的和谐人际关系。孟子说："君子所以异于人者，以其存心也。君子以仁存心，以礼存心。"（《孟子·离娄下》）。孔子还说"泛爱众，而亲仁"（《论语·学而》），要求人与人之间心怀仁道情感，相亲相爱。孟子提出："仁者爱人，有礼者敬人。爱人者，人恒爱之；敬人者，人恒敬之。"（《孟子·离娄下》）故爱人、敬人最终获得了被爱和被敬的结果。

最后，"人际合作的行为品质"与儒家倡导的"己欲立而立人，己欲达而达人"的"忠恕"理念相一致。"己欲立而立人，己欲达而达人""己所不欲，勿施于人"（《论语·卫灵公》）是儒家强调处理人际关系的根本原则。它要求人们视人如己，用自己之心去理解、推知他人之心。这体现着对他人的尊重、关心和爱，是做到各得其所的最重要的道德思想基础。也就是采用将心比心、以己度人的逻辑方法推测别人的心理要求，运用推己及人的逻辑处理方法来处理人际间的合作关系，才能彼此协作长久。① 在以上这些维度中，以对他人的"仁"的情怀最为重要，"仁"处于核心地位，而"仁"要通过实践"忠恕之道"来实现。"忠"是"尽己之心为人"，"恕"是"己所不欲，勿施于人"。"忠恕"，再加上"诚信"这一基本态度，就构成了中国人修养自己、诚待他人的理想及指引，约定俗成后成为"礼"及规范，"义"则用于节制可能走向僵化或异化的"礼"。

儒家思想在汉代至清代的中国传统文化中占据主导地位，导致以"和"作为处理人际关系基本准则的思想自先秦产生以后就一直延续下来，保持较大的稳定性，"和"的思想在处理人际关系中一直处于支配地位，成为后世中国人做人的重要原则②。本研究中当代大学生人际和谐的内隐观与儒家"和"的精神、理念相一致，说明当代大学生较好地继承了"和为贵"这一优秀传统文化的理念，并在内隐层面表现出自动化的特征。当然，随着社会文化的发展与思想观念的开放，当代大学生头脑中"和"的内涵更加具体化，并且增加了如"鼓励赞美他人""热情爱打招呼""互相分享分担""自由无拘束""幽默""乐观开朗"等现代特征，这也可以看出当代大学生自我发展的一些新特点。陆洛在探讨现代华人自我观的本质内涵时就提出了一种"折衷自我"（composite self）的建构。她认为，在现代华人社会中，与快速社会变迁直接相遇的中国人，要适应不变的中国传统核心价值，也要适应快速渗透与扩散的西方文化价值（西方的文化价值是根植在现代都会生活与工业化生产之中的，令都会中的华人无以遁逃）。经由"实用主义的涵化"历程，中国人可能一方面保留有传统"互依包容的自我"的内涵，以其动作来传承中华文化的核心关注，维持适当的人境交融，人我交融；另一方面又从西方"独立自

① 汪凤炎、郑红：《中国文化心理学》（第五版），158—160页，广州，暨南大学出版社，2015。
② 汪凤炎：《尚"和"：中国人的集体潜意识》，载《江西师范大学学报（哲学社会科学版）》，2001(1)。

足的自我"中采借部分元素，以其动作来适应都会生活中追求个人成就、强调人我分离、注重行事效率及"现代化"的价值。当传统与现代、东方与西方的"人我关系"界定在自我的内涵上交错、并存，乃至融合后，中国人的"自我"可能已不是文化原型中的"互依包容的自我"，但也非全盘搬用西方的"独立自足的自我"，而是一种"折衷自我"。①

五、研究结论

本研究采用自由字词联想和项目分类进行聚类分析的实证方法，对当代大学生头脑中的人际和谐内隐结构进行了调查。结果发现，当代大学生在头脑中是从以下 4 个方面对人际和谐概念进行表征与建构的：①个人自身性格与品德；②人际交往态度与倾向；③人际交往素质与修养；④人际合作的行为品质。本研究的结果代表了当代大学生的一般看法，具有普遍意义。

本研究也为深化中国文化心理学研究提供了崭新的视角，有助于对中国人的心理和行为模式进行深入分析。当然，在未来的研究中，除却自由联想词语，我们还可以搜集信息量更大的资料作为分析单位，也要注重对低频词语的分析；在被试的选取上也要具有代表性。只有这样，才能更加全面而深入地了解中国人的人际和谐心理。

第二节　中国人人际和谐心理的现实状况

一、中国人人际和谐心理特征研究回顾

在一般意义上，"和"主要是指不同事物之间或不同要素之间的和谐、

---

① 陆洛：《人我关系之界定——"折衷自我"的现身》，载《本土心理学研究》，2003(20)。

统一。① 用作处理人际关系的准则以平衡人我关系与群我关系时，"和"的中心含义主要是指相安、和谐、适中、团结、平息争端之义，② 类似于社会心理学中的"和谐人际关系""合作"等概念。作为一种社会心理现象，人际和谐心理主要指人们在日常的人际交往中流露出来的崇尚与他人和谐相处的心理与行为倾向。

如前所述，一些学者也对中国人这种人际和谐心理特征做出了许多有益的解释与探讨。例如，汪凤炎和郑红认为，中国人在与人交往或处理人际关系时流露出来的尚"和"心态，除了"和而不同"与"谦和待人"外，还有"和为贵""企盼和事佬""畏争""随大溜""迁就""迎合"六种表征。③ 黄曬莉提出，中国人隐含在意识形态层次内的和谐观，可以分别从宇宙观的层次、人伦社会秩序的层次以及大一统国家、组织的层次分为辩证式和谐观、调和式和谐观、统制式和谐观三种。④ 梁觉等建构了"工具型—价值观型和谐双元模型"以解释东亚人的和谐观。工具型和谐指个体利用和谐的人际关系作为途径，致力于消除引起不和谐的因素，以不破坏和谐为最终目标，有时为了做到不破坏和谐关系，对有可能破坏关系的矛盾采取回避的做法，甚至不惜牺牲个人信念，阳奉阴违；价值观型和谐则指个体在工作实践中强调和谐本身的重要性，在解决冲突时，基于人与人之间相互信任、诚挚友好的人际关系，通过积极沟通，双方谅解达成共识，化干戈为玉帛，甚至会在冲突中加强交流，提高工作效果。⑤ 黄光国在其"人情与面子"的理论模型中，依"情感性成分"和"工具性成分"比例的多寡，将人际

---

① 方克立：《关于和谐文化研究的几点看法》，载《高校理论战线》，2007(5)。

② 《汉语大字典》(第二版)，651页，武汉，崇文书局；成都，四川辞书出版社，2010。

③ 汪凤炎、郑红：《中国文化心理学》(第五版)，124—130，广州，暨南大学出版社，2015。

④ 黄曬莉：《华人人际和谐与冲突：本土化的理论与研究》，69—79页，重庆，重庆大学出版社，2007。

⑤ Leung，K.，Koch，P. T. & Lu，L.，"A Dualistic Model of Harmony and Its Implications for Conflict Management in Asia,"*Asia Pacific Journal of Management*，2002(2-3)，pp. 201-220.

关系分为"情感性关系""混合性关系"和"工具性关系"三大类，三者分别对应个人与家人间的交往关系、个人与亲戚朋友等熟人间的交往关系以及个人为了获取某种资源与陌生人建立的交往关系。这表明中国人的尚"和"心态与其在人际交往中维护彼此的"面子""人情"与"关系"有着重要的牵连。①在其建构的"华人社会中的冲突化解模式"中，他将华人社会中的冲突化解模式区分为顾面子、阳奉阴违、迂回沟通、忍让、给面子、明争暗斗、直接沟通、妥协、抗争面子、抗争、调解以及断裂十二种，从另一个侧面解析了中国人尚"和"与维"和"的心理过程与互动机制。② 此外，杨国枢虽未提出"和谐"的概念，但从其提出的"社会取向"概念中能够窥见中国人处处尚"和"的缘由，即倾向于"社会取向"的中国人易于表现出顺从他人的行为、不得罪人的行为、符合社会期望的行为及忧虑别人意见的行为，以达到维持自己人际关系和谐、避免与人发生冲突等的目的。③

作为中国社会中的一种重要心理现象，中国人的尚"和"心态在中国社会及文化发展中为创造人际和谐与促进社会和谐起到了重要作用。但是，伴随着中国经济社会的发展以及西方文化的冲击，绵延 2000 余年的中国人的尚"和"心态及其行为表现是否发生了变化呢？尤其对于处在社会转型期的青年群体来说，在网络时代的多元文化以及西方文化倡导的"公平""竞争"等观念的冲击下，他们对待人际交往中"和"的态度与认识是怎样的呢？讲求个性独立的他们推崇的人际交往方式又是怎样的？他们为获得和谐的人际关系以及避免人际失和时又有怎样的做法？他们在对待不同亲疏关系

---

① Hwang, K. K., "Face and Favor: The Chinese Power Game," *American Journal of Sociology*, 1987(4), pp. 944-974.

② Hwang, K. K., "Guanxi and Mientze: Conflict Resolution in Chinese Society," *Intercultural Communication Studies*, 1997(1).

③ 参见杨国枢：《心理学研究的中国化：层次与方向》，转引自杨国枢、文崇一主编：《社会及行为科学研究的中国化》，台北，"中央研究院"民族学研究所，1982。

的人上的和谐态度与行为又有哪些不一样？对于此类问题，已有研究多处于概念理论的建构上，而对现实生活中的尚"和"行为未做出深入的调查与分析。鉴于此，本研究尝试对当代青年人际交往中的人际和谐心理进行探究：一方面有助于当代青年更好地培育和践行社会主义核心价值观；另一方面也能更有效地指导当代青年构建和谐人际关系的实践活动。

二、调查对象与调查工具

为考查当代青年的人际和谐心理，本研究利用教师的课堂时间，在多所高校选取大学三年级的本科生和一年级的硕士研究生作为调查对象，共发放问卷320份，当堂作答，当场收回。剔除无效问卷后，实得有效问卷299份，有效回收率为93％。其中，大学三年级本科生176人，包括男生74人，女生102人，年龄在20—22岁；硕士研究生123人，包括男生36人，女生87人，年龄在24—30岁。

依据汪凤炎和郑红的尚"和"心态表征、梁觉等的和谐双元模型、黄曬莉的人际和谐取向、黄光国的冲突化解模式以及杨国枢的社会取向等观点与理论，本次调查问卷共设计了四个调查维度：①对待人际交往中"和"的态度；②现实中的人际交往方式；③获得和谐人际关系或避免人际失和的做法；④对待不同亲疏关系中人的人际态度。问卷包含25道题目，其中，1—20题为封闭式题目，21—25题为开放式题目。

三、当代青年人际和谐心理现状与分析

（一）当代青年对人际交注中"和"的态度

"和"思想在中国文化中绵延了2000余年，是中国人最重要也是最基本的人际交往准则。作为新一代青年群体，他们对待"和"的态度是怎样的呢？我们以"和为贵""畏争""随大溜""迁就""迎合""企盼和事佬"等尚"和"心态的表征为理据，分别挑选了一些常见的代表了这些心态的谚语与俗

语，通过调查青年群体对这些谚语与俗语的看法以了解他们对"和"的认识与态度。

对于"以和为贵""家和万事兴""和气生财"等"和"的观念与说法，调查表明，有超过 88% 的人持比较赞同或非常赞同的态度，这说明绝大多数青年还是高度认同与接受传统的和谐思想，推崇人际交往中人际和谐的价值与观念的。或者说，在现代社会人际交往中，大多数中国人仍然认为传统的人际和谐观念是非常重要的。

对于"朋友千个少，仇人一个多""宁与千人好，莫与一人仇""多个朋友多条路"等有关人际交往中"和为贵"的看法，调查表明，80% 的青年持比较赞成或非常赞成态度，这说明大部分青年仍然非常注重人际交往中的和睦与友好，赞同与他人和谐融洽、少结冤家、多交朋友。

对于"一争两丑，一让两有""斗一斗，瘦一瘦""不与人争者，常可多利"等有关人际交往中畏惧"争""斗"的看法，调查表明，超过一半的人持比较赞同或非常赞同的态度，说明大部分青年仍然认同人际交往中以不争为好。但仍有超过 35% 的人持中立态度以及 7% 的人持不赞同态度，这也说明，随着社会的发展，青年群体畏争的心态在逐渐减弱，而竞争的意识在不断增强，青年人认为该竞争的还得竞争。

对于"树大招风""人随大众不挨骂，羊随大群不挨打""枪打出头鸟"等有关人际交往中"随大溜""迎合"的看法，调查表明，只有三分之一的人持赞成态度，而近乎一半的人保持中立态度，超过 20% 的人持不赞成态度。这说明，传统的人际交往中"随大溜""迎合"的一些做法遭到大部分青年的心理排斥，也说明他们的自我个性与独立意识在不断增强，对待事情多有自己独立的主见并坚持自己的原则。

对于"得饶人处且饶人""与人方便，与己方便""有理也要让三分"等有关人际交往中"迁就""忍让"的看法，调查表明，接近 80% 的人持赞成态度，这说明大部分青年在人际交往中，尤其是遇到人际冲突时，仍然非常赞同迁就或隐忍退让，以继续维持与他人的和谐关系，避免人际失和。但也有小部分人保持中立态度，并表示对"迁就""忍让"的选择要视具体情形而定，如遇到原则性问题，则不会忍让。

对于"假若与人发生争执时，是否企盼和事佬出来打圆场"有关人际交往中"企盼和事佬"心态的看法，80％以上的人选择有，只有少数人选择"没有"，这表明大部分青年还是非常赞同发生人际冲突时有和事佬出来打圆场的做法的，其理由是一般都认为和事佬可以让大家都有一个台阶下，使争执的双方重新恢复或建立和谐的人际关系。

综上表明，大部分青年仍然非常认同中国传统的"和"的人际交往准则，对人际交往中以和为贵的观念与做法持赞同态度，但也有小部分青年在心理上还是较为反对"迁就""随大溜""迎合"以及"做好好先生"等消极的人际和谐行为的。对尚"和"心态进行评价的开放式问题调查也表明，当代青年认为人际交往中"和"的好处较多，如有利于保持友好的人际关系，增加彼此的情义，不易发生冲突，减少人际冲突和有益身心等。但也有人认为，崇尚"和"也存在一定的弊端，如有些人并不领情，反而更加嚣张；让某些人得寸进尺；不坦诚，彼此间距大；虚伪；不能做自己内心想做的事；别人误以为你好说话、好欺负；缺乏竞争意识等。这也表明，青年群体能够较好地认识人际交往中人际和谐心态的积极一面与消极一面。对"畏争""随大溜""迎合"等心态与做法，青年群体有自己独立的看法，在涉及个人利益或原则性问题时，部分青年能够保持独立个性，具备竞争意识，这也非常符合当代青年群体的思想特征与性格特点。但在后文，对于日常生活中，是否有过违背个人意愿，而选择"随大溜""迎合""迁就""忍让"的做法时，大部分青年表示自己曾经有过，这说明总体上当代青年在人际交往中其内心仍然潜藏着崇尚人际和谐的心态。

（二）当代青年现实生活中的人际交往方式

人际交往方式是指个人与他人交往时，常会采取的某些特殊的行为倾向。在崇尚个性独立、我行我素的当代青年群体中，他们最推崇的人际关系是怎样的？他们在日常生活中是怎样对待他人的？当有违本意时，他们会被动地委曲求"和"吗？接下来，我们对青年群体崇尚的人际关系及现实生活中的待人方式进行调查。

在"淡如水""相互竞争""和谐""冷漠"四种人际关系中，对最推崇的一种人际关系的调查表明：8.4%的人选择了"淡如水"，5.7%的人选择了"相互竞争"，85.6%的人选择了"和谐"，只有0.3%的人选择了"冷漠"。这说明当代青年最推崇"和谐"的人际关系，或者说，与人和谐相处仍是他们最向往的人际关系模式。

进一步对青年在日常学习、工作或生活中的待人方式进行调查，结果表明，43.5%的人选择了"主动热情，待人和气"，39.1%的人选择了"不主动，但你对我和气我就对你和气"，15.4%的人选择了"谨守本分，点到为止"，2.0%的人选择了"尽量减少或避免人际接触"。这说明接近一半的人在现实的人际交往中都推崇积极、主动、热情的待人方式，多与人和气、和睦；但也有近乎40%的人采取了"对等原则"的待人方式，即主要视对方对待自己的态度而定，这也说明当代青年更加重视平等的人际交往原则，在相互理解与尊重的基础上有选择性地与他人形成和谐相处的状态。综合这两项选择表明，绝大多数青年在现实的人际交往中都是保持积极向上、健康和谐的待人态度的。

关于"在日常人际交往中，虽然心不情愿，但考虑到各种因素，还会与他人维持和谐吗"，经调查表明，超过70%的人表示会这样做，极少数人持不同意见。这说明在日常人际交往中，虽然有行为或事物违背本人意愿，或不是发自真心，但大多数青年依然会根据情势，从大局出发，维持与他人的和谐关系，避免与人失和。这与梁觉等提出的工具型和谐观以及杨国枢的社会取向观点相一致，即为了避免人际冲突，在某些情境中个体不得不牺牲个人的信念，维持表面上的和谐，亦即通常所说的"面和心不和"。

综上所述，当代青年最推崇"和谐"的人际关系，并且在现实生活中，大多数青年都会积极主动、待人热情、与人和气，即使在特殊情形下，大多数青年仍会顾全大局，维持人际和谐。对"人际交往中以和为贵的原因"的开放式问题调查也显示，大多数青年明确认为是受到了流行于中国社会的"以和为贵""和气待人"等传统观念的影响，或是受到了父母、教师日常教导与叮嘱的此类话语的影响，并且青年们在现实人际交往中，内心深处也非常渴望拥有和谐的人际关系，希望热情地对待他人，拥有知心朋友，从而"人缘好，纠纷少""多个朋友多条路"等。可见，在人际交往中，当代青年不仅存有崇尚"和"的心态，并且在其实际待人接物中实践"和"的精神，既将"和"视为一种手段，也将其视为一种目的。作为手段，它是处理人际关系、规范自身行为的标准；作为目的，它通过理性追求以建立和谐的人际关系。

（三）当代青年获得和谐或避免失和的做法

在现实的人际交往中，当代青年是怎样实现"和"的呢？或者说，在一些情境中，青年群体为了获得和谐的人际关系或避免人际失和是如何做的呢？我们设计了一些日常人际困境，以了解当代青年为获得人际和谐或避免失和的做法。

关于"为获得和谐的人际关系，当自己的意见与大多数人不一致时的做法"，调查表明，11.0％的人选择"主动改变自己的意见，与大多数人保持一致"，40.8%的人选择"先坚持一下，最后被动地服从多数人的意见"，14.0%的人选择"始终执著地坚持自己的意见"，20.1%的人选择"不争辩，也不提出自己的意见"，14.4%的人选择"其他做法"，如"提出自己的看法，求同存异""分析两种意见的合理性，再合理调整""能说服最好，不能则退让""不要将自己的意见强加于人"之类。这说明，大多数青年在与他人意见不一致时，只要不是原则性分歧，在大多数情况下都会主动或被动地迁就或迎合他人，做一个好好先生，以获得和谐的人际关系，而只有少数人会固执己见或沉默回避。

关于"为获得和谐的人际关系，与他人发生矛盾后的做法"，调查表明，1.3%的人选择"断绝关系不再来往"，48.8%的人选择"反省自己主动和好"，12.4%的人选择"对方不道歉绝不和好"，16.7%的人选择"找中间人调和"，20.7%的人选择"其他做法"，如"如果是自己的错，自觉主动承认，若不是则坚持自己的观点"或"是自己的错则主动道歉，若不是则不道歉""顺其自然""沟通让步，力求解决矛盾"，也有少部分人找"和事佬"从中调解。这说明，在与人发生矛盾或冲突后，大多数青年有畏争的心态，多数青年还是采取了理性的"求诸己"的原则，即自我反省，先从自身找原因，通过与人积极的调和与沟通，重新恢复或建立和谐的人际关系。这也非常符合中国人"正人先正己""严以律己，宽以待人"的做人处事理念。

关于"为获得和谐的人际关系，与人交往中怎样对待自己的诺言"，调查表明，12.4%的人选择"无论多么艰难，我都言出必行"，3.0%的人选择"诺言实现与不实现无所谓，不需要解释"，1.7%的人选择"找理由解释自己不兑现诺言"，80.6%的人选择"尽最大能力兑现自己的诺言"，2.3%的人选择"其他做法"，如"不轻易许诺言，但许诺了就要做到"。这说明，当代青年在人际交往中秉承了中国传统的谨慎的为人处事风格，做人要诚实守信，尽力做到言而有信、言行一致、言出必行，以换得彼此间长久的信任与和谐关系。

关于"为获得和谐的人际关系，当向他人提出要求时，将采取哪种态度"，调查表明，0.7％的人选择"祈求对方"，87％的人选择"诚恳地提出请求"，7.4％的人选择"先承诺条件后提出要求"，5.0％的人选择"直接提出要求"。这说明，绝大多数人在人际交往中还是以谦和诚恳的态度与他人进行友好互助的。

关于"为获得和谐的人际关系，与人交往中，对他人的错误会采取哪种态度"，调查表明，3.0％的人选择"不论是谁，我都义正言辞地指出来"，15.1％的人选择"对自己重要的人（如领导）我会迁就一下"，8.7％的人选择"避免得罪人，隐忍他人的错误"，67.6％的人选择"言语委婉地指出"，5.7％的人选择"其他做法"，比如，"如果对方是知错就改的人则委婉指出，对方是傲慢的人，则不指出"。这说明，大部分青年对待他人的错误主要还是选择"隐忍""谦让""委婉"的做法，以"不得罪人""不撕破脸皮"为重要原则。或者说，大部分青年都会选择宽容、理解和体谅他人的做法。这非常符合中国人"做人留一线，日后好相见"的心态，也与杨国枢提出的"社会取向"的观点相一致。

综上来看，绝大多数青年在现实的人际交往中都有尚"和"的心态，在遭遇一些可能会与人发生冲突的情形时，绝大多数青年都会采用"迁就""迎合""隐忍""揖让""诚恳"等理性方式加以化解。在开放式调查中也发现，大多数青年都认为，尊重他人，诚实，待人随和友善，保持一颗宽容、真诚的心，乐于帮助他人，礼貌热情待人，大度，乐观开朗，善于理解他人，主动与别人沟通，发生争执时保持理智，不冲动，懂得退让，及时自省，不轻易与人发生冲突，不对他人过于苛刻等做法都有利于获得和谐的人际关系。这些也是"和为贵"理念在生活中的具体体现。同时，不友善，不自私，不以自我为中心，不理解他人，不尊重他人，冲动，对别人过于苛刻，不能包容他人，一味指责他人，虚情假意，不站在他人角度思考，自私自利等做法都可能会导致人际失和，或破坏已建立起来的和谐人际关系。

（四）青年群体对待不同亲疏关系人的态度

费孝通提出，中国人是按照"差序格局"的方式对待不同亲疏关系的人的；按黄光国的观点，中国人也是"亲疏有别"地对待不同关系类型的人的。那么，青年群体对待不同亲疏关系的人是否也同样存在不同的人际和谐心态呢？参考黄曬莉提出的六种人际和谐类型的六种主要人际取向：①本真取向：双方都以自然、真实的自我呈现，而且不论好坏，都可以彼此接纳、尊重；②情义取向：优先考虑对方的需要，不计较自己的利害得失，即使有所牺牲，也是心甘情愿；③顺适取向：谨守角色分际，但也有情分考量，以让彼此的共事（相处）顺利滑润；④领域取向：尽量把关系单纯化，不相干的事情则小心谨慎，不要去碰触；⑤形式取向：只以基本的日常礼仪与对方交往（或公事公办），保持淡淡的甚或貌合神离的关系；⑥抑制取向：总是要尽力压制住对他的气愤或不满，否则忍不住会顶他、刺他一下，或跟他吵起来。① 本研究进一步调查青年群体对待亲人、熟人及陌生人的人际和谐态度。

结果表明，在对待家人或至亲的一般做法中，82.6%的人选择以本真取向对待，而有56.2%的人以情义取向对待，较少有人以形式取向对待；在对待熟人和同事的一般做法中，60%的人选择以本真取向对待，少部分人以情义取向对待，而有40%的人采用顺适取向和领域取向对待；在对待陌生人时，极少有人采用情义取向，而68%的人采用形式取向对待。而无

---

① 黄曬莉：《华人人际和谐与冲突：本土化的理论与研究》，240页，重庆，重庆大学出版社，2007。

论是对待亲人、熟人或是陌生人，较少有人采用抑制取向。

这一方面说明，当代青年对待亲人、熟人和陌生人，其人际取向是不一样的，其维持"和谐"关系的做法和情感投入程度是"亲疏有别"的。或者说，个体的人际和谐思维方式受到社会情境中人际关系的影响，表现出了人际和谐的思维方式与行为特征是基于人际关系的灵活性特征的。例如，李庆善认为，有关和与忍及具体价值规范，可能直接适用的范围并不广泛，真正以和与忍为价值定向的集体，大概只有家族集体和部分泛家族集体，实际上体现和与忍价值取向的人际关系也只有家人关系、友人关系。"和为贵""忍为尚"原本也是为家族集体及家人、友人们而设置的，和与忍对于非家族集体及熟人和生人关系可能就不太适用。[①] 另一方面也可以看出，无论是对待什么样的人，青年群体还是以维护人际和谐或至少是表面上的和谐以及尽力避免人际冲突的做法为主的。或者说，在青年群体的潜意识中，和谐仍是其潜藏的最主要的待人方式与行为习惯。

四、现代中国人人际和谐心理的主要特点

综合以上调查结果来看，现代中国人的人际和谐心理具有以下特点。

第一，中国传统文化倡导的"和为贵"思想，虽然始自 2000 余年以前，但其主要内涵、精义与现代人际关系及行为发展的观念并没有很多抵触之处，因此，"和"的大部分内涵仍然可为今日之青年所接受。或者说，现代中国人仍然持有崇尚人际和谐的观念与心态，只是在内涵上已经有些不同于传统中国人的尚"和"观念。这可能是因为自改革开放以后，中国式的家族主义式微、集体主义式微，个人生活与社会生活都不再以家族为单位，代之而起的是以个人为运作单位的个体主义，取而代之的是强调个人自主、价值、尊严及幸福的个性主义。在此种社会情形下，个体对个人尊严

---

① 李庆善：《中国人新论——从民谚看民心》，89—90 页，北京，中国社会科学出版社，1996。

的肯定与对自我价值的提高更甚于对人际和谐的促进与对社会关系的维护。

第二，接受调查的青年生活在今日社会中，颇受西方思想的冲击，但一方面仍能感受到"与人交往，以和为贵"是必要的。另一方面，随着现代化历程的发展，青年们的人际和谐观念也在逐渐减弱。青年学生在人与人的关系方面最赞成的是个人取向，而这种取向所强调的并不是以自私的方式去追求个人的利益，也不是为了个人的利益可以牺牲他人，而是在肯定个人对社会的责任及自己在社会中的角色时，能够有自动、自发及自主的精神。因此，随着个人现代化程度的加快，中国青年群体的社会取向逐渐减弱，而个人取向则逐渐增强。中国青年群体倾向于个人取向，这可以说是以西化为基调的现代化历程发展的结果。

第三，各项调查结果的高百分比可显示出，"和"还是存在于现代中国人的思想观念中的，而青年群体是现代化程度最高的一部分人，他们尚如此，可以推论，在一般中国人的人际交往观念中，赞成"和"或者尚"和"的人数比例可能更高。生活在集体主义社会中的普通中国人具有杨国枢所说的"社会取向"，或黄光国所言的"关系取向"。社会取向主要包含两个成分，即团体（家族）取向与他人取向。团体取向使中国人努力维系家族的团结与和谐；他人取向使中国人重视他人对自己的看法，努力建立他人对自己的好印象。归结到底，团体取向与他人取向所强调的都是要维护和谐的人际关系。这样，尚"和"在中国社会里仍然具有促进人际和谐及维护社会关系的功能。

五、研究结论与教育建议

（一）研究结论

通过对当代青年人际和谐心理的现状调查，本研究得到以下结论。

第一，当代青年依旧认同中国传统的人际交往中"和"的价值与准则，赞同人际交往中"以和为贵"的做法。而且，"和"作为中国人处理人际关系的基本准则，在遭受多元文化和西方价值观念冲击的当代青年的思想观念中并未发生较大改变。

第二，当代青年最推崇和谐的人际关系，在现实的人际交往中仍以"和谐"为主。主动积极、热情待人，这种传统的中国式的待人接物方式在当代青年群体中被较好地继承与表现出来。

第三，当代青年在日常人际交往中依旧重视"和"，在一些人际交往的过程中仍会表现出畏争、迁就、迎合、忍让等崇尚"和"的态度与行为。

第四，当代青年对待不同亲疏关系的人的和谐化做法及情感投入程度存在差异，但总体上还是以"和"为主，尽量避免人际冲突。

(二)教育建议

中国人的尚"和"心态是"理性平和、积极向上的社会心态"，是值得借鉴和吸收的重要资源，具有显著的理论和实践价值。在当代青年的人际交往中，和谐思想得到了较好的延续与发展。因此，家庭、学校和社会应该把传承和发扬"和谐"价值观作为一项重要的教育内容和目标，实践和谐育德，以指导当代青年的人际交往活动，帮助青年群体形成与建立健康、和谐的人际关系，促进社会心态的稳定和人际和谐。

首先，对传统的和谐思想与价值进行具体分析，取其精华、去其糟粕，帮助青年群体塑造符合社会主义核心价值观的尚"和"心态。"和"文化是中国传统文化的精髓，与构建社会主义和谐社会的价值理念一脉相承，在当前构建社会主义和谐社会以及培育和践行"和谐"的社会主义核心价值观中都具有重要的理论和实践价值。教育工作者需要积极引导青年群体自觉、主动地吸收传统尚"和"文化中积极、有意义的部分，树立正确的世界观、人生观、价值观；将尚"和"心态与行为，同社会主义核心价值观教育结合起来，通过师生关系和谐，促进青年认知社会主义核心价值观；通过师生伦理关系和谐，增进青年认同社会主义核心价值观；通过师生交往关系和谐，推进青年践行社会主义核心价值观。紧紧围绕社会主义核心价值观中的"和谐"，形成人与人之间的良性互动，达到人际关系和谐、个人身心和谐、人与社会和谐。

其次，尊重青年群体的独立个性，贴近青年群体的思想特点，培育青年们以和为贵、以和为美的尚"和"情感与和谐品德。家庭、学校和社会应教育青年，要想获得和谐的人际关系，一是要注重养德，塑造良好的道德品质与性格特质，养成宽容、信任、友爱、诚恳、谦虚、尊敬、忍让等良好的人格特征；二是要加强修身，培养良好的待人接物的行为与方式，不断改善与他人的人际关系。此外，教育工作者还应该鼓励大学生以更加开放的态度积极为自己创造机会与人交往，在人际交往中掌握交际和沟通的技巧，提高人际交往能力，必要时为青年们交往能力的培养提供技巧上和个人修养上的指导，满足青年群体得到发展人际关系指导上的需求，并且根据部分青年缺乏社会经验和年轻气盛的特点，及时发现和引导他们正确处理人际交往中的矛盾，帮助他们消除在处理各种社会关系中出现的思想上的冲突及实际的冲突，帮助他们区分不同关系的性质和特点，分清不同关系中双方的权利与义务，在此基础上就事论事地帮助学生弄清发生冲突的原因，划清各自的责任，将冲突转化为和谐。

最后，家庭、学校和社会应引导青年群体在人际交往中追求"真和"，摒弃"伪和"，既提倡以和为贵，又不放弃公平竞争。[1] 在人际交往中，家庭、学校和社会应教育大学生积极沟通、换位思考，待人要诚实守信、宽

---

① 汤爱萍：《尚和心理与和谐社会》，载《中共四川省委党校学报》，2005(3)。

容豁达。诚信是做人处事的基本准则，宽容是加深理解、相互信任的桥梁。在与他人相处中，要宽以待人，坦诚相见，善于沟通，增进互信，共同营造一种自由宽松、尊重差异、包容多样的社会风尚。只有集体中的个体都坦诚以对、求同存异，才会生机勃勃；保持这种态度，才能打破人际交往的障碍，建立和谐的人际关系。在人际合作中，青年群体要具备"和而不同"、协同共进的合作意识，要以诚信为先，互利互惠，最大限度地谋求共同利益，以实现"双赢"或"共赢"。只有"和而不同""以诚相待"才能既保持个体的特殊性和独立性，又找寻到不同个体之间的和谐因子，从而达到社会和人际的和谐。

总之，家庭、学校和社会要抓住当代青年群体人际和谐心理中的有利因素，积极营造团结互助、平等友爱、融洽和谐的人际环境，建立适应当今时代的新型交往文明规范，培养青年群体的和谐人格与和谐行为，努力培养青年群体良好的和谐品德，教育青年们不断提高自身素质，完善人格品质，树立正确的世界观、人生观和价值观，做中华民族传统美德的传承者，做体现时代进步要求的新道德规范的实践者，做新型人际关系和良好社会风尚的倡导者。

第三节　中国人人际和谐心理的内隐态度

一、不同关系中人际和谐心理的差异

从前文分析可知，中国社会是一个熟人社会，在熟人社会中，人际交往主要以"关系"为本位，根据他人在"差序格局"中与个体自己所处的位置关系不同而做出不同的交往选择。费孝通早就提出，传统中国人非常讲究社会关系中的"差序格局"，他们常常采取不同的标准来对待和自己关系不同的人。[①] 杨宜音认为，"关系远近的亲疏判断是中国人对人际关系的首要分类标准，关系越是靠近亲缘的核心，其内容越是具有肯定性，越是情感的、合作的、亲密的；越是远离亲缘核心，便越具有否定性，越少合作，越疏淡"[②]。杨国枢把人际关系分为家人关系、熟人关系及生人关系，人际关系的类型决定了人们不同的对待原则、对待方式、互依型态及互动效果。[③] 黄光国进一步将中国社会中的人际关系区分为三种：情感性关系、混合性关系和工具性关系，三者分别对应了个人与家人间的交往关系、个人与亲戚朋友等熟人间的交往关系以及个人为了获取某种资源与陌生人建立的交往关系。黄光国认为，在中国社会中，关系判断是支配者在权力游戏中的第一步。家里人的人际关系、亲朋好友的人际关系、一般人的人际关系之间遵循不同的人际关系法则。[④] 在对差序格局的人际关系情感的相关研究中，张洪、王登峰和杨烨通过 IAT（内隐联想测验）及 ISO 量表（The inclusion of other in the self scale），考查了家人、恋人以及好友的情感态度，结果显示以上关系对象均与积极情感联系紧密。[⑤] 袁晓劲和郭斯萍（2017）的研究表明，在个体的认知图式中，对自我、亲人持有积极的情感，而对陌生人持有消极的情感，对熟人情感偏向不明显；且不同人际关

①　费孝通：《乡土中国》，29—40 页，北京，北京出版社，2004。

②　杨宜音：《试析人际关系及其分类——兼与黄光国先生商榷》，载《社会学研究》，1995（5）。引文有改动。

③　杨国枢：《中国人的社会取向：社会互动的观点》，转引自杨宜音主编：《中国社会心理学评论》（第一辑），21—54 页，北京，社会科学文献出版社，2005。

④　Hwang, K. K., "Face and Favor: The Chinese Power Game," *American Journal of Sociology*，1987(4). 黄光国、胡先缙：《人情与面子：中国人的权力游戏》，北京，中国人民大学出版社，2010。

⑤　张洪、王登峰、杨烨：《亲密关系的外显与内隐测量及其相互关系》，载《心理学报》，2006(6)。

系在情感的联结强度上表现出差序格局的形式。[1] 这两项研究通过内隐实验的方法证明了个体对待不同关系的人具有不同的情感倾向。在以上学者关于人际关系分类的基础上，黄囇莉提出了不同人际关系的和谐化模型。她认为，中国的人际和谐包括三种实性人际和谐，即投契式和谐、亲和式和谐及合模式和谐。这三种实性人际和谐透过虚实转化机制后，可以分别虚化为三种虚性人际和谐，即疏离式和谐、隐抑式和谐及区隔式和谐。这六种人际和谐类型的内涵与方式不同，分别对应了如父母、子女、兄弟姐妹、朋友、同事、合伙人、上司与下属、教师与学生、街坊邻居、初识者等人际关系中出现的和谐类型。而且在与这些角色关系进行人际交往时，个体一般相应地采用六种人际取向：本真取向、情义取向、顺适取向、领域取向、形式取向以及抑制取向。如朋友间具有较多的投契式和谐，多采用本真取向与情义取向；配偶间多为亲和式及合模式实性和谐，多采用本真取向与顺适取向；而同事、上司、下属等工作关系则有较多的虚性和谐，多采用领域取向或形式取向。[2] 这种人际和谐类型与人际取向揭示了中国人社会行为中不同关系的人际和谐方式与本质。

如上所言，若根据中国社会人际关系中存在的情感性成分与工具性成分的多寡来分，人际关系可以分为三种：情感性关系、混合性关系和工具性关系。家人间主要是情感性关系；陌生人间主要是工具性关系；而熟人关系介于两者之间，主要是既有情感性成分又夹有工具性成分的混合性关系。虽然在中国人的潜意识中，崇尚"和"仍是其最主要的待人方式，但是其和谐化的类型仍然具有差异，既有情感性和谐，也有混合性和谐或工具性和谐。家人之间的和谐多源于一种原始的伦理情感，情感是维系家庭伦

---

[1] 袁晓劲、郭斯萍：《中国人人际情感的差序格局关系：来自 EAST 的证据》，载《心理科学》，2017(3)。

[2] 黄囇莉：《华人人际和谐与冲突：本土化的理论与研究》，240 页，重庆，重庆大学出版社，2007。

理关系的纽带，因而以家庭伦理为中心的情感性和谐特别重视"情"，从而使个体对家人"尚和"的心态多于"不和"的心态。对处理家人关系中"尚和"与"不和"的界限也非常明确，即与"不和"相比，更偏向于"和"。例如，"家和万事兴""家不和，外人欺"说的就是这个道理。而在陌生人关系中，双方多是临时性或偶然性的交往，且多属于利益交换或交易，因而工具性和谐特别重视的是"利"，双方在利益方面边界明确、壁垒分明，在利益冲突时更会"当利不让"，从而也使个体对陌生人冷淡疏离式的"不和"心态多于"尚和"的心态，在处理陌生人关系时"和"与"不和"的界限也较为明确，即与"和"相比，会偏向于"不和"。在熟人关系中，情感性成分对人际和谐所起的作用进一步弱化，工具性成分在其中进一步增多，因而混合性和谐既要重视"情"又要重视"利"，交往双方在交往的过程中会产生较多博弈以及"情"与"利"的多种考虑，从而对彼此间"尚和"与"不和"的心理会随情境性等因素而变化，处理熟人关系中"尚和"与"不和"的界限也相对模糊。本研究在中国人人际和谐心理的分类中也假设，在这三种人际关系中，交往频率最高，交往关系最复杂，也最需要使用"和谐化"手段的是发生在熟人关系中的人际和谐。熟人之间的交往既有一定的情感基础，又往往具有长期性、相对的稳定性，并且彼此之间常常还存在一定的利害关系。因此，与这样的熟人打交道时，个体最需要在心里对"尚和"与"不和"进行权衡，时刻需要做出"实性和谐"或"虚性和谐"及其转化的决定。

尚"和"是中国人的一种潜意识心理，本研究拟采用内隐联想测验的方法对中国人对待不同关系人的内隐人际和谐态度进行验证。在以往的内隐联想测验（IAT）中，不足之处是不能同时考查亲疏关系这样连续差序格局的人际关系态度与倾向，而霍弗尔（De Houwer）提出的外在情感性西蒙任务（Extrinsic Affective Simon Task，EAST），采用单一任务代替了 IAT 的多重任务，有效地避免了被试对反应方式进行再编码，而且 EAST 可以测量个体对单一对象的内隐态度。[①] 因此，本研究拟通过内隐情感性西蒙任务实验考查个体对差序格局中的家人、熟人、陌生人"尚和"与"不和"的内隐人际和谐心理。本研究提出以下两个假设。假设 1：在家人、熟人与陌生人的人际和谐中，熟人间的人际和谐是最需要考虑的和最复杂的人际和谐，因而个体对熟人"尚和"与"不和"态度的内隐效应不显著；而家人与陌生人间的人际和谐是无需多做考虑且简单明了的人际和谐，因而个体对家人与陌生人"尚和"与"不和"态度的内隐效应显著。假设 2：家人、熟人和陌生人在"尚和"的人际心理联系紧密程度上呈现出差序格局的顺序。

二、本实验的程序与方法

（一）被试

本研究采用方便抽样的方法，从某高校抽取一年级全日制硕士研究生 60 人参加实验。其中，男生 22 人，女生 38 人；文科生 34 人，理科生 26 人；平均年龄为 24 岁。所有被试均熟悉计算机操作。

（二）实验材料

由于有研究者提出，"和"的对立面不一定就是冲突，[②] 因此，本研究中两种属性词分别设为表示"尚和"与"不和"的词语。参照已往类似的研究，结合本研究的具体实际，从先前研究中选出四个代表"尚和"的属性词和四个代表"不和"的属性词，所有属性词在实验程序中均以白色呈现。"尚和"的属性词有：真诚、和睦、热情、友爱；代表"不和"的属性词有：

[①] De, Houwer J., "The Extrinsic Affective Simon Task," *Experimental Psychology*, 2003 (2), pp. 77-85.

[②] 彭泗清：《书评一》，转引自黄囃莉：《华人人际和谐与冲突：本土化的理论与研究》，3 页，重庆，重庆大学出版社，2007。

虚伪、竞争、冷淡、敌视。根据以往研究，最终确定的概念词，家人关系词：父母、兄弟、姐妹；熟人关系词：同学、朋友、熟人；陌生人关系词：他人、外人、生人。所有概念词在实验程序中分别以蓝色或绿色呈现。

(三)实验程序[①]

本研究首先呈现的实验总指导语如下。

在本测验中，您的任务是根据逐个呈现的词语的意义或颜色进行判断分类，按"J"键(定义为好键)或"F"键(定义为坏键)做出反应。如果看到的词语是白色的，就根据词语的不同意义进行分类，即当词语表示"和谐"意义时，按好键(J)，当词语表示"不和"意义时，按坏键(F)；如果看到的词语是彩色的，就根据词语的不同颜色进行分类，即当词语是蓝色时，按好键(J)；当词语是绿色时，按坏键(F)。不必在意彩色词语的意义。

由于测验的目的是考查您的选择判断能力，也包括记忆能力，所以请您尽可能又快又准确地做出反应。在您对第一个词语做出反应后，屏幕将出现下一个词语。依次进行，直到结束。如果您出现错误，屏幕上会显示一个'×'，是帮助您正确反应的，请不要受其影响，继续对下一个词语做按键反应。

本测验需时约10分钟，包括2个练习部分和4个测试部分。4个测试部分的操作完全相同，只是为了给您提供休息才分成几个部分的。

第一步为练习，呈现的指导语如下。

下面是白色词语的分类练习，"尚和"意义的词语，按好键(J)；"不和"意义的词语，按坏键(F)。(所有8个白色词语随机各呈现两次，共

---

① 杨福义、梁宁建、陈进：《内隐自尊的特性：来自 EAST 的证据》，载《心理科学》，2013(6)。

16次。）

第二步也为练习，呈现的指导语如下。

下面是彩色词语的分类练习，蓝色的词语，按好键（J）；绿色的词语，按坏键（F）。（所有关于家人关系、熟人关系和陌生人关系的词都以蓝色和绿色随机各呈现一次，共18次。）

第三步为测试，呈现的指导语如下。

下面是白色词语和彩色词语综合在一起的分类测试，要计时的，要求尽可能又快又准确地做出反应。"尚和"的白色词语，按好键（J）；"不和"的白色词语，按坏键（F）；蓝色的词语，按好键（J）；绿色的词语，按坏键（F）。

接下来是正式判断任务，电脑屏幕以黑色背景逐个随机呈现白色和彩色刺激词汇，被试做出按键反应。刺激词呈现的顺序为：①在呈现刺激词的位置呈现一个白色的"＋"500毫秒，以引起被试的注意；②呈现刺激词，直到被试做出按键反应；③判断错误则呈现红色的"×"200毫秒，判断正确则呈现绿色的"√"200毫秒，作为反馈；④间隔400毫秒；⑤重复上述步骤①至④。

第四、五、六步也是测试部分，要求和第三步完全相同。在每一步中，所有关于家人关系、熟人关系和陌生人关系的词都以蓝色和绿色随机各呈现两次，共36次；所有8个白色词语各呈现一次，共8次，总计44次。

（四）实验过程

实验全部在联想台式电脑上进行，实验程序采用 De Houwer 设计的标准 EAST 程序，对其进行必要的汉化和修改后用于本研究。[1] 在实验过程

---

[1] De, Houwer J., "The Extrinsic Affective Simon Task," *Experimental Psychology*, 2003 (2), pp. 77-85.

中，被试在安静、照明适中的实验室进行操作。主试向被试说明实验要求并启动程序后指导被试输入自己的个人基本信息，然后主试离开，被试根据指导语的提示独立完成实验。计算机自动记录被试的反应时和正确率，计时精确到毫秒。其中，一半被试对蓝色的词语按好键(J)，对绿色的词语按坏键(F)；另一半被试对绿色的词语按好键(J)，对蓝色的词语按坏键(F)。

（五）数据处理

采用 SPSS18.0 对数据进行统计分析与处理。

三、不同关系词的人际和谐内隐效应

（一）EAST 的内隐人际和谐效应

使用 SPSS18.0 软件对 EAST 数据进行统计分析：①根据 Greenwald、McGhee 和 Schwartz 的建议，反应时低于 300 毫秒的以 300 毫秒计算，高于 3000 毫秒的按 3000 毫秒计算，对错误率超过 20％的被试予以剔除（以此为标准共删除 9 名被试的数据）；[①] ②分别对不同关系词的相容任务平均反应时（相容任务定义为家人关系词、熟人关系词做尚和判断，陌生人关系词做不和判断）与不相容任务平均反应时（不相容任务定义为家人关系词、熟人关系词做不和判断，陌生人关系词做尚和判断）做配对样本 t 检验；[②] ③分别计算对不同关系词的不相容任务与相容任务平均反应时之差，

---

① Greenwald，A.G.，McGhee，D.E.& Schwartz，J.L.K.，" Measuring Individual Differences in Implicit Cognition：The Implicit Association Test,"*Journal of Personality and Social Psychology*，1998(5)，pp.181-198.

② Greenwald，A.G.，Nosek，B.A.& Banaji，M.R.，" Understanding and Using the Implicit Association Test：An Improved Scoring Algorithm,"*Journal of Personality and Social Psychology*，2003(2)，pp.197-216.

再除以所有反应时的标准差，得到内隐联想测验效应值 d。d 为敏感度指标，数值越大，表明内隐效应越大。一般认为，d 值被认为是小的、中等的、大的之分界点，分别是 0.2、0.5、0.8；[1] ④分别计算不同关系词做消极判断的平均反应时减去做积极判断的平均反应时的值，称为均值差，作为 EAST 效应，反映与人际和谐心理联结的效价和强弱。数据结果见表 6-3。

表 6-3 不同关系词的相容反应、不相容反应平均反应时和 EAST 效应 (M±SD)

概念词	相容反应 ms	不相容反应 ms	d 值	EAST 效应
家人关系词	804.26±218.84	844.18±237.40	0.31	39.92±127.48
熟人关系词	802.08±189.81	833.21±259.72	0.19	31.14±162.26
陌生人关系词	788.15±192.00	840.76±237.90	0.33	−52.61±159.96

从表 6-3 可以看出，不同关系词各自的相容反应时间均短于不相容反应时间。这说明，对于家人关系词和熟人关系词，被试对外部反应效价为对"尚和"的反应时间比"不和"更短，反应更快；而对于陌生人关系词，被试对外部反应效价为对"不和"的反应时间比"尚和"更短，反应更快。

对于家人关系词，相容反应平均反应时 M=804.26、SD=218.84，短于不相容反应平均反应时 M=844.18、SD=237.40，配对样本 t 检验表明，$t(50)=2.24$，$p<0.05$，表明两者之间差异显著。这说明，在被试的内隐概念中，与"不和"相比，"家人"与"尚和"联系更加紧密。或者说，被试存在明显的对家人"尚和"的内隐态度偏向，且效应值 $d=0.31$，相对较大，表明内隐效应显著。

对于熟人关系词，相容反应平均反应时 M=802.08、SD=189.81，短

---

① 耿晓伟、郑全全：《中国文化中自尊结构的内隐社会认知研究》，载《心理科学》，2005(2)。

于不相容反应平均反应时 M＝833.21、SD＝259.72，配对样本 t 检验表明，$t(50)＝1.37$，$p＞0.05$，表明两者之间差异不显著。这说明，在被试的内隐概念中，"熟人"与"不和"或"尚和"的联结紧密程度差异较小。或者说，被试对熟人"尚和"或"不和"的内隐态度偏向不明显。效应值 $d＝0.19$，相对较小，表明内隐效应不显著。

对于陌生人关系词，相容反应平均反应时 M＝788.15、SD＝192.00，短于不相容反应平均反应时 M＝840.76、SD＝237.90，配对样本 t 检验表明，$t(50)＝-2.35$，$p＜0.05$，表明两者之间差异显著。这说明，在被试的内隐概念中，与"尚和"相比，"陌生人"与"不和"的联系更加紧密。或者说，被试存在明显的对陌生人"不和"的内隐态度偏向。效应值 $d＝0.33$，相对较大，表明内隐效应明显。

（二）不同关系词的 EAST 效应比较

进一步对不同关系词的 EAST 效应进行对比，结果显示，家人关系词的 EAST 效应（39.92±127.48）大于熟人关系词的 EAST 效应（31.14±162.26），大于陌生人关系词的 EAST 效应（-52.61±159.96）。单因素方差分析表明，$F(2，152)＝5.86$，$p＜0.05$。这说明，在内隐层面，被试对家人、熟人和陌生人人际"尚和"的内隐态度偏向依次为家人、熟人和陌生人，并且表现出明显的"差序格局"顺序。

四、中国人差序性人际和谐心理分析

从以上结果与分析可以看出，个体对家人关系词、陌生人关系词相容反应平均反应时显著短于不相容反应平均反应时，且内隐效应显著，部分验证了假设 1，即家人与"尚和"联系更加紧密，陌生人与"不和"联系更加紧密，但对熟人的人际和谐内隐态度偏向不明显。同时，个体对家人的 EAST 效应最大，其次是熟人关系词，陌生人关系词为负值，反映了在被

试的人际图式中，家人与"尚和"联系最为紧密，其次是熟人；陌生人与"不和"联系紧密，表现出差序格局的现象，结果验证了假设2，即家人、熟人和陌生人在与人际"尚和"的联系紧密程度上呈现出差序格局的顺序。

个体对家人表现出明显的"尚和"倾向。对家人关系词做"尚和"反应的时间显著短于做"不和"反应的时间。这主要是因为，自古以来，中国人最注重家庭关系。在差序格局中，家人离自我的心理距离最近，而且中国人又是依赖型自我，自我概念包含了父亲、母亲、好朋友等十分亲近的人，因而亲人之间存在着亲密的情感联结，彼此间建立的人际和谐也是本真取向的实性和谐。或者说，家庭中的人际和谐遵循的是情感法则，家庭和谐关系维系的目标是为了情感本身。个体和家人维持情感性的关系时，维持人际关系和谐融洽本身便是最终目的。

个体对熟人的"尚和"偏向不明显。对熟人关系词做"尚和"反应的时间与做"不和"反应的时间没有达到显著差异，且内隐效应也没达到显著水平。可能原因是熟人位于差序格局的中间位置，属于中国人人际关系中一个非常独特的领地，遵循的是人情法则。人情法则与情感法则的区别就在于，情感法则是唯一的情感指向，而人情法则有情感的因素在内，但同时也具有很强的工具性。根据黄光国的观点，熟人处于中间地带，是情感成分与工具成分相混合的区域，如果情感性成分提高，则向"差序"的核心推进，从熟人关系发展为亲密关系；反之，如果情感性成分降低，则人际关系向"差序"外围退化，出现了从熟人关系向陌生人关系的转变。[1] 因此，个体对处理熟人关系间的"尚和"与"不和"界限较为模糊，其中既具有"尚和"的倾向又同时小心提防，表现出"不和"的心理倾向，从而熟人关系词

---

[1] Hwang, K.K., "Face and Favor: The Chinese Power Game," *American Journal of Sociology*, 1987(4), pp. 944-974. 黄光国、胡先缙等：《人情与面子：中国人的权力游戏》，北京，中国人民大学出版社，2010。

与人际"尚和""不和"的人际心理联结处于"混合"状态，对"尚和"与"不和"的内隐偏向不明显。

个体对陌生人表现出"不和"的倾向。对陌生人关系词做"尚和"反应的时间显著长于做"不和"反应的时间。依黄光国的观点，在陌生人关系中，存在的是工具性关系，工具性人际关系的社会交易法则是讲究公平的，个体都会一视同仁地以同样的原则与之交往。[①] 个体在生活中和他人建立工具性关系的目的，主要是获得他所希望得到的某些物质目标或物质利益。交往双方即使可能再次相遇，他们也不预期将来会进行任何情感性的交往。因此，中国人常常表面上热情待人、和谐待人，但如果是陌生人，尤其是被认为眼下或将来都是"八竿子打不着边"即无利益交际的人，则表现出冷漠或冷淡的一面，或至多客气一两句而已，维持表面上的和谐，做到不轻易与他人冲突就可以了。因而，个体对于没有形成人际关系的陌生人具有排他性。在人际交往中，越是远离"己"的中心，就越容易被人们排斥。因此，在内隐心理层面，交往双方多以"不和"的心态对待彼此，即使"尚和"，也是一种"面和心不和"的工具性和谐。此外，在心理距离上，中国人还对陌生人存在"防范"心理，所谓"害人之心不可有，防人之心不可无"。在一些公共场合，被迫处在一个空间环境里的中国人，"防人之心"主宰着他们的态度和行为，他们毫不掩饰自己对周围陌生人的回避与警戒，尽量拉大空间距离，或背对陌生人，目光移向别处；或挑剔地打量靠近自己的陌生人，以判断对方有无威胁。这都是心理不信任、不相和的表现。

总体来说，中国人对家人具有普适性的内隐"尚和"倾向，对亲近程度

---

① Hwang，K.K.，"Face and Favor：The Chinese Power Game，"*American Journal of Sociology*，1987(4)，pp.944-974. 黄光国、胡先缙等：《人情与面子：中国人的权力游戏》，北京，中国人民大学出版社，2010。

不同的他人则表现出有差序的人际和谐倾向，即表现出差序格局。正如杨宜音所认为的："关系越是靠近亲缘的核心，其内容越具有肯定性，越是情感的、合作的、亲密的；越是远离亲缘核心，便越具有否定性，越少合作，越疏淡。"[1]这种差序性符合已有理论模型的支持。费孝通提出的"差序格局"表明，中国人存在一种对远近亲疏关系对象有差别的情感，这种有差别的情感引导着一套有差别的行为规则。[2] 黄光国提出的"人情与面子"的理论模型也表明，按照由己外推，情感由深而浅发生变化，人际关系可以划分为情感性关系、混合性关系及工具性关系，个体对不同人际关系会有不同的情感效应与行为模式。[3] 可以说，这三种不同的人际关系及其人际和谐方式，是中国人人际和谐心理与行为的"原型"。无论是在何种时空情境下，中国人表现出来的社会行为，表面上纵然有所差异，其基本"原型"却没有什么不同。

五、研究结论

本研究采用 EAST 实验范式，同时测量不同人际关系对象与"尚和""不和"的内隐联结的强弱，对中国人内隐的人际和谐心理进行了探究。结果显示，在个体的认知图式中，离自我心理距离近的家人与"尚和"的联系更紧密；离自我心理距离远的陌生人与"不和"的联系更紧密；位于中间位置的熟人与"尚和""不和"两种人际心理联结没有明显的偏向；人际和谐心理在联结强度上表现出差序格局的模式，验证了中国人的人际和谐心理以差序格局的形式存在。

---

① 杨宜音：《试析人际关系及其分类——兼与黄光国先生商榷》，载《社会学研究》，1995(5)。引文有改动。

② 费孝通：《乡土中国》，29—40 页，北京，北京出版社，2004。

③ Hwang, K. K., "Face and Favor: The Chinese Power Game," *American Journal of Sociology*, 1987(4), pp. 944-974. 黄光国、胡先缙等：《人情与面子：中国人的权力游戏》，北京，中国人民大学出版社，2010。

第四节　中国人人际和谐心理的影响因素

一、熟人交往中的情感性与利益性成分

尚"和"是中国人人际交往中普遍存有的一种社会心态。在现实生活的人际交往中，中国人最推崇和谐的人际关系，在处理人际关系时以"和"为基本准则，并通过各种交往策略以达到和谐的人际关系的目的。或者说，尚"和"是中国人潜藏的最主要的待人方式与处事习惯。但从前文的调查及分析中也可以发现，在现实的人际交往中，面对不同亲疏关系的交往对象、身处不同的交际情境以及双方涉及不同的事件时，个体和谐化的动机、和谐化的态度以及和谐化的行为等还是存在差异的。如"当与他人发生意见分歧时，您会为了不伤和气而迁就他人吗"，调查数据表明，在与他人发生意见分歧时，若非原则性分歧，中国人大都为了不伤和气而愿意迁就他人，乐做"好好先生"。在"对待不同亲疏关系人的人际态度"中，调查也表明，中国人对熟人和同事多以本真取向或顺适取向、领域取向来对待；而对陌生人，大多数人采用形式取向的方式对待。这都说明，中国社会是一个讲究"差序格局"的社会。对于一个掌握某种社会资源且有利于对方的分配的人，他首先考虑的问题是：对方和自己具有什么样的"关系"？人们常常会采用不同的方式来对待和自己关系不同的人，并以不同的社会交易法则与之交往。而且，中国人遵循的处世原则更多的是场合与情境的问题。比较而言，情境中心之人的心计更重一点，因为他需要对关系的亲疏远近以及不同的他人做出恰如其分的行为举止等，因而他有很复杂的应变能力，包括如何能够讨好或者奉承他人，至少最低限度地

不得罪他人。①

从前文分析中也可以看出，在中国人的人际和谐类型中，尤其是熟人关系中的混合性和谐是最需要"做""经营"或者"维护"的和谐，否则就会因得罪他人，使混合性和谐滑向陌生人关系的工具性和谐。或者说，由熟人朋友变成"形同陌路"，甚至"反目成仇"。人际关系在某一时间点的状况可以看成是关系基础、工具交换及感情交流三个成分的现状的全面加权综合。人际关系在个体人际交往中的运作，依交往情境性质的不同，以不同的组合来影响个体交往时做出的判断、决定及行为。因此，在混合性和谐中，中国人人际和谐的心理与行为反应在很大程度上取决于对双方关系的认知。个体在熟人关系的人际交往中，是做出"和"还是"不和"的行为，和谐的"实"与"虚"之间如何转化，是综合人情、面子以及情与利关系等多种社会因素而进行的情境性、权变性的决策反应的。综合前期调查、文献分析以及本研究建构的中国人人际和谐的类型与中国社会的人际和谐转化模型，在熟人如朋友、同事等关系的混合性和谐中，人际和谐心理与行为会受到双方涉及的事件性质、相互间的情感涉入程度（情感性成分）以及可能牵涉的工具性利益（工具性成分）等因素的影响。

(一)双方涉及的事件性质是否违反原则

它指双方彼此在人际交往中，涉及的事件是否涉及道德伦理、法律规范、社会制度或个人尊严等。从以上调查及日常生活观察来看，在与熟人的交往中，但凡一个心智成熟的人，当双方涉及的事件性质不牵涉原则性问题时，大都会做个"顺水人情"，做出各种和谐性行为，如迁就、退让等，以维护相互间的关系和谐，避免因小事而得罪人，使原本的和谐关系

---

① 翟学伟：《关系与谋略：中国人的日常计谋》，载《社会学研究》，2014(1)。

遭到破坏，而且也为自己日后寻求他人的帮助留条后路；但当涉及的事件性质牵涉原则性问题时，个体往往会做出多方面的利弊考虑与权衡，从而做出是否让步或妥协的决定。这说明，"和"虽然是中国人最普遍的待人方式，但也并不是毫无原则的"和气"与"好和"，个体往往会根据具体事件的情势和特殊性来调整维持和谐与坚持原则之间的平衡。

基于此，本研究提出假设1：尚"和"虽是中国人人际交往中普遍存有的社会心态，但双方所涉及的事件性质会影响到个体的人际和谐心理。当事件不涉及原则时，个体会做出和谐化行为；而当事件涉及原则时，个体不会做出和谐化行为。

（二）双方的交情涉入程度是深还是浅

它指双方彼此在相互交往的过程中，情感性成分涉入的深浅程度。在人际交往的过程中，尤其在中国这样的"人情"社会中，人们会按人我关系的亲疏远近来评价、选择并做出相应的互动行为。这里所讲的交往深浅程度，主要是指发生在熟人之间（如同事、朋友、邻居）的交情深浅。因为在亲人或家人以及与陌生人之间，其交情是无所谓深与浅的。例如，与家人交往时，由于以血缘关系形成的亲情为纽带，如彼此间产生矛盾或冲突时，人们一般不会考虑彼此间的利益得失等"额外"因素，而大多会因"亲情"而选择相互体谅、以和为贵，"毕竟是自己的父母，也是为我好""都是一家人，何必呢"等。这会促进家庭的和谐、稳定。可见，中国人对家的维护之心。但与熟人交往时，双方相识但无血缘关系，由于缺少这种先天的亲情联系，彼此间多以后天形成的交情为依据来评价、选择并做出相应的互动行为，从而以和为贵就是不落双方的"面子""人情"。这些"面子""人情"可以维系社会人际关系，对自己的未来有莫大的好处，如避免不必要的麻烦，"不愿意承受关系破裂之后相处的不便和尴尬"等。而与陌生人交往时，中国人往往顾虑得没有那么多，个体在交际情境下往往会不太愿意压抑自己，"如果对方态度不好，那就不用给他面子了，会据理力争"。由此可以看出，真正复杂的、需要考虑多方面因素并需要双方极力做出努力以维持和谐的人际关系多发生在熟人之间，即在与所谓熟人进行社会性交换时需要权衡多方面的利害关系以保持"和气""和睦"。这里的"熟人"实质上指的是交往双方彼此认识而且有一定程度的情感关系，但其情感关系又不像主要社会团体（父母、夫妻、兄弟、姐妹等）那样深厚到可以随意表现出真诚的行为；或与一般的陌生人交往时，可以完全不顾及破坏人际和谐关系的后果，按自己的真实意愿表现出各种行为。一般而言，这类关系包含亲戚、邻居、师生、同学和同事等不同的角色关系。但在这些熟人关系中，又因为彼此双方发生交际的时间距离（交往时间的长与短）、空间距离（活动距离的远与近）、社会距离（心理认同的内群体与外群体）以及概率距离（发生交往可能性的大与小）等心理距离存在差异，因而其关系亲密程度还是存在一定的差异的。这在前期调查中也发现，个体会根据对象与自己关系的亲密程度而做出"迁就""迎合"等行为。因此，在与这些熟人的交往中，彼此双方情感涉入的程度，即交情的深浅会影响到个体的人际和谐心理。

基于此，本研究提出假设 2：尚"和"虽是中国人人际交往中普遍存有的社会心态，但双方涉入的交情程度会影响个体的人际和谐心理。当双方涉入的交情深时，个体会做出和谐化行为；而当双方涉入的交情浅时，个体不会做出和谐化行为。

(三)双方存在的利益牵连关系

双方存在的利益牵连关系即在人际交往中，个体从对方身上获得当前或将来的利益回报的预计情况，类似于工具性交换。杨中芳曾提出，虽然中国人的人际交往在表面上看是一个相互礼让、不求回报，以忠、恕为基本价值的礼让系统，但实际上都通过交往中另一套内隐的、含蓄的沟通方式，互通款曲，让对方知道自己"小我"的心愿，逐渐建立一个以相互满足对方"小我"的需要为目的的工具性"交换"系统。① 这里的利益预期主要是从人际关系的角度出发的，个体在内心衡量：若在此时做出和谐化行为对现在或未来的和谐人际关系有利或无利。一种是如果从对方身上能够获得自己现在或当前的利益，则会做出和谐行为或维持和谐；另一种是预见性的，即如果个体认为，即使现在不需要这个人的帮助，但将来还是可以利用得上的，那么，他也会表现出和谐的一面。例如，两人私交很多、未来交往可能性大、存在较多的利益互惠，则会做出和谐化行为，如关系较近的熟人同事或朋友；而私交很少、未来交往可能性小、存在利益互惠的机会较少或不可能存在利益互惠，则不会做出和谐化行为，如一般性同事、朋友或点头之交的朋友。

基于此，本研究提出假设 3：尚"和"虽是中国人人际交往中普遍存有的社会心态，但双方存在的利益关系会影响个体的人际和谐心理。当个体预期双方的交往对自己有利时，个体会做出和谐化行为；而预计对自己无利时，则不会做出和谐化行为。

另从前文看，中国人在与人交往或处理人际关系时流露出来的人际和谐心理主要是通过具体化的"和为贵""随大溜""畏争""迁就""隐忍""迎合"等和谐化行为得以表征的。这些表征之间既有相异的一面，也有相通的一面。因此，为了便于实验变量的操作，结合前文对"中国人人际和谐心理的日常表征"的分析，本研究将人际和谐心理以"和谐化行为"为表征，并将其操作性定义为：个体在熟人社会情境中，在特定因素的单独或共同作

---

① 杨中芳、彭泗清：《人际交往中的人情与关系：构念化与研究方向》，转引自杨国枢、黄光国、杨中芳主编：《华人本土心理学》，470—504 页，重庆，重庆大学出版社，2008。

用下，做出"迎合"或"迁就"对方需求的行为，以维持双方关系和谐的人际交往行为。本研究将参照相关研究范式，[①] 采用故事情境法检验事件性质、交情程度和预期利益三个因素对个体和谐化行为倾向的影响，以探究中国人的人际和谐心理机制。

二、故事情境实验设计

（一）被试

本研究同样利用教师的课堂时间，选取大学三年级的本科生和一年级的硕士研究生作为调查对象，共发放问卷 320 份，当堂作答，当场收回。剔除无效问卷后，实得有效问卷 299 份，有效回收率为 93%。其中，大学三年级本科生 176 人，包括男生 74 人，女生 102 人，年龄在 20—22 岁；硕士研究生 123 人，包括男生 36 人，女生 87 人，年龄在 24—30 岁。

（二）实验设计

采用 2（事件性质：违反原则/不违反原则）×2（交情程度：深/浅）×2（预期利益：有利/无利）三因素被试间完全随机区组实验设计。第一个因素为事件性质，指该事件本身涉及违反原则与否，分违反与不违反原则两个水平；第二个因素为交情程度，指个体在人际交往中建立起来的感情深浅程度，分为深情感关系与浅情感关系两个水平；第三个因素为预期利益，指个体预期双方交往能否得到利益的预计，分为有利与无利两个水平。因变量为个体做出和谐化行为的倾向，即指个体在不同情境中做出"迎合"或"迁就"对方需要，以维持和谐人际关系的行为倾向，采用五点量表记分，从"1"到"5"分别对应：非常不愿意、不太愿意、无所谓、比较愿

---

① 李雅斯：《影响中国人人情行为倾向三因素的实证研究 ——情境原则性、情感程度和功利考量》，硕士学位论文，苏州大学，2008。

意和非常愿意。

(三)实验材料

本实验采用情境实验法，即通过编制故事情境，在情境中控制自变量水平，每一名被试接受一个实验处理，也即阅读一个故事情境，接着回答情境后的问题，以此得到因变量结果。

本实验以故事情境为材料，共设计 3 组同质情境，共 8 个实验处理，以故事的形式呈现。故事的主要情节从被试较为熟悉的生活情境中提炼而来，主要故事情节为：张老师(学院系主任)和王老师(普通教师)是同事关系，王老师需要脱产学习一年，如果王老师向学校请假，那么，按照学校规定，王老师每月只能拿到很少的基本工资；如果王老师不向学校请假，那他拿到的工资虽然不会少，但必须完成学校规定的课时量，否则会倒扣钱。这时，王老师找到张老师，请张老师为他多安排几位毕业生论文，在他假期回来时指导，这样王老师既能完成课时量，又能在外学习了。事件性质的两个水平分别描述为"学院通过会议规定，每位老师最多只能带三位学生，且必须全程跟踪指导"和"学院对老师所带的学生人数以及指导过程没有明确的要求，一般情况下，大多数老师都会带两到三位学生，只要定期指导即可"。交情程度的两个水平分别描述为"王老师与张老师既是同乡，现又共事多年，两人可谓无话不谈，私交甚好"和"王老师是刚调入教育系的，张老师原来不认识王老师，彼此不太熟悉"。预期利益的两个水平分别描述为："张老师明年需要评职称，到时可能需要王老师为他帮忙，与学校领导疏通一下关系"和"王老师为人过于老实，教学与科研都做得不好，至今也还只是一名普通教师，在工作与生活上对张老师几乎没有什么帮得上忙的地方"。编制的故事尽量做到语气表述中立，各语段尽量做到字数均等。

实验材料的第二、三、四题分别是针对自变量控制设计的题目，其目的在于通过比较接受不同实验处理的被试的回答来判定对自变量不同水平的控制是否达到预想的程度，也即用文字控制的同一自变量的不同水平在被试看来是否有显著差异。采用独立样本 t 检验的方法，分别对第二、三、四题也即事件性质涉及原则与否、交情程度深浅和预期利益是有利还是无利三个自变量进行分析。自变量事前检验的结果表明，事件性质涉及原则或不涉及原则两个水平差异非常显著（$p < 0.01$）；交情程度深与浅两个水平的控制差异皆非常显著（$p < 0.01$）；预期利益中有利与无利两个水平的控制差异显著（$p < 0.05$）。这一结果说明，实验情境在三个自变量的控制上皆达到预想程度，也可说明被试在不同实验处理下所做的不同和谐化行为倾向是由自变量不同水平的变化引起的。

（四）实验程序

本研究采用纸笔测验和团体施测的方式进行，每位被试随机接受一种实验处理，实验指导语和实验情境与问题皆在书面问卷上呈现，由被试独自完成，每次施测时间控制在 10 至 15 分钟。

指导语为："亲爱的朋友：您好！本调查只做研究之用，对您个人没有任何影响。您只需填写以下简单信息，无需记名。请您在仔细阅读故事后根据自己的想法诚实、认真地作答。非常感谢您的支持与配合！"

做完后将材料收回整理。

（五）数据处理

采用 SPSS 18.0 统计软件包进行统计分析。

三、不同情境中人际和谐倾向的研究结果

不同情境中个体和谐化行为倾向的方差分析结果见表 6-4。

表 6-4　不同情境下个体和谐化行为倾向方差分析表

来源	Ⅲ型平方和	df	均方	F	Sig.
事件性质	23.844	1	23.844	17.704	.000
交情程度	.562	1	.562	.418	.519
预期利益	21.834	1	21.834	16.212	.000
事件性质 * 交情程度	.137	1	.137	.101	.750
事件性质 * 预期利益	4.806	1	4.806	3.568	.050
交情程度 * 预期利益	15.866	1	15.866	11.781	.001
事件性质 * 交情程度 * 预期利益	2.432	1	2.432	1.806	.180

　　经检验，方差分析结果表明，事件性质的主效应显著，$F(1, 291) = 17.704$，$p < 0.001$，$\eta^2 = 0.057$，说明交往双方涉及的事件性质是违反原则或不违反原则，两者对个体做出和谐化行为的倾向具有显著影响；交情程度的主效应不显著，$F(1, 291) = 0.418$，$p > 0.05$，$\eta^2 = 0.001$，说明交往双方交情的程度深浅对被试做出和谐化行为的倾向不具有显著影响；预期利益的主效应显著，$F(1, 291) = 16.212$，$p < 0.001$，$\eta^2 = 0.053$，说明交往双方存在的预期利益，即有利或无利，对被试做出和谐化行为的倾向具有显著影响。

　　对各自变量间的交互作用检验，结果显示，事件性质与交情程度的交互作用不显著，$F(1, 291) = 0.101$，$p > 0.05$，$\eta^2 = 0.000$；事件性质、交情程度、预期利益三者之间的交互作用不显著，$F(1, 291) = 1.806$，$p > 0.05$，$\eta^2 = 0.006$。

　　事件性质与预期利益的交互作用边缘显著，$F(1, 291) = 3.568$，$p = 0.050$，$\eta^2 = 0.012$。进一步简单效应检验表明，在事件性质涉及违反原则的水平上，预期利益作用显著，$F(1, 296) = 17.51$，$p < 0.001$。这表明，当事件性质是违反原则时，预期是有利还是无利对个体的和谐化行为倾向具有显著影响：预期是有利时，个体易做出和谐化行为；而预期为无利

时，个体不易做出和谐化行为。在事件性质涉及不违反原则的水平上，预期利益作用不显著，$F(1，296)＝1.98$，$p＞0.05$。这表明，当事件性质是不违反原则时，个体不管预期是有利还是无利都会做出和谐化行为。

交情程度与预期利益交互作用显著，$F(1，291)＝11.781$，$p＜0.01$，$\eta^2＝0.039$。进一步简单效应检验表明，在交情程度深的水平上，预期利益作用不显著，$F(1，296)＝0.14$，$p＞0.05$，这表明，当交往双方交情程度深时，个体不管预期有利或无利都会做出和谐化行为；而在交情程度浅的水平上，预期利益作用显著，$F(1，296)＝26.74$，$p＜0.001$，这表明，当交往双方交情程度浅时，个体预期在有利时会做出和谐化行为，而预期在无利时则不会做出和谐化行为。

四、熟人关系中人际和谐影响因素分析

(一)事件性质、交情程度与预期利益对和谐化行为倾向的影响

本研究通过情境故事法，检验了事件性质、交情程度以及预期利益对个体做出和谐化行为的影响。结果表明，交往双方所涉及的事件性质会影响个体的和谐化行为倾向：当事件性质为违反原则时，个体更倾向于不做出和谐化行为；而当事件性质为不违反原则时，个体就倾向于做出和谐化行为。这也验证了研究假设1。在中国人的日常交往中，若非原则性问题，即不违反国家法律规范或单位的规章制度等，中国人大都会为了不伤彼此和气而愿意迁就或帮助熟人朋友，甚至陌生他人，乐做一个好好先生。中国人认为，这样做显示出一个人心胸的宽广与大度、为人热心与随和。反之，一个在任何时候都不愿迁就他人的人，或一个凡事多说"不"的人，容易被人看作是"自我中心过强"或"不随和"之类的人，此种人在与人交往时往往不受他人欢迎，甚至会遭人排斥。当事件涉及原则性问题时，甚至越过法律道德规范等的红线或底线，最后会给自己或社会带来烦恼和不利的后果时，

个体就需要做出更多因素的思量与权衡了。因此，交往双方所涉事件性质是影响中国人人际和谐心理与行为的重要因素之一。

　　研究表明，交往双方对利益的预期会影响个体做出和谐化行为：当预期为有利时，个体更倾向于做出和谐化行为；而当预期为无利时，个体更倾向于不做出和谐化行为。这也验证了研究假设 3。就这个意义而言，人际和谐具有社会交换的动机或目的。社会学家霍曼斯的"社会交换理论"认为，任何人际关系，其本质上就是交换关系。只有人与人之间精神和物质的交换过程达到互惠平衡时，人际关系才能和谐，而且只有在互惠平衡的条件下，人际关系才能维持。这也说明，在熟人社会里，中国人的尚"和"心并不是单纯的"同情心"或"兼爱心"，其中夹杂有交换性质的资源利益在里面，其常常以物质为载体，或者通过给对方以方便，帮助对方扫除障碍等非物质的形式得以实现。在熟人关系中，人与人之间的交换行为可以分为两种：一是社会性的交换行为；二是经济性的交换行为。在社会性的交换中，人情本身就是一种资源、一种中介。换言之，社会性交换主要是靠人情来维持的。所以，在这种交换中，人情极其重要。这样，熟人与熟人交往，严格地说，也主要是在社会性的交换中才讲人情。在经济性的交换中，所交换的东西通常以钱物为中介，并且一般是可以计算的，通常也以获取利润为主要目标。相应地，在这种交换里，人的情感因素一般会被冻结，无人情味。[①] 若将人情法则渗透进经济性的交换行为中，结果可能不但不能增进彼此的感情，反而使双方连朋友也做不下去。这也说明，在现实生活中，人与人之间绝非为了保持人际和谐而有求并有应，个体对"利"是会有一个理性衡量的。一方面，个体会计算做与不做和谐化行为所要付出的代价大小，比如，经济上的直接盈亏计算以及人情行为、原则、道

---

　　① 金耀基：《人际关系中人情之分析》，转引自杨国枢主编：《中国人的心理》，88—93 页，台北，桂冠图书公司，1988。

德，甚至与法律相违背时，个人所要承受的损失与压力；另一方面，个体会预计对方回报的可能性及程度的大小。而这个回报与代价之间的差额亦会影响到个体的行为选择。可以说，中国人的人际和谐是要"看准对象"的。当个体与不同关系的他人交往时，他都会考量自己的付出和对方可能做出的利益"回报"，并计算交易的"后果"。因此，在人际交往中，熟人之间关系的和谐主要来自工具性资源的交往或交换的平衡。交往双方预期利益的有无，影响中国人的人际和谐心理与行为。

研究发现，交情程度因素的主效应不显著，表明交往双方交情程度不管是深还是浅，个体都倾向于做出和谐化的行为反应，这更证明了中国是一个"关系本位"或"关系中心"的社会。① "熟人的社会是一个讲人情的社会。"在本研究的故事情境中，交往双方交情的深与浅都发生在熟人关系中，而在熟人关系中，个体往往都存有"以和为贵"的心理倾向。这与"中国人人际和谐心理的现实状况"以及"中国人人际和谐心理的内隐态度"研究结果相一致。即无论是对待什么样的人，中国人都是以维护人际和谐，至少是表面上的和谐以及尽力避免人际冲突的做法为主的。或者说，在中国人的潜意识中，尚"和"仍是其潜藏的最主要的待人方式与行为习惯。这一结果与假设 2 不一致，原因就在于本实验中所涉及的人际关系主要发生在一般的朋友或同事关系圈内，都存在一定程度上的交情，因而都有可能引发个体的和谐化行为。在中国这种熟人社会的日常生活中，经常接触的人，除了家人，便是同事、街坊或邻居，随着交往频率的增加、交往时间的延长、交往空间的拉近，心理距离在缩小，双方涉入的情感性成分也在不断增长。这样，在人际互动时，交往双方不但可以满足自己情感上的需要（即相互关照、相互理解、相互尊重、相互妥协和相互帮助等），而且可

---

① 梁漱溟：《中国文化要义》，70—73 页，上海，上海人民出版社，2005。

以像人情那样，通过交换能解决自己一个人一时无法做到的事情。从积极意义上说，情感性成分犹如润滑剂，它能在一定程度上增进人与人尤其是熟人之间的情感，维护人际关系的和谐，有利于和谐社会的建立与维持；就消极意义看，情感性成分也容易给人物质上和精神上带来巨大的压力（如人情债），并为一些人通过人情网"拉关系"提供心理上的认同感，这又易使社会出现"帮人唯亲"的消极现象。因此，在中国的人情社会中，个体人际和谐的动机更为复杂，需要综合考虑的因素更为繁多，这也可能是中国人为什么常说做人难做的原因之一。

（二）熟人社会中的人际和谐是多种因素交互作用的结果

本研究发现，事件性质与预期利益的交互作用显著。当事件性质不违反原则时，个体不管预期是有利还是无利都会做出和谐化行为，这当然符合中国人的人情习惯。在中国传统社会里，在日常交往中，一个稍知人情世故的中国人，都知道给对方以方便，为的是日后对方也给自己方便，这也是交往双方彼此认识到"与人方便，与己方便"的道理。但当事件性质违反原则时，个体对预期有利时做出和谐化行为，而对预期无利时则不做出和谐化行为。由此可以说，"交相利"是人际和谐的媒介，也是中国人"功利心"的展现，通过和谐化行为可以得到对方当前或将来带给的利益，或避免因失和而对当前或将来产生某种不利。当然个体在做出和谐化行为之前，对自身违反原则后的功利得失也得做出慎重考虑，尤其在可能会为自己带来损失或惩罚时，或者说对后果评估"值"与"不值"。因此，中国人的人际和谐行为是综合情境原则和利益预计等多因素的产物。

研究表明，交情程度与预期利益交互作用显著。在交情浅时，个体预期有利则和，预期无利则不和；而在双方交情深时，即使个体预期无利也会做出和谐化的行为。这也印证了中国社会是一个讲究"差序"的社会。中国人常常会采用不同的方式和社会交易法则来对待和自己关系亲疏不同的人。对于有血缘关系的亲人，中国人则采用本真的方式交往，形成"真和"的状态；而对于熟人则采用权变的方式交往，形成"伪和"的状态。这是多种因素交互作用的结果。本研究中设计的主体双方处于熟人社会情境之中，双方类似于黄光国所说的"混合性关系"，即情感性与工具性的混合地带。这类人际关系的特点是，交往双方彼此认识而且具有一定程度的情感关系，但其情感关系又不像原始团体那样深厚到可以随意表现出真诚行为。一般而言，这类关系可能包含一般性的亲戚、邻居、师生、同学、同事、同乡等不同的角色关系。[1] 这样的人际关系对于中国人的社会行为有十分深远的影响。由于关系网内的人彼此认识，从而混合性关系的另一项特点是它在时间和空间上的延续性。在混合性关系中，人际关系的本质是特殊性和个人化的，交往双方事先预期将来他们可能再次进行情感性的交往，即通常所说的"抬头不见，低头见""山不转水转"。在中国社会中，许多人便利用混合性人际关系的这种特性，运用种种方法来加强自己在他人心目中的尚和形象以影响对方，并获得自己想要的生活资源或建立一个以相互满足对方需求为目的的工具性"交换"系统。[2] 混合性的关系既不像血缘关系那样不可分割，又不像工具性关系那样可以"合则来，不合则去"，假使个体不顾"人情法则"而得罪他人，则双方在心理上都会陷入尴尬的境地。因此，在混合性关系网内，交往双方平时必须讲究"礼尚往来""人敬我一尺，我敬人一丈"，以维系彼此间的情感关系。一旦一方在生活上遭遇困难而开口向拥有资源支配权的另一方请求帮忙时，资源支配者往往会

---

[1] Hwang, K. K., "Face and Favor: The Chinese Power Game," *American Journal of Sociology*, 1987(4), pp. 944-974. 黄光国、胡先缙等：《人情与面子：中国人的权力游戏》，北京，中国人民大学出版社，2010。

[2] 杨中芳、彭泗清：《人际交往中的人情与关系：构念化与研究方向》，转引自杨国枢、黄光国、杨中芳主编：《华人本土心理学》，470—504页，重庆，重庆大学出版社，2008。

考虑对方可能做的各种回报，而给予特别的帮助。反过来说，如果资源支配者不讲人情、不愿意伸出援手，双方的和谐关系便可打破，甚至彼此"反目成仇"。正如黄光国所说，促使中国人对别人做出人情的主要动机之一，就是他对别人回报的预期。[①] 或如杨中芳和彭泗清所言："在每一次人际交往的场合，不管是互依的还是维系的，都包含两个层面的往来：工具交换及情感交流。"[②]

虽然在很多中国人的理解中，"人际和谐"更多的是一种情感上的交际，但是在心理实质上，中国人的人际和谐行为是结合了对具体情境事件的多方面考量的。对未来交往可能回报的预计，当然也会有对感情程度的权衡，从而做出"和谐化行为"。毕竟尚"和"不仅仅是为了满足自我认同感，同时也是在追求社会认同和他人认同以及更为现实的功利得失。杨中芳认为，由于中国文化特别强调道德及报偿道德行为，人们在公众场合皆争先恐后地表现"不自私"的、"为公"的"大我"。而当"小我"的意欲尚未被完全消灭时，人们就会面对一个冲突：一方面要遵循文化要求不自私的"礼"；另一方面又要兼顾自己"小我"的需求。中国人解决这一冲突的最根本、最普遍的途径便是"人人为我、我为人人"。在这个模式中，交往双方以相互合作、相互帮助的精神，各自在表层以关怀、满足对方私下的心愿为目的，里层则主要期待对方以完成自己的私下心愿为回报。这个模式下的双层人际交往系统所依靠的心理基础是不同的：前者是应然的，情感表达的，是以道德修养而产生的"仁"为出发点的，对对方所引发的本性之情；后者则是实然的，是理性计算的，是以对方对自己来说的利用价值为

---

① Hwang, K. K., "Face and Favor: The Chinese Power Game," *American Journal of Sociology*, 1987(4). 黄光国、胡先缙等：《人情与面子：中国人的权力游戏》，北京，中国人民大学出版社，2010。

② 杨中芳、彭泗清：《人际交往中的人情与关系：构念化与研究方向》，转引自杨国枢、黄光国、杨中芳主编：《华人本土心理学》，470—504，重庆，重庆大学出版社，2008。

出发点的。个人的道德修养是这两层次交往之间的桥梁。在个人修养达到"圣人"的境界时，两层次合而为一，以上层的"仁"为一切行事的准则；在个人道德修养尚未达到至善之时，前一系统之心理依凭很可能并不是由心底里引发的本性，而是一种"礼"的义务，或是要"济私"的"假公"。随着个人道德的发展，"大我"逐渐扩大，"小我"逐渐缩小，与其他人的交往才会越来越趋向表里合一的"礼让化"。①

综上所言，尚"和"虽然是中国人人际交往中普遍存有的一种社会心态，但中国人的这种讲求"以和为贵"也是有条件的，是多方面因素交互作用的结果，而"原则""人情"与"利益"是考虑最多的。尤其是在熟人社会里，彼此交往的次数与时间都是较多的，个人一时的"迁就"或"谦让"，往往能增强对方对自己的接纳程度。这样，建立的和谐人际关系往往能在今后的交往里得到回报或补偿。说得形象点，在中国，一个人经常做出各种和谐化行为，如随大溜、迁就、忍让等，犹如贷出的钱款，到时候可以连本带利一起收回。于是，在熟人社会里，中国人的人际和谐化行为就显得普遍了。换句话说，在中国的熟人社会里，人们"讲人情""做面子""拉关系"，最终目的都是与人建立良好的关系，而这种良好关系的实质就是一种和谐的人际关系。

五、研究结论

本研究通过情境实验表明，事件性质、交情程度以及预期利益影响中国人的人际和谐心理与行为；中国人在现实人际交往中，和或不和，和的实与虚之间的转化，是综合事件原则、交情程度以及预期利益等多种因素进行的情境性、权变性的社会反应。在熟人社会中，讲人情、做面子、拉关系，其最终目的都是与人建立和谐的人际关系。

---

① 杨中芳、彭泗清：《人际交往中的人情与关系：构念化与研究方向》，转引自杨国枢、黄光国、杨中芳主编：《华人本土心理学》，470—504页，重庆，重庆大学出版社，2008。

附录1　大学生人际和谐观调查问卷

亲爱的同学：您好！我们正在做一项与大学生人际和谐观有关的研究。现在需要征集我校学生对人际和谐的看法，您的回答无所谓对错，仅用于科研，绝对为您保密，请根据您的真实想法放心作答。真诚渴望您能支持我的研究，谢谢！

崇尚和谐是中国传统社会人际交往中的一个重要心理现象和行为准则。如孔子曾说："礼之用，和为贵。"孟子也提出："天时不如地利，地利不如人和。"现在根据您对"和为贵"及"人际和谐"等的理解，根据您的亲身体验或对周围同学的观察，请您写出能够揭示人际交往中"人际和谐"这个概念内涵的形容词或短语，至少10个。

附录2　大学生人际和谐描述词分类问卷

以下为60个描述人际间交往的词和短语，请您仔细阅读并尽力理解这些词语的语义。

真诚　守信用　互相帮助　相依相惜　和睦融洽　换位思考　友爱

有同情心　善解人意　宽容　互相尊重　退让隐忍　随和　平易近人

好沟通交流　平和不妒忌　待人和气　有上进心　鼓励赞美他人

谦让礼让　理性　不惹事能自律　勤奋好学　有责任心　朴实老实

自爱　视为知己　勇敢　细心体贴　不固执己见　平等相处　独立自主

大方不吝啬　志同道合　仗义　行为举止得当　幽默　有爱心

有原则和主见　善倾听　深情厚谊　迁就迎合　谦虚低调

热情爱打招呼　团结协作　文明有礼貌　善良　积极活跃　合群

互惠互利　感恩　欢声笑语　有耐心　进退有度　自由无拘束

沉默是金　不以自我为中心　互相分享分担　言出必行　乐观开朗

请您根据对这些词语语义的理解进行自由分类，将属于同一类型的词语分在一起（写在线上），并适当说明理由。分成几类由您自己决定，可以反复调整，只要您自己觉得合理就行，注意不要遗漏或重复。

_____

_____

_____

附录3　日常人际交往方式调查问卷

下面是一组了解人们日常人际交往方式的问题，请认真阅读，按照自己的真实想法作答。选择题需在最符合您真实想法的选项上画"√"；问答题需写上您的宝贵意见。答案无对错好坏之分，绝对保密。谢谢合作！

1. 对于"以和为贵""家和万事兴""和气生财"之类的说法，你的意见是（　　）。

A. 非常不赞同　　B. 比较不赞同　　C. 保持中立　　D. 比较赞同

E. 非常赞同

2. 对于"一争两丑，一让两有""斗一斗，瘦一瘦""不与人争者，常可多利"之类的说法，你的意见是( )。

    A. 非常不赞同   B. 比较不赞同   C. 保持中立   D. 比较赞同

    E. 非常赞同

  3. 对于"树大招风""人随大众不挨骂，羊随大群不挨打""枪打出头鸟"之类的说法，你的意见是( )。

    A. 非常不赞同   B. 比较不赞同   C. 保持中立   D. 比较赞同

    E. 非常赞同

  4. 对于"得饶人处且饶人""与人方便，与己方便""有理也要让三分"之类的说法，你的意见是( )。

    A. 非常不赞同   B. 比较不赞同   C. 保持中立   D. 比较赞同

    E. 非常赞同

  5. 对于"朋友千个少，仇人一个多""宁与千人好，莫与一人仇""多个朋友多条路"的说法，你的意见是( )。

    A. 非常不赞同   B. 比较不赞同   C. 保持中立   D. 比较赞同

    E. 非常赞同

  6. 在日常人际交往中，虽然心不情愿，但考虑到各种因素，还是会与他人维持和气、和谐( )。

    A. 非常不赞同   B. 比较不赞同   C. 保持中立   D. 比较赞同

    E. 非常赞同

  7. 下列四种人际关系中，你最推崇的一种是( )。

    A. 淡如水   B. 相互竞争   C. 和谐   D. 冷漠

  8. 在日常学习(工作)或生活中，你一般的待人方式是( )。

    A. 主动热情，待人和气

    B. 不主动，但你对我和气我就对你和气

    C. 谨守本分，点到为止

D. 尽量减少或避免人际接触

E. 如有其他方式请写出_____

9. 当与他人发生意见分歧时，你会为了不伤和气而迁就他人吗？（　　）

A. 我总是这样做

B. 只要不是原则性分歧，我会这样做

C. 面对熟人时，我会这样做

D. 面对领导时，我会这样做

E. 我从不这样做

10. 当与他人观点不同时，你会为了减少困扰而放弃自己的观点吗？

（　　）

A. 我总是这样做

B. 只要不是原则性分歧，我会这样做

C. 面对熟人时，我会这样做

D. 面对领导时，我会这样做

E. 我从不这样做

11. 为了获得一种和谐的人际关系，你会做"好好先生"吗？（　　）

A. 我总是这样做

B. 只要不是原则性分歧，我会这样做

C. 面对熟人时，我会这样做

D. 面对领导时，我会这样做

E. 我从不这样做

12. 为了获得一种和谐的人际关系，你会有意或无意中去做迎合他人的事吗？（　　）

A. 我总是这样做

B. 只要不是原则性分歧，我会这样做

C. 面对熟人时，我会这样做

D. 面对领导时，我会这样做

E. 我从不这样做

13. 在日常交际中，你对家人或至亲的一般做法是(可多选)(　　)。

A. 自然、真实地自我呈现，彼此接纳尊重

B. 不计较自己利益得失，即使有所牺牲也心甘情愿

C. 谨守角色分际，让彼此相处顺利滑润

D. 关系尽量单纯化，不相干的事情小心谨慎不去碰触

E. 以基本礼仪与对方交往，保持淡淡的关系

F. 尽力压抑心中的不满，忍让，以免发生冲突

14. 在日常交际中，你对同事(同学)或熟人的一般做法是(可多选)(　　)。

A. 以自然、真实的自我呈现，彼此接纳尊重

B. 不计较自己利益得失，即使有所牺牲也心甘情愿

C. 谨守角色分际，让彼此相处顺利滑润

D. 关系尽量单纯化，不相干的事情小心谨慎不去碰触

E. 以基本礼仪与对方交往，保持淡淡的关系

F. 尽力压抑心中的不满，忍让，以免发生冲突

15. 在日常交际中，你对在车站、马路、公共场所等遇到的路人的一般做法是(可多选)(　　)。

A. 自然、真实地自我呈现，彼此接纳尊重

B. 不计较自己利益得失，即使有所牺牲也心甘情愿

C. 谨守角色分际，让彼此相处顺利滑润

D. 关系尽量单纯化，不相干的事情小心谨慎不去碰触

E. 以基本礼仪与对方交往，保持淡淡的关系

F. 尽力压抑心中的不满，忍让，以免发生冲突

16. 为了获得一种和谐的人际关系，当你向他人提出要求时，你会采用哪种态度？（ ）（如有其他做法请写出）

A. 祈求对方　　　　　　　　　B. 诚恳地提出请求

C. 先承诺条件后提出要求　　　D. 直接提出要求

E. 其他做法：_____

17. 为了获得一种和谐的人际关系，当自己的意见与大多数人不一致时你会怎样做？（ ）（如有其他做法请写出）

A. 主动改变自己的意见，与大多数人保持一致

B. 先坚持一下，最后被动地服从多数人的意见

C. 始终执著地坚持自己的意见

D. 不争辩，也不提出自己的意见

E. 其他做法：_____

18. 为了获得一种和谐的人际关系，当与他人发生矛盾后，你会采用哪种方式？（ ）（如有其他做法请写出）

A. 断绝关系不再来往　　　　　B. 反省自己主动和好

D. 对方不道歉绝不和好　　　　E. 找中间人调和

F. 其他做法：_____

19. 为了获得一种和谐的人际关系，与人交往中，你是怎样对待自己的诺言的？（ ）（如有其他做法请写出）

A. 无论多么艰难，我都言出必行

B. 诺言实现与不实现无所谓，不需要解释

C. 找理由解释自己不兑现诺言

D. 尽最大能力兑现自己的诺言

E. 其他做法：_____

20. 为了获得一种和谐的人际关系，在与人交往中，对他人的错误你

会采取哪种态度？（　　　　）（如有其他做法请写出）

    A. 不论是谁，我都义正词严地指出来

    B. 对自己重要的人（如领导）我会迁就一下

    C. 避免得罪人，隐忍他人的错误

    D. 言语委婉地指出

    E. 其他做法：＿＿＿＿＿＿

21. 与人发生争执时，你内心是否有企盼和事佬出来打圆场的想法？

    A. 有　　　　　　　　B. 没有

    理由：＿＿＿＿＿＿＿＿＿＿＿＿＿＿＿＿＿＿＿＿＿＿＿＿＿＿

    ＿＿＿＿＿＿＿＿＿＿＿＿＿＿＿＿＿＿＿＿＿＿＿＿＿＿＿＿＿＿

    ＿＿＿＿＿＿＿＿＿＿＿＿＿＿＿＿＿＿＿＿＿＿＿＿＿＿＿＿＿＿

22. 您平日惧怕与人发生争执吗？（　　　　）

    A. 惧怕　　　　　　　　B. 不惧怕

    理由：＿＿＿＿＿＿＿＿＿＿＿＿＿＿＿＿＿＿＿＿＿＿＿＿＿＿

    ＿＿＿＿＿＿＿＿＿＿＿＿＿＿＿＿＿＿＿＿＿＿＿＿＿＿＿＿＿＿

    ＿＿＿＿＿＿＿＿＿＿＿＿＿＿＿＿＿＿＿＿＿＿＿＿＿＿＿＿＿＿

23. 你认为一个人应该怎样做才最容易获得或维持一种和谐的人际
关系？

24. 你认为哪些做法最容易破坏已建立起来的和谐人际关系？

25. 您对人们在日常的人际交往中推崇"以和为贵"的心态有何评价？

好处：

弊端：

附录 4　人际交往故事情境测验问卷

根据以下故事情境回答问题。（以下仅列出例 1：违反原则—交情深—有利。例 2：不违反原则—交情浅—无利。其他故事情境省略。）

例 1：张老师是某高校教育系的主任，学期开始，教育系要为大学四年级学生安排毕业论文指导老师。鉴于往年老师带的学生多、指导不到位等情况，今年学院通过会议规定，每位老师最多只能带三位学生，且必须全程跟踪指导。同系的王老师比张老师早两年来校，与张老师既是同乡，现又共事多年，两人可谓是无话不谈，私交甚好。王老师的教学与科研都做得很好，曾在人事处工作过，现仍与校领导关系较好。张老师明年需要评职称，到时可能需要王老师为他奔走帮忙。王老师今年考上省外某高校的博士研究生，需要脱产学习一年。如果王老师向学校请假，那么，按照学校规定，王老师每月只能拿到很少的基本工资；如果王老师不向学校请假，那他拿到的工资不会少，但必须完成学校规定的课时量，否则会倒扣钱。这时，王老师找到张老师，请张老师为他多安排几位毕业生，在他假期回来时指导，这样王老师既能完成课时量，又能在外读书了。

　　• 您认为张老师会为了不伤和气而迁就王老师吗？（请在以下 5 个数

字上做出选择。）

1. 不会迁就 2. 不太愿意迁就 3. 说不清 4. 比较愿意迁就

5. 会迁就

请简述理由：_____

- 您认为这件事对张老师来说是不是件违反原则的事？

1. 违反 2. 不违反

- 您认为张老师和王老师的交情程度如何？ 1. 深 2. 浅

- 您认为帮助王老师对张老师的现在或将来是否有利？

1. 有利 2. 无利

例2：张老师是某高校教育系的主任，学期开始，教育系要为大学四年级学生安排毕业论文指导老师。往年学院对老师所带的学生人数以及指导过程也没有明确的要求，一般情况下，大多数老师都会带两到三位学生，只要定期指导即可。同系的王老师比张老师早两年来校，这学期刚调到教育系，学校大，教师多，张老师原来不认识王老师，彼此不太熟悉。王老师为人过于老实，教学与科研都做得不好，至今也还只是一名普通教师，在工作与生活上对张老师几乎没有什么帮得上忙的地方。王老师今年考上省外某高校的博士研究生，需要脱产学习一年。如果王老师向学校请假，那么，按照学校规定，王老师每月只能拿到很少的基本工资；如果王老师不向学校请假，那他拿到的工资不会少，但必须完成学校规定的课时量，否则会倒扣钱。这时，王老师找到张老师，请张老师为他多安排几位毕业生，在他假期回来时指导，这样王老师既能完成课时量，又能在外读书了。

- 您认为张老师会为了不伤和气而迁就王老师吗？（请在以下5个数字上做出选择。）

1. 不会迁就 2. 不太愿意迁就 3. 说不清 4. 比较愿意迁就

5. 会迁就

请简述理由：_____

* 您认为这件事对张老师来说是不是件违反原则的事？

                            1. 违反   2. 不违反

* 您认为张老师和王老师的交情程度如何？ 1. 深   2. 浅

* 您认为帮助王老师对张老师的现在或将来是否有利？

                            1. 有利   2. 无利

第七章

中国人人际和谐心理的促进策略

　　人际和谐是影响个体生活质量和心理健康的重要因素，世界卫生组织也把"人际关系和谐"作为心理健康的重要标准之一。可以说，人际和谐既是个体心理健康不可缺少的条件，也是其获得心理健康的重要途径。从现实生活来看，现代人的许多心理健康问题实际上就是个体在社会适应的过程中出现的如何处理人际关系的问题。"和"是中国人的祖先用一辈辈人生经验验证了的非常有效的社会适应方式，对于个人安身立命和社会和谐稳定有着重要的指导价值与实践意义。因此，全面开展心理健康促进教育，可以结合培育和践行社会主义核心价值观的要求，充分发挥中国优秀传统文化对促进心理健康的积极作用。从价值安排的角度说，仅有"和"的总的价值倡导与规范还不够，还必须把"和"的观念引渡到人们的日常生活行为中，设置一系列具体的原则与策略，用心理学的理论和方法指导人们人际交往的行为，通过尚"和"育行，使"和"成为人们的实际行为规范，以减少社会心理矛盾的发生，营造友好互信的人际关系和积极向上的社会氛围。

第一节 "和"是打开中国人人际心理的钥匙

一、尚"和"是中国人的一种集体潜意识

"和"之所以成为中国人自古以来平衡人我关系与群我关系一贯信守的根本准则，是由于"中国人很早便确定了一个人的观念，由人的观念中分出己与群。但己与群都已包含融化在人的观念中，因己与群全属人，如何能融合一切小己而完成一大群，则全赖所谓人道，即人与人相处之道"①。而且，在中国文化中，"你之中有我，我之中也有你"，中国人的"个体"并没有清晰明朗的"自我"疆界。事实上，在中国人的人际关系网络中，中国人就不喜欢过分地划清人与我的权利界限——这样做是会被认为"很难看"的。中国人也不喜欢在自己与亲属、朋友之间划清楚界线（与不认识的陌生人又另当别论）。他们觉得这样做，不只"很难看"，而且"小气""自私""个人主义"。简言之，就是"不会做人"。在中国文化中，个人没有，也不希望有牢固的自我疆界。他们宁愿让人与我之间相互渗透，彼此依赖。正如孙隆基所说："中国人对'人'下的定义，正好是将明确的'自我'疆界铲除的，而这个定义就是'仁者，人也'。'仁'是'人'字旁一个'二'字。就是说，只有在'二人'的对应关系中，才能对任何一方下定义。"②这表明，中国人的社会行为首先表现为一种人际关系的建构。因此，中国人多有"一个篱笆三个桩，一个好汉三个帮""在家靠父母，出门靠朋友"等与人合群互助的倾向。在这样的人际关系网络中，中国人尚"和"，重要缘由之一便

① 钱穆：《民族与文化》，6页，香港，新亚书院，1962。
② 孙隆基：《中国文化的深层结构》，27页，桂林，广西师范大学出版社，2011。

是中国人很早就认识到"和"在调节人际关系时具有这些积极的功能。这样，中国人一向重视在人际交往或处理人际关系时将"和"放在首要位置，也几乎将所有心思甚至谋略都放在与他人、与自然的交往上，有着浓厚的关系取向或社会、他人价值取向。而在探讨处理人际关系的基本准则时，由于多种机缘相互作用的结果，"和为贵"作为价值安排与制度准则得到大多数人的认可，以"和"作为社会和集体的利益安排及制度安排得到社会心理的认同和支持，人我关系与群我关系获得平衡，从而推崇"和"，以和为贵、以和为美，使得尚"和"成为中国人的一种集体潜意识。即便在当代青年群体的心目中，仍有着深厚的"和为贵"心态。这说明，中国人的人际关系以追求"人际和谐"为理想目标和最高境界。

虽然中国人自古以来就信奉"和为贵"的处世之道，但是反过来说，只要你翻开中国历史，就会发现这样一个毋庸讳言的事实，在中国漫长的古代历史上，战争是颇频繁的。就朝代而言，中国历史上有战国时期、三国时期、南北朝时期、五代十国时期、宋金辽并立时期，在这群雄并起的时代，各国之间发生战争真可谓家常便饭；就朝代更替而言，在中国古代的历史上，几乎每逢朝代更替之际，中国就要爆发一场规模较大、时间较长的战争；就某个已得天下的朝代如明朝而言，其内部也常常发生叛乱之类的战争；就普通的民众而言，"窝里斗"则是世人皆知的陋习之一。就现代快节奏的社会生活来说，近年来，较为普遍的社会戾气正在侵蚀着正常的社会秩序。快递小哥接连被打、保安劝离遛狗男子被打骨折、航班上引发斗殴、地铁公交上争抢座位爆发血战、"路怒症"上演全武行……小事情诱发大矛盾，接连引爆舆情，不能不让人忧虑，令人感慨。所谓"一时冲动"却无法掩盖其中弥漫的一股戾气。毕竟，这些事情更多地发生在普通人身上，一点就着、一碰就炸，既发生在熟人之间，也发生在偶遇的陌生人中间。那么，崇尚"和为贵"的中国人为什么又如此"好斗""充满戾气"呢？这是一个矛盾问题，也是一个值得深思的话题。不能不说，谴责容易，自省难。置身于一个戾气过重的社会，暴力思维其实或多或少地存在于每个人身上，在不同的时空场景下，谁都可能会在不经意间有动粗的念头。因此，要把握中国人的"做人"与"相处"之道，要解析中国人的人际交往关系与行为，从"和"入手，无疑是打开中国人处世与人际交往心理机制的一把"钥匙"，也可能是消解现代中国人心中戾气的一剂良方。

二、"和"是中国人人际交往的目的与手段

为了达到不同的和谐境界或目的，也因其所涉及的和谐观不同，中国人所强调的原则或方式自然有所差异。"和"不能模式化或概念化，要根据不同的情况来求"和"。如孟子所说："执中无权，犹执一也。"（《孟子·尽心上》）它的意思是"就像杆秤，平衡不是固定的，在称不同的物体时，要通过移动秤砣来求具体的平衡"。"和"的状态不是固定不变的，需要根据时间、地点等条件的变化而不断地调整。这也就是"应变"。《管子·心术下》说："极变者所以应物也。"《史记·太史公论六家要旨》说："与时迁移，应物变化，立俗施事，无所不宜。"能"应物变化"，才能"无所不宜"。"宜"就是恰当、适宜。成语有"因时制宜""因地制宜""因事制宜"等，"制宜"也就是"求和"。可以说，应变、求和是中华文明赖以生长和延续的文化土壤。所以，重新审视"和为贵"的传统文化，在和他人起纷争时，祖先不是让我们不要和别人争执，而是教导我们要恰到好处地去处理纷争。没有纷争的社会是不存在的，通过道德教化避免纷争发挥作用的空间有限，关键是纠纷如何得到恰到好处的解决。因此，在处理人际关系时，在对待"和"的使用时，中国人既将其视为人际交往的目的，也将其视为一种适宜的手段。

与传统社会的交往相比，现代社会人们之间的交往模式发生了变化，血缘亲情的纽带不再如以往那样牢不可破，传统的乡土地域限制已被打

破，公正公平意识的发展也在冲击原有的人际关系的效力。因此，"和"的意涵也随着时代的发展而包含着新时代的意义。现代社会倡导竞争，要在社会关系中引入竞争机制的和谐，而不再是过去那种窒息活力、抹杀个性的和谐。新型的和谐关系绝不以群体原则来消解和压制个体原则，而是以更为兼容并包的心态和融洽的人际关系来为个人活力的释放和才能的发挥提供更加优越的条件。因此，新型的人际和谐绝不是完全否认斗争性的抽象同一，其中仍然存在着人和人之间的差异、矛盾和斗争，内含着竞长争高的智力角逐。在新型的人际和谐关系中，每个个体不再以"安分守己"的方式去维持既成的和谐体系不被打破，由此造成人世间的千古不变、停滞不前，而倡导每个人以能动主体的姿态去为这个体系的更加和谐、更加有序创造条件，使和谐不停留在一个水平上，而是不断向更高的阶段迈进，人类社会也由此充满生机向前发展。由于引入竞争机制，过去那种排斥竞争的和谐所具有的对人的活力的压抑、限制和束缚，得到了更多的克服。在这种新型的人际和谐关系中，人性无疑会得到更全面、更充分的实现。①

三、"和"有助于理解中国人的人际行为

中国是伦理本位的社会。伦理本位强调的是人际互动时，应先清楚与对方的"关系"及相对应的"理"，才能决定自己应该采取的态度与行为方式。"关系"指的是彼此相对应的名分地位，"理"是因相互关系而有相对应的情谊与义务。对中国人而言，合理不只是做到公平即可，还要照顾到人情的义务，因此，中国人的人际交往还要暗地里遵守"合情合理"的法则。②虽然人们经常将"合情合理"这一口诀挂在嘴边，然而到底这一法则是什么

---

① 李振纲、方国根主编：《和合之境——中国哲学与 21 世纪》，166—167 页，上海，华东师范大学出版社，2001。

② 杨中芳、彭泗清：人际交往中的人情与关系：构念化与研究方向》，转引自杨国枢、黄光国、杨中芳主编：《华人本土心理学》，470—504 页，重庆，重庆大学出版社，2008。

以及在交往中如何运作，是一个时常令人难以把握的事情。人际关系有亲疏远近，与之对应的理也不等同，而是有差序的。以儒家为主导的中国文化试图建立一个和谐的社会秩序，而儒家主张的和谐社会秩序是有阶层性的，是"差序格局"的，维持这个"差序格局"的是"礼"。因此，虽然中国人的人际交往都讲求以和为贵，其外显的和谐化行为方式和表征都存有相似的一面，但在其内隐心理，其面对不同的人际亲疏关系以及牵涉的事件性质或利益关系等不同，个体做出和谐性行为的内在动机与和谐化方式也有所不同，既有实现价值观和谐的，也有工具性和谐的，或者说人际和谐中既有彼此亲密无间的"真和"，也有只为不撕破脸皮的"伪和"或"假和"。例如，黄曬莉指出，中国人的"和谐化方式"主要有四个层次，其中在"关系伦理的层次"，中国人和谐化的主要目的在于追求仁义并重、和合愉悦的人际关系，以情理为社会的基础，并为社会奠定基本的伦理秩序，包括"恪守名分的和谐化方式""尊亲差序的和谐化方式""义先于利的和谐化方式"三种具体方式；在"社会规范的层次"，中国人和谐化的主要目的在于维护社会的安定和秩序，包括"正统权威的和谐化方式""依法行事的和谐化方式"与"顺应天理的和谐化方式"三种具体方式；而在"功效思虑的层次"，中国人和谐化的主要目的在于为个人或双方争取最大的利益或减至最小的损失，包括"实用理性的和谐化方式""利害权衡的和谐化方式"与"权谋运用的和谐化方式"三种具体方式。[1] 这说明，虽然中国人和谐化方式的内在所贯串的精神或终极目标是确定且一致的，即"追求和谐"，但是在面对不同情境时，所强调的要求或目标不同，每一个人所思虑的层次不同，中国人所强调的和谐化的具体方式也必然有所不同。

这在中国人的日常人际交往中可以得到印证。中国人一般将与自己素

---

[1] 黄曬莉：《华人人际和谐与冲突：本土化的理论与研究》，99—107页，重庆，重庆大学出版社，2007。

不相识的人或交往甚少的人视作陌生人。在与陌生人打交道时，中国人一般不依人情法则去待人行事，而多以"当场算清"和"依情境与心情而定交往方式"的法则对待与自己素不相识的陌生人。因为，陌生人一般只跟自己偶尔打一次"交道"，此后便会毫不相干，即"你走你的阳关道，我过我的独木桥"。于是，中国人在与陌生人交往时，若双方处理的是经济关系，一般遵循"当场算清"的法则；若双方进行的是正常的、非经济性的社会性交往，一般遵循"依情境与心情而定交往方式"的法则。即若情境（如工作场所）需要自己"热情、礼貌"待人，或者自己当时心情非常不错，"人逢喜事精神爽"，这时，中国人也会"热情、礼貌"地对待陌生人，但对待陌生人的这种"热情、礼貌"往往只是情境性的，有时更像在演戏，与对待熟人时经常性地表现出来的"热情与礼貌"有天壤之别；与此相反，若情境不需要自己"热情、礼貌"待人，或者自己当时心情一般甚至心情非常不好，这时，中国人往往极易用"自私""不讲礼貌"或"事不关己，高高挂起"等方式对待陌生人，从而易给陌生人留下自私自利、举止粗俗、缺乏教养、冷冰冰之类的负面印象。因此，在中国社会中，实际上陌生人群之间的人际关系常常是疏远和冷漠的。但在人与人的关系上，现代城市发展所带来的最大冲击，莫过于日常必须与陌生人频繁接触。路上的行人、上下班车上遇到的人，除了少数常相处的人外，也几乎为陌生人，大家都习以为常地以"冷漠疏离"的方式对待彼此。人们常说，与人友善，忍让为先。但是，在这种陌生人社会的城市生活中，人们却看到许多争先不让的情形，丝毫不具容忍和礼让的气氛。但中国人一旦遇到熟人，则会殷勤礼让，寒暄不已。这种和气与谦让，并非是与陌生人的交往之道，只在熟人中间才能发挥作用。因此，只有理清中国人人际之"和"的深层内涵与意蕴，才有利于深入理解中国人外显的人际交往的心理与行为，也才更有可能去预测、引导和改善个体、群体、社会的情感和行为，才能提高国民的心理素质，促进国民心理健康，促进社会和谐稳定。

当然，从另一方面讲，并不能绝对地说中国文化只崇尚"和谐"而不讲"竞争"或"斗争"，西方文化只崇尚"竞争"或"斗争"而不讲"和谐"。因为，《国语·郑语》里的"和实生物，同则不继。以他平他谓之和，故能丰长而物归之，若以同裨同，尽乃弃矣"一语，实是宇宙的普遍规律，世界各民族在生产和生活实践里对此都有一定的认识，"和谐"是人类社会共同的理想追求。

以古希腊哲学为例，毕达哥拉斯是第一个提出"美是和谐"的思想家，他认为宇宙是一个和谐的整体，"和谐起于差异的对立，是杂多的统一，不协调因素的协调"；柏拉图提出了"公正即和谐"的命题，他将自己设计的理想国称作一首"和谐的交响曲"；被称为"辩证法的奠基人之一"的赫拉克利特提出了"对立和谐"观，认为自然"是从对立的东西产生和谐，而不是从相同的东西产生和谐"。对比古希腊哲人对"和谐"概念的理解和中国先秦时期人们对"和"的理解说明，中西辩证法在源头处有一些相似见解。[①]

尽管如此，在对比中西方平衡人我关系与群我关系的策略时，从一般意义上说，这句话应是符合事实的：假若说"平等协商"与"理性竞争"是当代西方人平衡人我关系与群我关系的基本手段，那么，尚"和"就是中国人自古以来平衡人我关系与群我关系所一贯信守的根本准则。当代西方人通过"平等协商"与"理性竞争"来平衡人我关系与群我关系的做法，相比较而言，虽然中国也有"愿赌服输"一语，但事实上，一些中国人至今仍缺少这种"要公平竞争；竞争时要输得起，输得漂亮"的民主素质。中国人一旦在一些比赛或竞选活动中落选，不但往往无脸当着众人的面公开认输，而且对获胜对手怀恨在心；与此类似的是，获胜者往往也对原先的竞争者心怀

---

① 方克立：《关于和谐文化研究的几点看法》，载《高校理论战线》，2007(5)。

愤恨，只要有机会，就会给竞争对手"穿小鞋"，甚至搞打击报复。从这个意义上说，当代乃至未来的中国人应通过相关的立法和管理制度的建设，并辅之以相应的道德教育和自我心性修养，让中国人逐渐养成"要公平竞争；竞争时要输得起，输得漂亮"的民主素质，变一味尚和为尚和与竞争共存，变恶性竞争为良性竞争，从而促进人力资源的最佳配置。①

第二节　辩证地看待中国人的人际和谐心理

传统的中国人向来讲求礼让、谦虚、容忍等个人修养，正统的儒家经典也特别强调严以律己、宽以待人，即使在古语中，也有很多劝人忍让谦卑的话语。例如，"退一步海阔天空"等。但是在现代社会中，这种与世无争、委曲求全或一味引咎自责的作风，有时是不合时宜的，应当取而代之的是讲求公平竞争、努力进取，以实现自己的能力与价值。而且处处维和、人情泛滥的社会，往往是个没有是非的社会。在一团和气的压力之下，许多人考虑的是对方面子的大小以及自身的利害关系，而不是事情的是非曲直。长此以往，这对社会公共利益是有百害而无一利的。因此，对于中国人在与人交往或处理人际关系时流露出来的人际和谐心理做具体分析，既要看到尚"和"积极的一面，也要看到尚"和"消极的一面，以便做到"扬长避短"，促进中国人人际交往心态向着更加美好的方向发展。

一、中国人人际和谐心理的积极功能

从大传统的意识形态层次可以发现，"和"具有多方面的功能，无论是

---

① 汪凤炎、郑红：《中国文化心理学》(第五版)，160页，广州，暨南大学出版社，2015。

在个人的修身准则、人际或社会的行为规范、文化的价值体系上，或在生活的因应方式上，"和"均提供了多种正面的指向。

（一）增强群体凝聚力

中国先哲认识到，"和"作为人际交往的基本准则，可以起到增强群体凝聚力的作用。关于这方面的论述，中国传统文化中可谓多不胜数。如《周易·系辞上传》说："二人同心，其利断金。"《管子·法禁》说："纣有臣亿万人，亦有亿万之心。武王有臣三千而一心，故纣以亿万之心亡，武王以一心存。故有国之君，苟不能同人心……则虽有广地众民，犹不能以为安也。"《孟子·公孙丑下》说："天时不如地利，地利不如人和。"据《诸葛亮集》卷四《人和》记载，诸葛亮说："夫用兵之道，在于人和，人和则不劝而自战矣。"据《陈亮集》卷二《中兴论》记载，陈亮说："政化行则人心同，人心同则天时顺。"反之，假若人际交往不和，则往往会带来诸多坏处。如"将相不和，国有大祸""将相不和邻国欺""兄弟不和邻里欺"等。正由于"和"具有增强群体凝聚力的功能，故而传统中国人非常强调"和"在人际交往中的重要性。这种凝聚力体现为群体对其成员的吸引力以及群体成员之间的相互吸引力。一个群体凝聚力越强，就越有利于推进其发展速度，促使其兴旺发达。"人心齐，泰山移"就言简意赅地说明了这个道理。

尚"和"不仅有利于建立和睦的人际关系与良好的公共秩序，也有助于使整个社会和民族形成强大的向心力和凝聚力。自古以来，中国人的尚"和"心态在维护中华民族的统一、增强中华民族的群体凝聚力与合作精神、使中国人形成顾全大局的观念等方面，都起到了积极的作用。在中国历史上虽有春秋战国时期、三国鼎立时期、五代十国时期和宋金辽三国并立时期，但是，中国人毕竟有"分久必合"的心态，使得"大一统"的中国绵延至今。同理，中国人的尚"和"心态对于今日中国建立和谐社会和让世界大家庭逐渐建立和谐发展理念等也具有重要意义。"和"是一种有利于事物发展的状态，即"夫和实生物，同则不继。以他平他谓之和，故能丰长而物归之。若以同裨同，尽乃弃矣"（《国语·郑语》）。在"和"的环境中，人类的创造力能得到最大的发挥，人类所创造的文明成果能得到最有效的正向积累。尤其在一个全球问题日趋严重的当代社会里，没有和平，就意味着人类自身的毁灭性灾难的来临。这样，尚"和"一旦成为全球的共识，就能将当今国际社会的"和平"主题落到实处。[1] 正如罗素所说："中国至高无上的伦理品质中的一些东西，现代世界极为需要。这些品质中我认为和气是第一位的。"[2]因此，党中央重视培育理性平和的社会心态，引导社会群体成员以和为贵，提倡宽容尊重，提倡讲诚信，提倡集体主义，这对增强群体凝聚力，推动群体和社会的和谐发展具有重要的作用。

（二）加强文化规范

"和"是一定社会制度和文化规范的产物，是建立在法理（法规制度）或伦理（社会文化规范）基础上的一种社会现象。从社会学的观点来看，尚"和"是社会关系的一个重要维度，是与社会结构和文化规范紧密相关的社会现象，不能将尚"和"从社会与文化中抽离出来。人们之所以崇尚"和"或与他人和睦，是因为文化中含有倡导和谐的道德规范和价值观念，并得到了人们的认可与内化。在不同的国家和文化中，人们在人际交往互动和处理冲突时遵循的原则和使用的策略都有不同。在深受儒家文化影响的东亚国家，和谐是影响人们社会交往和互动的最主要原则。把"和"作为人际交往的一个准则，就使"和"具有了促进社会道德文明发展和规范社会行为的功能。

---

① 陈科华：《"和同之辨"及其对当代和平理论构建的意义》，载《求索》，1999(4)。
② ［英］罗素：《中国问题》，167 页，上海，学林出版社，1996。

中国向来以礼仪之邦自称，在任何场合都重视一个"礼"字，用礼来规范人的一切社会行为，希望人们都能做到"非礼勿视，非礼勿听，非礼勿言，非礼勿动"(《论语·颜渊》)。而"和"则是贯串于礼仪规范中最基本的价值规范，并将之看作是评价人我关系与群我关系好坏的标准与尺度。因此，早在先秦时期，《尚书》中的"和"字已蕴藏处理人际关系的准则之意。如《尚书·周书·多方》曾说："自作不和，尔惟和哉！尔室不睦，尔惟和哉！"(你们自己造成了不和睦，你们应该和睦起来！你们的家庭不和睦，你们也应该和睦起来！)人与人之间以及家庭成员之间都要彼此和睦，否则，就会招致天的惩罚。故而，《尚书·周书·多方》又说："时惟尔初，不克敬于和，则无我怨。"(好好地谋划你们的开始吧！不能敬守天命与和睦相处，我就要施行惩罚，你们就不要怨我了。)如上所述，孔子曾直截了当地说："礼之用，和为贵。"孔子又说："君子和而不同，小人同而不和。"在孔子看来，"和"指能在不同意见中求得和谐，而不附和相同意见，并将之视作"君子"与"小人"的区别，带有一定的伦理道德色彩。因此，孔子说："中庸之为德也，其至矣乎！"(《论语·雍也》)在《春秋繁露·循天之道》里，董仲舒干脆就说："大德莫大于和。"于是，与人交往做到和睦相处，就会受到社会的肯定与赞许；反之，就会受到社会的指责。

这样，为了实现人我关系与群我关系的平衡，古代中国人主要取向于"和"，希望通过"和"来达到平衡人我关系与群我关系的目的，这与西方人是不一样的。因为西方人主要取向于"竞争"，希望通过"竞争"来达到平衡人我关系和群我关系的目的。[①] 这表明，以"和"作为人际交往的基本准则正是"礼"这种文化规范在人际交往中的具体运用，所以，这也就使"和"具有了加强文化规范的功能。正如《礼记·乐记》讲得精辟、透彻："和，故

---

① 李庆善：《中国人新论——从民谚看民心》，77页，北京，中国社会科学出版社，1996。

百物皆化。"

（三）增进经济效益

从某种意义上说，"和"也是一种生产力。考察历史可以发现，凡是大治的年代，社会就发展，财富就涌流，原因是在政通人和的环境中人们可以静下心来搞建设，一心一意谋发展，可以积累物质财富和精神财富。反之，在动乱或战争的状态下，人们居无定所、食不裹腹，几乎无法正常从事创造物质财富和精神财富的事业，其结果自然是经济萎缩、社会凋敝。先哲们早就认识到，"和"能产生新生事物。正如《管子·内业》所说："和乃生，不和不生。"以"和"作为人际交往的基本准则，可以增进社会经济效益。如"家和万事兴""和气生财""家不和，家不兴"之类的俗语都从正反两面形象地说明了这一点。

现代心理学的研究也表明，和谐在社会认知决策过程中具有重要作用。促进和谐动机强的谈判者对于谈判的整体格局和双方的收益结构都更为了解，进而导致他们在整合性谈判中可以发现并利用更多机会，最终收获更高的个体收益。在谈判情境中，人们可能追求两种基本目标：最大化经济收益和维护谈判双方的关系。和谐动机不同的个体对这两种目标的侧重程度有所不同，进而在谈判中的行为乃至谈判结果也会有所不同。在个体层面上，当谈判者只着眼于自身经济收益的最大化而忽视双方关系的和谐（即避免破裂动机强）时，经济收益反而会受到负面影响；相反，如果谈判者关注双方关系的长久和真正的和谐时，反而能够获得更高的经济收益。因此，谈判者只要着眼于增进双方的关系，彼此会更加信任，进而加强信息的交换，增进彼此的了解，最终通过资源的交换实现双赢。相反，过于功利地考虑人际关系，会使自己患得患失，阻碍双方对各自合理利益诉求的探讨，最终因彼此不够了解而无法达到双方的目的，反而危害了双方的关系。这正是"君子和而不同，小人同而不和"的哲理。因此，在谈判和冲突情境中，双方坦荡而理性地交流信息，发现整合的机会，最终共同受益，这样也会使双方的关系更为稳固。① 从这个意义上说，人际关系和谐也是一种特殊的经济资源。

（四）促进身心健康

心理健康是人在成长和发展的过程中，认知合理、情绪稳定、行为适当、人际和谐、适应变化的一种完好状态。② 中国人早就认识到，以"和"作为人际交往的基本准则，有利于形成和谐的人际关系，而和谐的人际关系有利于促进个体的身心健康，故而以"和"作为人际交往的基本准则，具有一定的身心保健功能。如据《论语·季氏》记载，孔子说："和无寡。"孔子"和无寡"的观点反映出一个和谐的人际关系环境，可以满足个体安全、归属和自尊等心理需要。若人们能以"和"来处理人际关系，在心理上就不会觉得孤独。孔子又说："故大德……必得其寿。"(《四书章句集注·中庸章句》)而且"大德莫大于和"(董仲舒语)，可见，和谐的人际关系有利于个体的身心健康。心理学研究也证明，和谐的人际关系还可以促进人的潜能开发、学习进步、工作效率的提高。在追求和睦、和谐的过程中人们也可以提高个体的道德修养、心理素质，享受到良好的心态带来的愉悦、满足和成功，也能促进个体的身心和谐发展，这对个体身体与心理的健康都是非常有益的。

用现代心理学的话来说，人际关系的好坏是影响个体幸福感的关键因素之一；反之，不和谐的人际环境往往伤害人的自尊和健康，打击人的积极性，导致工作效率低下，影响社会的和谐安定。金勇和郭力平认为，传

---

① 张志学、姚晶晶、黄鸣鹏：《和谐动机与整合性谈判结果》，载《心理学报》，2013(9)。
② 参见《关于加强心理健康服务的指导意见》(国卫疾控发〔2016〕77号)。

统的心理健康宗旨大多可归结为一个"和"字，中国传统文化在整体上把关系与和谐作为健康心理的标准。这里的关系主要指人与社会的关系、人与自然的关系；和谐的实质是顺从性、秩序性和适中性。因此，心理健康状态表现为三点。第一，顺从性。个人与社会的关系是要去"私我"存"公我"，形成自我顺从社会；与他人的关系是要"息争""宽容"，个人顺从群体；与自然的关系是要"法自然"，个人敬畏和遵从自然。第二，秩序性。个人与社会的关系是要安居乐业、守住本分；与他人的关系是要讲纲常之礼、行人伦秩序；与自然的关系是要相安无患，各守其道。第三，适中性。个人在为人处事时要"守中庸"，不偏不倚、寻求恰到好处。① 分析传统心理健康的思想也可以发现，它是以人的自我关系状态为心理内容的，以和谐状态为健康的标准，心理健康的本质就是自我关系世界的和谐。这种界定立足中国人的自我特性与文化内核，是适合传统中国人的心理健康观的。②

（五）促进自我实现

按照传统道德修养的要求，个体要在社会的人际关系中追求个人道德价值的实现，要为社会的人们所承认；要求每个人对其他人要有敬爱之情，与朋友、亲人以情为重，也就是实现道德要求，"恭敬之心，礼也"（《孟子·告子上》）。这样，每个人也在追求自我实现的人生历程中，实现了家庭和睦、朋友有信，促进国家兴旺、社会进步。此时，个人的道德价值才能被家庭所承认，为周围的人们所承认，为社会所承认，个人的道德完善才能实现。《礼记·大学》载："古之欲明明德于天下者，先治其国；欲治其国者，先齐其家；欲齐其家者，先修其身；欲修其身者，

① 金勇、郭力平：《心理健康观的历史演进》，载《心理科学》，1998(5)。
② 阳泽、张向葵：《现代中国人心理健康和谐观的理论构念》，载《心理科学》，2007(3)。

先正其心；欲正其心者，先诚其意；欲诚其意者，先致其知；致知在格物。物格而后知至，知至而后意诚，意诚而后心正，心正而后身修，身修而后家齐，家齐而后国治，国治而后天下平。"修身、齐家、治国、平天下是古代人理想中的人生之路，其理论和实践的起点便是修身，而"和"是其首要的必修课。因此，中国传统道德是以实现个人道德价值为起点的，以调节人际关系、人与社会的关系而起作用的，以实现社会和谐为最终目标。这个目标的实现是强调个人内在修养，在社会礼义的道德规范中进行的。

从文化角度来看，在对自我实现的理解上，中西方存在显著差异。在西方文化背景下，对自我概念的解释倾向于独立（independent）的观点。这种观点认为，个体是自主独立的，个人拥有独一无二的特质，而且行为特征主要是个体人格特质影响的结果。而在亚洲以及其他集体主义文化背景下，对自我的理解则有不同。自我不是简单的独立个体，而是和周围紧密联系在一起的，个体的行为决定总是和他所处的关系范围有着密切联系，因此，个人之间维持着相依的关系（interdependent）。这种强调依存关系的文化要求成熟的个体能够很好地保持与周围人的关系并融入其中。而中国文化中"和"的思想理念，功能之一就是促进个体发展出良好的自我，并形成与他人的和谐关系并予以维持。从中可以看出，和谐的思想理念要求个体与他人和社会发展出一种基于"礼"的"和为贵"的理想关系。因此，从这个层面说，传统尚"和"的社会文化规范为个体在传统社会中发展出健全的自我提供了标准参照与学习指南。

二、中国人人际和谐心理的消极影响

《孟子·告子下》说："无敌国外患者，国恒亡。"国家要有所发展，就必须常常保持与外国斗争必胜之信念。不仅仅是国家，个人也是如此。个人也应常常保持为四周之敌所困、与之斗争必胜的意志，没有这种信念是绝不会有所进步发展的。① 中国人过于崇尚"和"，忽略了适度"竞争"在平衡人我关系与群我关系中的重要作用，在一定程度上对个体产生压抑，妨碍个性自由和个性发展，有时为了"和"，甚至有委曲求全或掩盖矛盾之嫌，这又带来了某些消极影响。

（一）易形成保守的心理

《论语·季氏》说："君子有三畏：畏天命，畏大人，畏圣人之言。"这些传统文化的教导，导致中国人为人处事瞻前顾后，畏首畏尾，不敢挑战权威，这是保守的思想观念，缺乏开拓和冒险精神。所以，传统社会鼓励人们进取、创新的制度寥寥无几，而鼓励人们安分守己的言论和举措倒是不胜枚举。而许多历史实践表明，创新者、改革者往往都没有好下场，而诸如"老好人"则被大肆宣扬。久而久之，中国人的创造力不断衰退，造成了今天这个民族在创新领域的落后。古代社会同后来的时代相比，的确算得上一个"和谐"时代，但这种和谐是通过压抑人的个体意志、净化人的欲望要求来实现的，因而是一种较为原始性的和谐。我们的先哲所倡导的"和为贵""仇必和而解"在实际生活中已到了极度排斥竞争的地步，把和谐视为人类生存唯一可取的状态，这不能不说是造成后来中国人缺少竞争意识、缺乏进取精神的重要原因。以排斥竞争来求得和谐，不仅消磨了个人的进取精神，而且还会造成社会的死气沉沉、停滞不前。正因为如此，古代封建社会才发展得如此缓慢；也正因为如此，一旦竞争被引入这样的社会中，从个人心态到群体心理都会感到难以适应。随着科技进步和社会发展，这种沉闷的古典式的和谐必将被激烈的竞争所打破。

---

① ［日］涩泽荣一：《论语与算盘——人生·道德·财富》，17—18 页，北京，中国青年出版社，1996。

(二)易丢失独立人格

虽然在中国传统的儒家思想中，主要强调人际关系中的自我定位，内在隐含着平等的人际交往与互动方式，但实际上形成了以他人为中心的尚"和"心态。中国人有服从权威的性格，服从权威的性格是中国现代伦理中面临的重要问题，它在中国很常见，是一种服从支配的人格。长期对权威的信仰和接受，会导致一种膜拜心理，进而对权威盲目服从，容易让人因恐惧竞争而委曲求全，最终失去自我。其结果是个体缺乏自我意识和自我判断的能力，人云亦云。传统社会中人们对所谓"天地君亲师"的模仿、认同与遵从，使得人们忽视了创造性发展的一面，个体容易丧失主体意识，更谈不上独立性了。这种盲目的服从，使得所谓内圣要求成为一句空话。这种心理强化了"靠"的依赖思想，不利于个体责任感的形成。这种依赖思想表现在所处生活圈的各种关系中，当"在家靠父母，出门靠朋友"的思想意识潜移默化为一种理所当然的信念时，自然而然就会形成个体的依赖性、服从权威的人格。

(三)易导致处事隐忍退让

忍让一直是中国人最基本的冲突解决方式之一，尤其在个体面对纵向内团体的成员时，个体为了人际和谐会放弃个人目标而做出忍让的反应。但是一味忍让求和，容易使人与人之间缺乏真情的碰撞与沟通，不利于不同意见(其中有一些或许是中肯的意见或具有建设性的意见)的产生。在社会生活中，若一味求和，一味避免斗争，有时就会使善为恶所战胜，使人失去做人的原则而变得世故圆滑等。而且，为了达到集体和谐、集体团结，中国人往往不会过分坚持己见，甚至还会牺牲自己的原则。这种中国式"团结"观念以牺牲个体差异为代价，不利于个人的"个体化"。当这种价值取向成为中国文化的一种深层结构后，个体差异失去了足够的生存空间，导致"和"蜕变成"同"。

中国人这种忍让求和的心态还深深地渗入中国古代司法领域里，使得司法领域追求的最高境界是"无讼"，以便和气生财、以和为贵。正如孔子所说："听讼，吾犹人也。必也使无讼乎！"（《论语·颜渊》）孔子不提倡大家通过诉讼的方式来解决纠纷。《幼学琼林》卷四《讼狱》也说："世人惟不平则鸣，圣人以无讼为贵。"这种"息争"的心态，使"和事佬"在中国文化中成为一种具有道德上的优越性的角色。① 所以，谁要是一遇到小事就胆敢上公堂状告别人，极易被人视为"刁民"，而不像美国那样被视作有强烈依法保护个人权利意识的人。衙门里野草丛生，被认为是社会和谐的表现，而不会被视为地方政府不关心"民生"的铁证，由此导致中国人多不愿意发生面对面的冲突，遇有不同意见时，就容易做出勾心斗角、阳奉阴违、面和心不和等表里不一的行为，这或许是中国人常"窝里斗"的根源之一。因此，为了限制尚"和"心态的消极影响，现在一个最有效的解决办法或许是：限制中国人尚"和"的范围，使之不渗进司法等不宜尚和的领域；同时，适度鼓励中国人参与双赢性的竞争（不是你死我活的竞争）与合作。

（四）易导致说话办事隐晦含蓄

在一个以保持其成员之间和谐相处为主的社会里，其成员在人际交往中，讲究的是含蓄、委婉，话不能说得太透，所用的语言必定是相当含混、间接，并容许有多重解释的，才可以化冲突为祥和。而且中国人的语言用词笼统、含混，常常词不达意，又怕词太达意、太直白，而成为固定的"己"见，没有给自己或他人回旋的余地。在双方谈话时，太注意自我表

---

① 孙隆基：《中国文化的深层结构》，167页，桂林，广西师范大学出版社，2011。

达（怕别人挑自己的错）或不表达（隐藏自己），都会导致对所谈事情本身不能冷静地分析。因此，与西方人的"直"性子相比，中国人喜欢啰哩啰嗦、短话长说，或话不说死、说半句留半句。外国人来到中国，往往也因为中国人说话不那么干脆、留点弦外之音让对方揣度而如堕云里雾中。反过来，即使对别人提出的意见中国人也不会完全轻信其语言表达，还必须经过深层的解释，从而容易造成对人不对事以及不信任别人的行为现象。虽然中国人常把"有话直说"放在谈话的前面，但向他人"表达"自己的主张、诉求与评价时，人们实际上往往还是含蓄婉转，喜欢用模糊性的语言、间接的方式，即使对某人或某事做出批评，一般也会采取"先扬后抑""先褒后贬"的做法，常用的句式是："（虽然）……（以此肯定其优点），不过（但是、可惜的是或遗憾的是）……（以此谨慎地道出自己的真意）。"或多留有"回旋"的余地。例如，当他人向你提出意见或要求时，虽然你的内心想要拒绝，但为了避免尴尬，你往往会说回去考虑一下，或与某人商量一下，但一般这样就没有下文了，对方往往也会明白你的真实意思了。

中国人的好兜圈子和喜含蓄，都与中国人的"面子工夫"密切相关。换言之，中国人之所以喜含蓄或好兜圈子，其重要目的之一就在于维护自己或对方的面子，避免人际失和、撕破脸皮。反过来也可以说，正是由于中国人为维护彼此的面子，避免破坏人际和谐、撕破脸皮，才喜欢含蓄与兜圈子之类的自我表现方式。这就其积极方面来说，对于中国人保持和谐的人际关系、避免正面冲突、保留一些双方可以"回旋"的余地与维持双方的面子与尊严都有一定的作用；就其消极方面而言，这也让中国人压抑了自我，加大了人际交流间理解的难度，增加了误解的可能性，反倒增大了做人的难度。这是一个恶性循环的怪圈：出于自我防御，每个人都在含蓄地表达自己，同时又在费尽心机地靠猜测来理解别人。于是，人际关系被人为地复杂化了，真正的人际和谐也较难以实现了。在崇尚个人主义的西方文化中的人要想解决人际问题,往往需要学会争论、学会说服,还要能直抒己见,把自己心里的话说出来;但中国人在这样的时空框架中往往倾向于用委婉的、迂回的、意会的、心照不宣的、给面子的方式来表达自己的意见,或试探对方的意图,目的就是不要伤了和气。显然,一个人乐于"给对方面子"不意味着他被说服,也不意味着对方有吸引力,只不过是想继续保持双方的良好关系,而且还避免了发生冲突。

从实际交际活动来看,西方人在交谈时总是开门见山,拣最重要的事先说;中国人则往往要绕很多弯子,在谈自己最想说的事之前要进行大量精心的铺垫。一个中国人要是有求于人而登门拜访,往往不会在一进门时就把来访的目的说得一清二楚,而是要先客套、寒暄一番乃至几番之后才逐渐透露来意,有时则要在马上起身走人之前才说出真正的拜访意图。甚至更为常见的是,中国人在求人办事的正式拜访前,要进行少则一次,多则数次的礼节性拜访,其内容是联络感情,俗称"套近乎",其目的是作为一种过渡性的交往以使下一步的"走动"显得自然,并使将要提出的要求不至于显得唐突,或向对方暗示一下自己内心的需求,先试探一下对方的反应如何。杨中芳在其提出的"人人为我,我为人人"的人际交往模式中也认为,虽然中国人的人际交往在表面上看来是一个相互礼让、不求回报,以忠、恕为基本价值的礼让系统,但实际上,中国人在内心深处则通过交往中另一套内隐的、含蓄的沟通方式,互通款曲,让对方知道自己私底下真实的心思,并以满足自己的私下心愿为回报。[①]

(五)形成自我压缩的人格

"和为贵"或"息争"的态度,使中国人给他人一种容易相处、容易说话

---

① 杨中芳、彭泗清:《人际交往中的人情与关系:构念化与研究方向》,转引自杨国枢、黄光国、杨中芳主编:《华人本土心理学》,470—504 页,重庆,重庆大学出版社,2008。

的感觉。然而，这种"为了融洽和气"而放弃"抗争"的态度，却往往造成"自我"的压缩，结果就形成了自我压缩的人格。这种自我压缩的人格，很容易变成没有"个性"的人格。例如，为了保持人际关系的和谐，中国人往往有迎合别人的倾向；有时，在说出自己的意见后听到别人不同的意见，就立即改口；有时，自己有异议却藏在心中，不敢说出来。这种自我压缩的人格既然认为公然地保障自己的权益是不合法的，那么，对让别人占便宜的容忍度就比较大，对受别人利用、摆布与控制的敏感度就会比较低。而且，这还往往会纵容与姑息不合理的事情，让它们继续存在。更坏的结果是，这些内隐的不和所引起的紧张及不安情绪，可能继续累积，甚至累积到临界阈限的程度，即面临"不在沉默中爆发，就在沉默中灭亡"的境地。例如，由于长期偏重于维持家族利益或团体内部的和谐关系，个人的欲望与需求常难获得适当的满足，甚至会受到许多委屈、挫折或压制，结果很容易产生一种累积性的敌意。但这种敌意却不容许对自己人发泄或对权威人物发泄，于是常以自己人或"外人"为对象而投射出去，造成冲突或一时情绪的爆发。如在单位受气，只能回家拿家人撒气；如在族内受气，则易造成族与族之间发生"械斗"。据报道称，2015 年 12 月 20 日，在浙江永康市发生一起故意伤害案，一名公交车司机与一位乘客发生口角后将其刺死。然而事后，记者在对公交司机的同事的采访中却发现，其同事都认为"发生这样的事情，实在太震惊了"。同事说该司机"为人老实，上岗一年多没被投诉过""性格温和，爱干净""挺老实的，人蛮好，也没听说他违法犯纪的事情，怎么突然就发生这样的事情了"……尤其是在一些公共服务性行业中，个体待遇不高，工作压力大，工作时间又长，又必须时刻对服务对象保持微笑式服务，因而一旦在工作中被人激发，就很容易在一瞬间爆发出来。

三、正确运用尚和心态处理人际关系

从以上对尚"和"心态的积极功能与消极影响的分析来看，在人际交往中，在肯定和推崇"和"的积极社会价值的同时，我们还要注意把握"和"的适度与应用范围，这样才能既与人和谐相处又不丧失自己的原则。① 具体而言，在现代社会人际交往中运用"和"的人际准则，还需注意以下几个问题。

（一）提倡尚和，不是放弃公平竞争

和谐与竞争是人际关系的两个方面。和谐是人和人之间的友善、合作、协调和有序等，多属于哲学上所说的矛盾的统一性；竞争则是人与人之间的相互对抗、排斥、压制和超越等，多属于哲学上的矛盾的斗争性。人类生活，既离不开和谐的一面，又离不开竞争的一面。人与人之间必须和谐相处，才能维系人群共同体。人的身心和谐、人与自然的和谐，亦复如此。同时，人群共同体又必须保持一种竞争机制，使社会保持一种奋发向上的活力。人和人之间若只是一团和气而毫无竞争，那么，社会生活就会死气沉沉，人的创造力就会窒息。我们既需要社会共同体的稳定存在，又需要社会共同体的蓬勃发展，因此，崇尚人际和谐，并非主张简单的同一和排斥竞争。我们既要有人际关系的和谐，又要有人与人之间的公平竞争，提倡人与人之间建立起互助、合作、平等、友爱、利他等现代人际关系。②

实际上，传统的和谐思想提倡在个人功利上应该"让"与"和"，在道义上却应该争，即让"利"取"义""去利怀义"，对于"仁"与"义"则努力去争取。因此，尚"和"不等同于无原则地妥协与退让，尚"和"需要分清面对事件的性质。正如民间概括："小事付之一笑，大事据理力争。"遇到非原则

---

① 汤爱萍：《尚和心理与和谐社会》，载《中共四川省委党校学报》，2005(3)。
② 李振纲、方国根主编：《和合之境——中国哲学与21世纪》，166—167页，上海，华东师范大学出版社，2001。

性的问题时可以能让则让、能不争则不争，而面对有违原则性的问题时，则不能放弃自己的立场，当争还得争。正所谓"和不弃争""当仁不让"。对于现代社会而言，公平竞争是现代社会促进人与人的关系良性发展不可缺少的方式，也是平衡人际关系的一种手段，是尚"和"的有效补充。个性独立意识和竞争意识，是身处工业文明条件下的人应有的素质。而且现代科学技术的进步在更大程度上依赖于个体的相对独立性的劳动，依赖于个体之间的相互竞争。培养人的独立意识和竞争意识是任何要创造工业文明的人必备的性格特征和心理素质。因此，在人际交往中，我们既要推崇尚"和"，也不应放弃公平竞争。尤其是在大是大非面前，不能放弃原则，不能放弃"据理力争"，只有正确处理好合作与竞争的关系，才能够真正建立人际和谐。

（二）提倡尚和，不是求"同"而是求"和"

"和"是指包含多样性的统一或尊重差异性的和谐，而"同"则是指排除多样性与差异性的抽象的同一。人际贵和，尚和也并非无原则的划一、调和。所以，孔子概括说："君子和而不同，小人同而不和。"（《论语·子路》）《中庸》提出："和而不流，中立不倚。"这里的"和"是指能在不同意见中去求得和谐；这里的"同"是违心的曲意附和而形成的简单一致。孔子指出了"和"与"同"有着本质的区别。人际交往提倡尚和，就是主张既和谐融洽，又要尊重差异，不能无原则地迎合苟合，更不能借和来排除异己，搞一刀切。因此，正确的做法应该是：就对待事物而言，"要承认不同事物个别差异性的存在，要善于从事物的多样性中去谋求一种和谐统一的关系"；就对待人来讲，"主张具有不同个性的人与人之间要彼此尊重，养成一种具有共生取向的和谐发展的独立人格"。尤其是对于丧失原则的部分人们要善于舍弃与克服，而不是一味地迎合与求同，放弃自己的个性，而形成依附性的人格。

（三）提倡尚和，要注意克服尚和心态中的消极影响

由于中国文化假定人心可以相通，日常互动又具有长时效性与低选择性的特征，因此，其互动计策便会在以和谐为目标的阳性中表现为隐忍、人情、面子、情境中心、玩阴招等阴性特点，进而演化出戏剧性的特征。①这些尚"和"行为的消极影响主要有：从众心理容易导致人的行为总是随大溜、按部就班，长此以往，不利于培养竞争、创新的意识与行为，也不利于个体的潜能开发、个性发展；面子心理容易使人形成过分注重表面的礼节，而失去人与人之间真情的碰撞与沟通，更严重的是顾虑"人情"和"面子"，一些人被迫放弃原则、徇私舞弊，结果破坏了社会公正，败坏了社会风气；还可能导致一些人不正面冲突，而容易做出勾心斗角、阳奉阴违、面和心不和等表里不一的行为；迁就心理与不争心理在一定程度上不利于培养与恶势力作斗争的勇气和冒险精神，容易形成"遇事绕着走"的退缩心理，或者使人失去做人原则而变得圆滑世故；可能出现为了和谐而和谐的局面，它可能造成个人创造性的萎缩，使人们回避冲突和竞争，不利于社会的发展进步。

（四）提倡尚和，是要追求"真和"，去掉"伪和"

现实中的人际和谐看似都是和谐和睦的，实则有真实和谐（真和）与表面和谐（伪和）之分。真实和谐指两人或两个团体之间和合如一的状态，它的特征是双方彼此信任、相互支持，虽然有时一方会表达不同的看法或提供不同的建议，甚至会出现反驳，但都会尊重对方的自主权，全然地接纳对方；表面和谐指表面上维持和谐，但私下里却藏着不和，它的特征是双

---

① 翟学伟：《关系与谋略：中国人的日常计谋》，载《社会学研究》，2014(1)。

方彼此防卫、相互排斥，且互动特性是消极被动的。真实和谐有利于价值观念的统一，形成合力，增强实际功效；但表面和谐却暗藏着内斗与内耗，不利于共同价值目标的实现。因此，为了更好地构建和谐的人际关系，产生一加一大于二的效果，我们宜建立"追求'真和'，去掉'伪和'"的做人理念，做个表里如一、胸怀坦荡、文质彬彬的谦谦君子，这样才能形成真正健康和谐的人际关系。

第三节　实现真正和谐人际关系的路径策略

当代中国德育需大力宣扬"追求真和，去掉伪和"的做人理念，只有人人都树立起了真和的理念，才有助于"培育自尊自信、理性平和，积极向上的社会心态"。因此，当代乃至未来的中国人应该积极培育和践行社会主义核心价值观，积极汲取传统和谐文化的正向价值，充分发挥我国优秀传统文化对促进心理健康的积极作用，以促进社会心态稳定和人际和谐，提升公众幸福感。限于本研究的旨趣以及构建和谐社会的真和需要，本节主要探讨实现真正和谐人际关系的策略。那么，怎样做才最易获得真正和谐的人际关系，而不是"面和心不和"之类的虚假和谐关系呢？结合传统文化的要求以及本研究有关中国人人际和谐心理的调查结果，从人际互动的方式看，若按照心理学中常说的塑造个体素质的知情意行路径，则实现和谐人际关系的路径与策略是"知礼守礼（知）→真诚待人（情）→善行中庸（行）→反求诸己（意）"。[1] 之所以将反求诸己（意）放在善行中庸（行）之后，是因

---

　　[1]　汪凤炎、郑红：《中国文化心理学》（第五版），162—166 页，广州，暨南大学出版社，2015。

为反求诸己的"意"是对善行中庸的"行"进行的自我反思、不断改进与意志坚持，只有在行动中见识到善的效果才能更加坚定个体善行的意志。这也符合中国人"吾日三省吾身"，再"择其善者而从之，其不善者而改之"(《论语·述而》)的做人处世原则。

一、知礼守礼

中华民族素称礼仪之邦，讲礼对于建立和谐的人际关系是非常重要的。人要想在社会上立足，就必须按照社会规范行事，用社会规范节制个人与社会不相符合的思想和言行。从儒家的视角看，"礼"是行为规范。孔子认为，"礼"是做人的规范，是人们待人接物、言谈举止的标准，没有这个规范、标准，不按礼的要求去做人，人就不能成为社会中的一员。因此，《礼记·礼器》称："礼也者，犹体也，体不备，君子谓之不成人。"孔子进一步指出："恭而无礼则劳，慎而无礼则葸，勇而无礼则乱，直而无礼则绞。"(《论语·泰伯》)他要求人们在社会生活中，处处用礼约束自己，依礼而行。用现在的话来说，就是在人际交往中，要懂得礼貌、礼让和礼仪。据《大戴礼记·劝学》记载，孔子说："君子不可以不学，见人不可以不饰，不饰无貌，无貌不敬，不敬无礼，无礼不立。""不知礼，无以立也"(《论语·尧曰》)，把"礼"当作人们在社会上安身立命之本。重礼仪、讲礼貌、尚礼让是中国传统文化非常推崇的美德。因此，对于现代人来说，掌握一定的交往礼仪对于人际和谐有着重要的意义。

(一)要注重自己的言行举止

在和人交往时，我们要注重容貌打扮、言谈举止，待人接物要文明得体，这是尊重与礼敬对方的一种表现，也是确立良好交往关系的开端。在中国，以礼貌方式待人，如在与对方交往时，穿着、言行得体，尊重对方的风俗习惯，往往易让人觉得你很尊重他，是给他面子。用人际关系心理学的话说，就是在交往初期，当陌生的两个人由于种种机缘相识后，便走上了人际交往的起点。这时候的交往，中国人主要以"礼"为核心原则，做到有礼貌、有分寸，向对方表现出友好的人际交往行为，以暗示对彼此的尊重以及渴望进一步交往的意向。《礼记·冠义》云："礼仪之始，在于正容体，齐颜色，顺辞令。容体正，颜色齐，辞令顺，而后礼仪备。"荀子指出，人只有知礼，才能免于粗野，成为文明之人："容貌、态度、进退、趋行，由礼则雅，不由礼则夷固僻违，庸众而野。"(《荀子·修身》)只有以礼待人，才能形成温馨和谐的人际关系。《礼记》指出："富贵而知好礼，则不骄不淫；贫贱而知好礼，则志不慑。"(《曲礼·上》)自己对别人待之以礼，别人一般来说必定会以礼相报。正如孟子所言，"有礼者敬人"，而"敬人者人恒敬之"(《孟子·离娄下》)。反之，"做事不以礼，弗之敬矣；出言不以礼，弗之信矣"(《礼记·礼器》)。人与人之间不敬重、不信任，何来亲和友睦。因此，"道德仁义，非礼不成；教训成俗，非礼不备"(《礼记·曲礼上》)。没有礼，和谐的人际关系就难以建立。

"人相交，贵相知。如不相知，贵相敬。"孔夫子夸奖齐国大夫晏婴说："晏平仲善与人交，久而敬之。"人和人混熟了易亲昵，就容易说过火的话，做过头的事，晏婴能与人交往长久，皆因其自始而终地"敬"。亲与敬并不对立，心中无嬉笑怒骂之"亲"亦可悲。某城发生大爆炸，一名年轻的消防员出发前发短信告知朋友此去凶多吉少，对方以"放屁"回之，此为亲；但在消防员发出"记着给我妈上坟""我爸是你爸"的嘱托后，对方立即回道："好，你爸就是我爸，你小心。"此为敬。敬者，知道对方的底线。在底线之上保持亲昵，甚至嬉笑怒骂，决不做底线以下的事，决不说底线以下的话。① 当下，越来越多的年轻人被批评说话没大没小、没轻没重、没远没

---

① 王国华：《相亲与相敬》，载《意林·作文素材》，2017(8)。

近，主要原因是他们在人际交往中不懂得把握"亲"与"敬"的度。与人过"亲"容易超越界限让对方有不被尊重感；过于"敬"人，则不"亲"。如何平衡二者的关系，需要我们把握好度，也需要智慧。

（二）要懂得谦让有度

中国传统文化高度推崇人际交往中的礼让，在交往中善用敬语、礼貌用语，毕竟"礼多人不怪"。孔子指出，"君子无所争"，如果有所争，"其争也君子"（《论语·八佾》）。荀子认为，人群之所以不和，是由于存在着"争""胜""贪"等毛病，要通过教育，使大家"劳苦之事皆争先，饶乐之事则能让"，如此，"人莫不齐"（《荀子·修身》）；在公职岗位上，看到比自己强的人，则"推贤让能，要安随其后"（《荀子·仲尼》）。《礼记》认为，礼让能防止争斗一类的不文明现象发生。"敬让者，君子之所以相接也。"（《聘义》）"君子尊让则不争，絜敬则不慢。不慢不争，则远于斗辨矣。"（《乡饮酒义》）《左传》有言："让，礼之主也"（《襄公十三年》），"让，德之主也。谓懿德"（《昭公十年》），"曳让，德之基也"（《文公元年》），认为辞让是德行的根基、礼仪的根本。孟子说："无辞让之心，非人也。……辞让之心，礼之端也。"（《孟子·公孙丑上》）朱熹云："让者，礼之实也。"（《四书章句集注·论语集注》卷二）做人谦虚谨慎、对人礼让有加、行事进退有度，和谐的人际关系也就建立起来了。

（三）待人要行之以礼

在重礼仪、讲礼貌、尚礼让的同时，若能以谦逊的方式待人，更是一种恰当的获得和谐人际关系的做法。谦恭既是礼的前提，也是礼的一种表现形式。《易经·谦》认为，与人相处，能"鸣谦""劳谦"，不自矜、不骄人，才能人我和顺，无往而不吉。《易传·系辞下》说："谦，德之柄也"，并以卑释谦要求"自卑而尊人"。朱熹要求君子"以谦下人""谦则抑己之高而卑以下人"（《朱子语类》卷七十）。孔子云："恭，近于礼"（《论语·学而》），"恭则不侮"（《论语·阳货》），"君子敬而无失，与人恭而有礼"（《论语·颜渊》）。用现代的话说，如果能够以"厚礼"待人，往往会让对方觉得"你给足了他面子"，此时，对方往往会非常乐意接纳你。所以，《老子·第六十六章》说得好："江海所以能为百谷王者，以其善下之，故能为百谷王。是以圣人欲上民，必以言下之；欲先民，必以身后之。是以圣人居上而民不重，居前而民不害。是以天下乐推而不厌。以其不争，故天下莫能与之争。"但孔子也反对貌似有礼而内心虚情假意的行为："巧言、令色、足恭，左丘明耻之，丘亦耻之。"（《论语·公冶长》）孟子也说："恭敬而无实，君子不可虚拘"（《孟子·尽心上》），"恭俭岂可以声音笑貌为哉"（《孟子·离娄上》）。他们认为，真正有礼之人，内心充满了对人的真诚和恭敬，而并非只有声音笑貌就可以了。学生万章问孟子："敢问交际何心也?"孟子回答："恭也。"（《孟子·万章下》）以礼相待、相敬如宾是文明程度的一种表现，也是建立动态平衡与和谐的良性关系的基础。

(四)要做一位谦谦君子

中国人向来崇尚团结与和谐，推崇温柔敦厚的谦谦君子之风，如"君子有礼，则外谐而内无怨"（《礼记·礼器》）。从人格修养的角度看，一个人若想在与他人交往时更有效地获得一种真正意义上的和谐关系，就必须努力通过个人的心性修养，尽量使自己向"君子人格"的方向发展，切勿使自己养成"小人人格"。同时，《礼记》也告诫人们："与君子交如入芝兰之室，与小人交如入鲍鱼之肆""近朱者赤，近墨者黑"。从这个意义上说，大凡有助于"君子人格"养成的策略，实际上都往往是一种获得和谐人际关系的有效策略；反之，大凡有助于"小人人格"养成的策略，实际上都会阻碍人们获得和谐的人际关系。

所谓谦谦君子，是指谦虚谨慎、能严格要求自己、品格高尚的人。孔子从待人处事的角度提出"君子和而不同"的著名命题。孔子理想中的"君子"为能以真性情行礼者，故曰："质胜文则野，文胜质则史。文质彬彬，然后君子。"（《论语·雍也》）"文质彬彬"即中行也。在孔子心中，君子人格的特质有仁、义、礼、智、信、忠、恕、勇、中庸、谦虚、和而不同、文质彬彬、自强 13 种。用德育心理学的眼光看，正是由于个体通过"修身养性"的方式使自己获得仁、义、礼、智四种特质，从而使自己成为"君子"。这样，个体于内可以使自己恰如其分地调节身与心，从而实现"身心之和"和"主客我之和"；于外则能够做到用"兼容多端而相互和谐"的思想来处理天人关系与人我关系。一方面，君子以"有所为有所不为"的方式实现"天人之和"。"有所为"指君子在与自然打交道的过程中，往往积极进取，善于利用自然来为自己服务，正所谓"天行健，君子以自强不息"；"有所不为"指君子在与自然打交道的过程中，又善于做到适可而止。为了使自己能与外部环境和谐相处，君子必会自觉地约束自己的言行，做到"畏天命，畏大人，畏圣人之言"，以使自己的言行"与天地合其德，与日月合其明，与四时合其序"。另一方面，君子运用"和而不同"的策略实现"人我之和"。正如孔子所说："君子和而不同，小人同而不和。"《大学》所讲的"三纲领八条目"表达的正是此意——"致知在格物。物格而后知至，知至而后意诚，意诚而后心正，心正而后身修"讲的是"修身工夫"，凭此而使个体具备"君子"的素养，其中极少数做到极高明处的个体就具备了"内圣"的素质。北宋邵雍在《皇极经世·观物篇四十二》里说的"圣也者，人之至者也"，"身修而后家齐，家齐而后国治，国治而后天下平"正是君子所宜努力去做的"推己及人与物"的"外王工夫"。由此可见，具备君子人格的人最能真切体悟并身体力行和谐伦理精神。明白了这一点，我们就能理解何以孔子愿意花那么大的力气去鼓吹君子人格，何以秦汉以降的中国传统文化如此推崇君子人格，何以宋明理学家将本只是《礼记》中的一篇《大学》抬高到"四书五经"之首。

当然，君子人格不是天生的，而是通过后天教育形成的。正如扬雄在《法言·学行》里所说："学者，所以修性也。视、听、言、貌、思，性所有也。学则正，否则邪。""学者，所以求为君子也。求而不得者有矣，夫未有不求而得之者也。"同时，君子人格是一个有浓厚中国文化色彩且深受中国人喜爱的概念，只要稍加诠释与转换，就能将君子人格的精神实质理解成一种具有自尊、仁爱、宽恕、平等、民主和进取等德性，且具共生取向、身心和谐发展的健全人格，这种人格正好是和谐德育所要努力追求的。既然如此，采取有效措施培育个体的新型君子人格，就是在当代中国德育里落实和谐伦理精神的一项重要举措。[①] 尤其是在当前人际交往极大扩展的今天，我们更应该在人际交往中弘扬这种传统的以礼待人的方式，努力提高自身的涵养、作风和形象。当绝大多数人都成为彬彬有礼、谦恭待人的君子时，人和人之间的摩擦和冲突将会减少，人际关系也将变得更加和谐。

二、真诚待人

与人交往或处理人际关系时，我们首先要摆正或放正对待他人的心态，即以一种什么样的情感和态度来对待人际交往以及交往的对象。那么，正确的情感态度是什么呢？中国人提倡的是真诚待人。人与人之间的和谐最需要的，如果用最简洁的语言来回答，恐怕一个字最合适，真。要真心相见、真情相待、真言相劝、真行相助。而且这种"真"，是发乎内心、自然而然的，无做作之"秀"、无故显之"态"。就是说，要想获得人际

---

① 汪凤炎：《"和"的含义及其对当代中国德育的启示》，载《中国德育》，2009(3)。

和谐(真和),自己在情感上就得先是出自"真心"与"诚意"的。为什么在待人态度上要做到真诚待人呢?这是由于中国人多相信,只有自己先以诚待人,才能让别人也以诚待已。如孔子认为,待人要先有一颗仁心,然后才可以行礼,否则礼只是一种虚伪的形式。"非惟不足贵,且亦甚可贱"[①],"人而不仁如礼何!人而不仁如乐何"(《论语·八佾》),不仁之人,无真性情,虽行礼乐之文,只不过是增添了他的虚伪罢了。《孟子·离娄上》也说:"诚者,天之道也;思诚者,人之道也。至诚而不动者,未之有也;不诚,未有能动者也。"他认为,大自然的规律和现象是真实无欺的,对人也必须用"诚"去感动他们。杨中芳和彭泗清认为,在交往的初期,人际交往会继续以及人际关系会展开,是有一定的先决条件的,那就是,双方都基本"诚实",愿意遵循每一个场合的游戏规则,不要花样。[②] 要做到真诚待人,需要做到以下几点。

(一)要有一颗仁爱之心

要做到真诚地对待他人,首先个体要有一颗"仁爱之心"。因为,要想别人对你友爱,你首先就要对别人友爱。《说文解字》中:"仁,亲也。从人、二。"段玉裁注释:"亲者,密至也。从人二,相人偶也。言尔我亲密之词。独则无偶,偶则相亲,故其字从人二。"郑玄注《中庸》"仁者,人也"时所谓:"人,读如相人偶之人。"或段玉裁《说文解字注》所谓:"人偶,犹尔我亲密之词。独则无耦,耦则相亲。"这是说,从字源看,"仁"是用来称人与人之间亲密无间的范畴。只要有两个人,他们之间就构成了一种社会关系;要想维持人与人之间的关系,就要相互亲爱、亲近。所以,"仁"用

---

① 冯友兰:《中国哲学史》,62—63 页,重庆,重庆出版社,2009。
② 杨中芳、彭泗清:《人际交往中的人情与关系:构念化与研究方向》,转引自杨国枢、黄光国、杨中芳主编:《华人本土心理学》,470—504 页,重庆,重庆大学出版社,2008。

现代的话来讲，是指人与人相互友爱、互助、同情等。正如《孟子·离娄下》所说："君子以仁存心，以礼存心。仁者爱人，有礼者敬人。爱人者，人恒爱之；敬人者，人恒敬之。"心中有仁，就能爱人，能爱人，别人也能爱戴你；心中有了礼，能尊敬别人，别人也就能尊敬你。这告诉我们，爱戴和尊敬都是相互的。《墨子·兼爱中》也说："夫爱人者人必从而爱之，利人者人必从而利之；恶人者人必从而恶之，害人者人必从而害之。"儒家认为，通过"仁爱"，社会最终会形成一种人与人的和谐关系，这也就是中国人非常推崇的"仁爱和谐"。这样，在人际交往中，中国人提倡在待人的态度上要遵循友爱与互爱的原则。

由于中国社会的"差序格局"的存在，儒家还要求将亲情之爱推广开来。《论语·学而》中孔子说："泛爱众，而亲仁。"《论语·颜渊》中孔子答樊迟问仁的"爱人"，邢昺疏："樊迟问仁，子曰'爱人'者，言此泛爱济众，是仁道也。"《论语·雍也》说："子贡曰：'如有博施于民而能济众，何如？可谓仁乎？'"孔子对此观点大为赞赏，曰："何事于仁，必也圣乎！尧舜其犹病诸！"也就是说，爱人要扩展到对社会大众的仁爱情怀和博施济众的仁爱实践。正所谓"四海之内，皆兄弟也"（《论语·颜渊》）。于是，中国人在待人态度上推崇的最高境界是一种"民胞物与"（《正蒙·乾称》）的境界：将每个人看作是自己的同胞手足，将万事万物看作是自己的朋友与伙伴，将整个宇宙看作是一个和谐的大家庭。因此，现代社会提倡仁爱，应从"亲人之爱""熟人之爱"做起，然后扩及"生人之爱"。卢梭说："只要把自爱之心扩大到爱别人，我们就可以把自爱变为美德，这种美德，在任何一个人的心中都是可以找得到它的根底的。我们所关心的对象同我们愈是没有直接的关系，则我们愈不害怕受个人利益的迷惑；我们愈是使这种利益普及于别人，它就愈是公正。"①

从人际交往的角度来看，中国人的"仁"指的是这样一种关系：人与人之间的心意感通，亦即"以心换心"，并且，在这种双方心意感通的过程中，理想的行径必须是处处以对方为重。② 这也是因为，人活在世上很艰难，只有通过友爱、相互协作、相互支持，我们才能使生命之光永不泯灭。这正如《大戴礼记·曾子制言上》所说："是故人之相与也，譬如舟车然，相济达也。人非人不济，马非马不走，水非水不行。"一个人没有其他人的帮助，就不能成功；一匹马没有别的马一齐拉车，车辆就不能急趋。汉谚也说"人心齐，泰山移""在家靠父母，出门靠朋友""双拳不敌四手，好汉架不住人多""三个臭皮匠，顶个诸葛亮"和"单花不是春，独木不成林"等。用现代社会心理学的术语来讲，仁爱，就是要牢记人际吸引的对等律。按现在的话来讲，大家都凭着一颗善良之心，心怀仁道情感，互敬互爱，这样人与人之间充满着诚挚友爱，整个社会井然有序并不断发展，形成一种良好的社会风尚。如果每个人都能做到以礼待人，这样，整个社会的人际关系就可以形成正常的良性循环，从而讲信修睦的高度文明、高度和谐的社会就会逐步实现。

(二)要学会推己及人

孔子的仁爱还强调宽容，"己欲立而立人，己欲达而达人"(《论语·雍也》)，强调人与人之间要彼此诚恳相待、互相谅解、互相帮助、共同发展；要"己所不欲，勿施于人"(《论语·颜渊》)，强调个体应当以对待自身的行为为参照来对待他人，设身处地地替别人着想，亦即"推己及人"。其中，前者是推己及人的肯定方面，孔子称之为"忠"，即"尽己为人"；后者

① 卢梭：《爱弥儿》，356 页，北京，商务印书馆，1978。
② 孙隆基：《中国文化的深层结构》，167 页，桂林，广西师范大学出版社，2011。

是推己及人的否定方面，孔子称之为"恕"，即"己所不欲，勿施于人"。推己及人的这两个方面合在一起，就叫作忠恕之道，就是"仁之方"（实行仁的方法）。忠恕是仁的应有之义，是实现仁的具体途径。

后儒进一步以忠恕之道为"絜矩之道"，如《中庸》中说："忠恕违道不远，施诸己而不愿，亦勿施于人。……所求乎子，以事父……所求乎臣，以事君……所求乎弟，以事兄……所求乎朋友，先施之……"这正是孔子"己所不欲，勿施于人"思想的发挥，要求在处理人与人的关系上合于"中庸之道"。据朱熹注："以己之心度人之心，未尝不同，则道之不远于人者可见。故己之所不欲，则勿以施之于人，亦不远人以为道之事。张子所谓'以爱己之心爱人，则尽仁'是也。"这里是从肯定方面，即应该怎么做来强调忠恕之道的。孟子发挥孔子的话说："强恕而行，求仁莫近。"（《孟子·尽心上》）朱熹注云："强，勉强也。恕，推己以及人也。"这是说只要努力地按照忠恕之道去做，凡事推己及人，就离仁道不远了。《礼记·大学》说："所恶于上，毋以使下；所恶于下，毋以事上；所恶于前，毋以先后；所恶于后，毋以从前；所恶于右，毋以交于左；所恶于左，毋以交于右。此之谓絜矩之道。"这里的"絜矩"，朱熹注："絜，度也。矩，所以为方也。"就是说，"絜"指一种度量，"矩"是制作方形的量器，"絜矩"即引导、示范之意。这里是从否定方面，即从不应该做什么来强调忠恕之道的。而无论是肯定方面还是否定方面，都是以自己作为标准以达到爱己及人，以仁道实现人与人关系的和谐。这也说明，宽容是仁爱的应有之义，有宽容之心的人就能够与各种人都和谐相处。

按现代心理学的话来讲，就是学会宽以待人，换位思考，能够做到共情。这是因为，在与人相处中，除了关注自身的存在以外，人们还得关注他人的存在。人与人之间是平等的，切勿将己所不欲施于人。同时，与人交往应该有宽广的胸怀，待人处事之时切勿心胸狭窄，而应宽宏大量、宽以待人。倘若自己所不欲的，硬推给他人，不仅会破坏与他人的关系，也会将事情弄得僵持而不可收拾。尤其是要善于尊重另一个个体，善于与不同性格、不同素质的人打交道，这样才能做到人和。这是人与人之间的交往应该坚持的原则，也是尊重他人、平等待人的体现。"忠"与"恕"从观念层面上提供了有效地调节人与人之间关系的底线伦理，是恰当地处理人际关系的"黄金律"。

(三)待人要内外一致，表里如一

要维持长久的和谐人际关系，就要内外一致、表里如一，毕竟"路遥知马力，日久见人心"。玩弄权术与心计是欺瞒得了一时，欺瞒不了一世的，到头来损失会更为惨重。所谓待人要表里如一，就是指与人交往时要内外一致，不能人前搞一套，背后又搞一套；说的是一套，做的是另一套，甚至采用厚黑的手法，打着尚"和"的名义欺骗他人上当。古语"两面三刀"就是比喻那些居心不良，当面一套、背后一套的人。

做人与待人要表里如一，用孔子的话来讲，就是做人要"直"，要有真性情，不能虚伪。因此，孔子重"礼"而尚"直"。冯友兰说，孔子注重人有真性情，恶虚伪，尚质直。因为"直者内不以自欺，外不以欺人，心有所好恶而如其实以出之者也"，而且"直者内忖诸己者也，曲者外揣于人者也……今唯恐人之不乐我之谢，而必欲给其求，是不能内忖诸己，而己不免揣人意向为转移，究其极将为巧言令色，故不得为直也"。孔子曰："巧言令色，足恭，左丘明耻之，丘亦耻之。"(《论语·公冶长》)耻之者，耻其不直也。[1]《论语·子路》中有云："子贡问曰：'乡人皆好之，何如?'子曰：'未可也。''乡人皆恶之，何如?'子曰：'未可也。不如乡人之善者好之，其不

———————

[1]　冯友兰：《中国哲学史》，62—63 页，重庆，重庆出版社，2009。

善者恶之。'"又说："乡愿，德之贼也。"（《论语·阳货》）由此看来，孔子很讨厌这种不区分善恶，左右逢源的"乡愿"。乡人皆恶之，是必不近人情之人也，然至乡人旨好之，此难免专务人人而悦之，为乡愿之徒，亦虚伪无可取。"不得中行而与之，必也狂狷乎！狂者进取，狷者有所不为也。"（《论语·子路》）狂狷之行为，虽不合中行，但皆真性情之流露，亦可取。若乡愿则为伪君子，尤劣于真小人矣。[①] 尤其是在熟人社会中，因为有长久的接触，那种虚伪的向内用力就无法维持，伪君子是没有市场的，"装得了一时，装不了一世"，长久接触便是熟人社会中的真伪识别机制。

三、善行中庸

在人际交往的过程中，要善于运用"中庸之道"妥善处理好各种人际关系。早在春秋时代，孔子就大声疾呼："中庸之为德也，其至矣乎！"（《论语·雍也》）孔子把"中庸"视为最高的美德。《礼记·中庸》具体发挥了孔子的"中庸"思想。所谓中庸之道，即待人接物不偏不倚，折中调和的处世态度。中国古人把"中庸之道"看作为人处世的最高原则。它的基本要求是在视、听、言、动等方面既不能"过"，也不能"不及"，为此就要在内心品性上进行严格的修养，通过"正心""诚意""居敬""慎独"等工夫，根除一切偏激过枉的情绪，压制或净化一切可能带来纷争的欲望，塑造"与人为善""推己及人""致虚守静""和为贵""为人谦和""融洽和气""仇必和而解"等精神品格，最后达到人与人、身与心、群与己、天与人的最高和谐（太和）。按照《易传》中的哲理，"保合太和，乃利贞"，求得了和谐，人们便获得顺利发展的根本保证。和谐意味着人对世界没有任何非分的欲望，意味着清心寡欲、安贫乐道、与世无争、与人无争。自然经济时代的物质匮乏似乎

---

① 冯友兰：《中国哲学史》，62—63 页，重庆，重庆出版社，2009。

可以通过这种精神上的和谐去弥补和平衡，"安分守己"的为人之道可以外化为互相谦让、和平相处的人际关系之和谐。① 当然，"不偏谓之中，不易谓之庸"，这样的境界，其实是一种很难企及的道德理想。孔子就曾感叹："不得中行而与之，必也狂狷乎?"人们在行事上，要么"狂"(过)，要么就"狷"(不及)，能够"发而皆中节"的，实属凤毛麟角。鲁迅曾说，中华民族常常自命为"爱中庸""行中庸"，其实行事总是偏激。历观古今，"中庸"真是难得很。中国人有时也奉行"中庸"，但那是一种"伪中庸"。"此亦一是非，彼亦一是非"(《庄子·齐物论》)，"和稀泥"而已，对什么事都来一个模棱两可，不做决断。真正的"中庸"不易得，便出现了骑墙派的和事佬。

从人际交往的角度看，行中庸，就是待人接物保持中正平和，因时制宜、因物制宜、因事制宜、因地制宜。用现代的话来讲，就是要把握好"度"。儒家思想特别强调做事要恰到好处，即要适度，过犹不及。这样的思想出现在很多儒家经典著作中，如《礼记·中庸》中"喜怒哀乐之未发谓之中，发而皆中节谓之和""致中和，天地位焉，万物育焉"。但是，儒家既强调礼的运用以"和为贵"，即恰到好处最好，又指出"和"的模式或者说其内容是要根据具体情况不断修正和调整的。孔子甚至把中庸称为"至德"："中庸之为德，其至矣乎!"(《论语·雍也》)"君子中庸，小人反中庸。"(《中庸》)不穷尽、不绝对，凡事留有余地，追求整体的平稳和谐，这是中华文明韧性的由来，也是中国人惯常的处事准则。儒家哲学谓之为中庸之道。但是，中庸之道并非一些人们所谓"折中主义"、妥协主义，而是中国传统文化中的高级哲理、政治哲学与人生智慧。在现实生活的人际交往中，无原则的折中调和就说明没有摆正立场，没做到"不偏不倚"；而处理问题如果操之过急或迂缓，就说明违背了无过无不及的方法论原则。儒

---

① 李振纲、方国根主编：《和合之境——中国哲学与21世纪》，166—167页，上海，华东师范大学出版社，2001。

家先哲非常注重处理问题时的"度"，过头或不及都是违背"中庸"的，因此才有"过犹不及"（《论语·先进》）的说法。它要求人们摒弃"过"与"不及"（或者说"左"与"右"）两个极端，以不偏不倚、中正客观的整体立场来看待与处理问题。

简单来讲，"中庸"是中国人人际思维的特点，这种特点在人际冲突的处理中体现得尤为明显。"和"则是中国人所追求的一种境界，是中国人人际行为的目的和旨归。而"中庸"之道正是追求人际之"和"的途径和准则。做出中庸决策则需要主体根据具体问题、具体情境、整体的各层关系进行权衡，把握灵活的"度"。① 一个善守中庸的人，就是既要固守中正之道又敢于打破常规的人，以便将面临的不同事情都能处理得恰到好处。因此，在与人交往的过程中，人们若能以中庸之道来行事，往往易获得和谐的人际关系。下面就日常交往中的几个关键问题来讲中庸的做法。

(一)向人提要求应遵循心理换位的原则

与人交往，难免有时会向对方提一些要求，这是人之常情。不过，若要求提得不恰当或过分，强人所难，可能会遭到对方拒绝，也可能对方表面同意，心中却老大不高兴。这样就可能伤及双方的感情，危及彼此之间的和谐关系。那么，哪些要求可以提，哪些要求不可以提呢？中国人认为，向人提要求时应遵循心理换位的原则：设身处地地替对方想想，假若换作是我，这些要求我能接受吗？若我不能接受，则这个要求就不要向对方提出，不能让对方感到为难；若我能接受，则这个要求就可向对方提出。这就是俗话讲的"将心比心"与"前半夜替自己想想，后半夜替别人想想"的道理所在。用富哲理性的话说，如孔子所说："己所不欲，勿施于

① 邬欣言：《生活中的社会学》，90—91页，长沙，湖南大学出版社，2012。

人。"(《论语·卫灵公》)"己欲立而立人，己欲达而达人。"(《论语·雍也》)前一句话是从反面说的，它告诉人们这样一个道理：自己不想要的任何事物，就不要强加给别人；后一句话是从正面说的，它告诉人们，自己想要做的事情，也正是别人希望做的事情。中国人认为，按照心理换位的原则向对方提要求，最易获得对方的理解，因而也最易让对方愉快地接受。如若一意孤行，把自己的想法和做法强加于人，势必危及人际关系。这也是一个做人做事的重要原则。"你敬我一尺，我敬你一丈"，在此基础上，若能以谦虚的方式待人，让自己处于下位，便是一种恰当的"给别人面子"的做法，他人就会非常乐意接受你(包括你的请求)。

当然，在现实生活中，有你向别人提要求的时候，也有别人向你提要求的时候。如若该要求正好在你可承接的范围之内，那么顺水推舟，彼此和悦融洽；如若对对方提出的要求不得不拒绝，但又不能得罪他人，那该怎么办呢？一般而言，为不使双方撕破脸皮，避免日后"抬头不见低头见"的尴尬，也必须"委婉地表达己意"。即当一个人有求于己，而自己又不能或不想满足他时，不失和的做法是，即便真要拒绝对方，也不能当面一口拒绝，而要先找一个好的理由——当然应该是诚恳的而不是编造的，不然事后一旦被拆穿则后果会更遭——以便照顾对方的面子，然后再委婉地予以拒绝。否则，这就是不顾情面的无礼行为，有可能让对方一时下不来台，颜面尽失，导致得罪他人，严重的甚至会恼羞成怒、反目成仇。因此，一个善于做人的中国人在这种时候，一般会有既不让自己与对方撕破脸皮，又能达到自己行动目的的待人处世方法。

(二)对待诺言应遵循诚实守信的原则

与人交往，有时会与人相约或向对方许诺，这也是人之常情。那么，应怎样去对待诺言呢？在中国传统交往中，关于朋友关系的规范、原则，最基本的是"信"，或者说"诚"，即诚实、无欺、讲究信义。"弟子入则孝，出则悌，谨而信。"（《论语·学而》）它告诫人们，在家孝顺父母、敬爱兄长；在外注重行为，要小心谨慎、讲究信用。《论语》载："与朋友交而不信乎？""与朋友交，言而有信，虽曰未学，吾必谓之学矣。"（《论语·学而》）"人而无信，不知其可也。大车无輗，小车无軏，其何以行之哉。"（《论语·为政》）孔子主张，交友一定要讲信义，守信用，心口如一，言行一致，不能欺骗朋友。《论语》讲"信"，不讲诚，后来"诚"字为孟子所倡，成为重要概念，信和诚含义相应，渐趋合二为一。如果说"信"强调主体对他人、对朋友的态度，那么，"诚"则着重于主体自身。换言之，信是不欺人，诚是不自欺。所谓"诚于中而形于外"，正是指心中信实诚笃，在外形上也得到自然而然的表现。外显的信实是由衷而发的，不信则是不诚，所以诚是信的基础。而且《中庸》讲："诚之者，择善而固执之也。"诚在朋友关系上的含义，就是选择志同道合的善士为友。信、诚是朋友关系的基本规范和根本原则。因此，中国人相信，只有自己先守信于人，才能让人也守信于己，这实际上也是一种人际吸引的对等律。《礼记·表记》中："君子与其有诺责也，宁有己怨。"轻诺必寡信，与其许了愿而不能兑现，还不如不轻易许愿。因此，中国人一向认为，对待诺言应遵循诚实守信的原则，主张与朋友相交要"说到做到""言而有信""一诺千金"，认为"人无信不立"，赞赏"言必信，行必果"的行为方式；反对或瞧不起"虚伪""失信于人""没有责任感"。由此可见，诚实守信是做人与待人的一个重要原则。

(三)对待对方过错应遵循委婉劝说的原则

人非圣贤，孰能无过。在与人交往时，若对方犯了过错，应怎样对待呢？中国人认为，此时应遵循委婉劝说的原则，给人留有余地，点到为止，以善意提醒对方为好，让对方早日醒悟并及时改正错误。东汉时期，罗威的庄稼屡受邻居的牛践踏，他和邻居交涉，邻居不理。罗威没有火冒三丈，而是每天天不亮就起床去打青草，然后堆放在邻居家的牛圈前。牛每天吃饱了就睡觉，再也不去吃庄稼了。邻居每天起来，总看到牛圈前有一堆青草，颇感纳闷，经观察，知是罗威所为，顿觉愧疚，从此对牛严加看管。"罗威饲犊"的故事也就传为美谈。

所谓"委婉劝说"，是指个体以间接、含蓄的方式来表达自己的意见或想法。对待他人的过错，不能紧抓住别人的一个小过错不放，既要让人知道错误，更要懂得给人台阶下。所谓"给人台阶下"，就是主动给对方提供一个可以保全或维护其面子的机会，让对方体面地保全面子。一些善做人的人常用"打圆场"的方式来给人台阶下。此时，若对方"识趣"，往往会"顺坡下驴"，而不会伤及双方的和谐。正所谓"打人休打痛处，说人休说短处""打人休打脸，骂人休揭短"，即指出对方的过错时不可过分，即便有冲突发生，也要给人留些面子，不要动不动就揭露别人的短处或隐私，要"得饶人处且饶人""得理也要让三分"。如《千字文》就主张"交友投分，切磨箴规"，意即"言朋友之合，以情相托。平日为学，则切磋琢磨，相勉以求其精。至于有过，则讽谕规戒，相救以正其失也。"①为什么要这样做呢？因为中国人多相信，"金无足赤，人无完人"，又多认为，一个人犯错误并不可怕，可怕的是知错而不能改，知错即改的人还是非常难能可贵的。俗话说，"浪子回头金不换""放下屠刀，立地成佛"。这样，中国人多主张在与人交往时，要容允别人犯错误，即要有一颗宽容之心，不要求全责备，否则，"水至清则无鱼，人至察则无徒"。不过，中国人又多认为，委婉劝说是有一定限度的，万一委婉劝说仍然不生效，此时就应记住《论语·颜渊》中的教诲："忠告而善道之，不可则止，毋自辱焉。"忠心地劝告

---

① 梁兴嗣撰：《千字文释义》，汪啸尹，纂集，29 页，北京，中国书店，1991。

他、好好地引导他，他不听从，也就罢了，不要自找侮辱。

（四）与人意见不一致应遵循宽容谦让的原则

"和"不是单一事物的简单叠加，而是在尊重事物多样性的前提下，不同事物、不同元素协调一致、融洽共存的一种状态，反映在人与人之间就是人们的和谐共处。"同"是与"和"意思颇为相近的一个字，但反映在人际交往中，两字的意义却截然不同。杨伯峻解释说："君子用自己的正确意见来纠正别人的错误意见，使一切都做到恰到好处，却不肯盲从附和。小人只是盲从附和，却不肯表示自己的不同意见。"①在现实生活中，在与人交往时，由于种种原因，难免会有与人意见不一致的时候，如果这时大家互相争强好胜，非要分出个输赢来，就有可能伤了"和气"，甚至会发生冲突，以至于"化友为仇"。例如，"敢于纠正别人观点或做法中的错误或缺点，绝不随声苟同"在现实生活中就容易得罪人。为了避免这种情况的发生，中国人一贯提倡与人意见不一致时应遵循和而不同、求同存异、宽容谦让的原则。所谓"礼之用，和为贵"（《论语·学而》），礼可以视为硬性的规章制度，但过于讲究"礼数"，则互相之间就会缺少融洽的感情，因此，也要根据具体的情势，因时制宜，以和为贵。有学者将其解释为"恰到好处"，处于谐和状态，而不是盲从附合。儒家经典《中庸》中说："故君子和而不流，强哉矫！中立而不倚，强哉矫！"其意是说，君子虽然"贵和"，但是反对无原则的随波逐流，为取悦世俗而改变自己正确的立场和见解。

民间有很多俗语都赞赏谦让与宽容，如"谦让万事和，心安一生平""多一事不如少一事""人让人，不蚀本""小事不让人，大事难做成"等。用先哲的话讲，正如《老子·第六十六章》所说："江海所以能为百谷王者，

---

① 杨伯峻译注：《论语译注（简体字本）》，159页，北京，中华书局，2006。

以其善下之。……以其不争，故天下莫能与之争。"《孟子·公孙丑上》也说："以力服人者，非心服也，力不赡也；以德服人者，中心悦而诚服也，如七十子之服孔子也。"中国历史上有一个刘劭，他在《人物志》一书中著《释争》一文专论"争"的坏处与"不争"的好处，最后得出的结论是："由此论之，则不伐者伐之也，不争者争之也，让敌者胜之也，下众者上之也。"谦让与宽容发展的结果又使得中国人以"忍"为尚，"小不忍则乱大谋"几乎成了一个妇孺皆知的俗语。另外，诸如"三十六计，走为上计""好汉不吃眼前亏""大事化小，小事化了""一口气忍得，终身福享得"与"退一步海阔天空"之类的推崇"忍"或"让"的谚语在中国民间流传甚广。简言之，在与人意见不一致时，中国人提倡遵循宽容谦让的原则，以维护中国人处理人际关系的基本准则——"和"，使之不至于中断。

当然，有时与人意见不一致，又不得不说时，中国人往往在提出自己的意见之前，事先声明，说这句话是"对事不对人"。在一个强调人情法则的文化里成长的个人，必然比较重视人情关系，在决定各项事物时，一般倾向于对人不对事；相反，一个在强调公平法则的文化里成长的人，必然比较注重理性的彰显，进而不太会以人情法则作为待人处世的法则，相应地，也就不会背上人情包袱。这样，一个想躲开人际压力的中国人，也可以采取对事不对人的策略来待人处世。[1]

（五）与人交往时保持适当的距离

孔子曾说："唯女子与小人为难养也，近之则不逊，远之则怨。"（《论语·阳货》）清儒戴望也说："女子以形事人，小人以力事人，皆志不在义，

---

[1] Hwang, K. K., "Face and Favor: The Chinese Power Game," *American Journal of Sociology*, 1987(4), pp. 944-974. 黄光国、胡先缙等，《人情与面子：中国人的权力游戏》，北京，中国人民大学出版社，2010。

故为'难养'。"(《戴氏注论语》)姑且不论该句的初衷是不是轻视女性，但至少可以从中明白一个深刻的做人道理：人与人交往，既不能距离太近，显得太过亲密，因为太过亲密，就容易让交往双方的言谈举止过于随便而无礼，于是极可能因一方一时的"口无遮拦"或"冒失行为"而伤害对方；又不能距离太远，显得彼此疏远，让人体验不到人情的温暖，从而使一方或双方产生失落或怨恨心理。因此，最恰当的交往方式之一就是与对方保持一种适当的距离，这是一种做人的艺术，也是尊重他人的重要表现。为什么要这样做呢？可以借用叔本华的一个寓言来说明。叔本华在《悲观论集·寓言几则》中有如下说。

在冬天一个寒冷的日子里，几只豪猪挤在一起互相取暖。但是，当它们身上的刺彼此戳痛对方时，它们又不得不散开。然而，寒冷又把它们驱赶到一起，接着又发生了同样的事。最后，经过多次反复，它们终于明白：最好彼此保持一定距离。同样，社会需要把人类的"豪猪"驱赶到一起，但是，他们生性多刺、难以取得一致的特性使他们互相排斥。他们最终发现唯一可容忍的交往条件是适中的间距，包括彬彬有礼的规则和温和友善的态度，那些违犯这些规则的人将受到严厉的警告——用英语格言表示即：请勿接近。①

可见，人类交往的需要促使一个人与另一个人或另一些人走到一起。不过，人与人之间因有不同的秉性、不同的需要、不同的兴趣等，"注定"了彼此之间相处很困难。对这种"二律背反"妥协的结果是，人们发现，彼此若要和睦相处，必须保持一定的距离。这里的距离，有物理和心理两方面的内容。从物理的角度看，人与人之间的距离要保持在一定的范围之内，才不易引起人的不安和敌意。人类学家爱德华·霍尔观察发现，人与

---

① 叔本华：《叔本华论说文集》，500—501页，北京，商务印书馆，1999。

人之间在面对面的情境中，常因彼此间情感的亲疏不同，而不自觉地保持不同的距离：最亲密的人，彼此间可以接近到 0.5 米；有私交的朋友或熟人间，彼此可以接近到 0.5—1.25 米；一般在公共场所与陌生人之间沟通时，彼此间的距离通常维持在 3 米以上。① 而心理距离，则更是因人而异。关系亲密的、感情深厚的"距离"宜小；反之，"距离"则宜大。如果靠太近了，彼此没有秘密，既容易相互厌倦，也容易相互摩擦，产生矛盾；如果离太远了，又容易相互淡忘，变得生疏。因此，在一般意义上，不论是朋友、同事之间还是亲人之间，保持适度的距离可以防止过多地闯入他人的"私人空间"。陌生人之间就更不用说了。这样的"私人空间"不论在物理方面还是在心理方面都是人所固有的，因而也是彼此之间值得尊重的。只有把握好相处的距离，才能让"友谊之树"常青。

四、反求诸己

与人相和，除了"宽以待人"外，还要"严以律己"，尤其是在与人发生矛盾后，更要反求诸己，坚持积极的调和与沟通。在人际交往中，有时难免会与人发生矛盾，矛盾的发生本已危及"和"的存在，若再不采取得当的措施，就可能将辛苦建立起来的和睦人际关系毁于一旦；假若补救措施得当，也可能化干戈为玉帛，恢复或重新建立和睦的人际关系。那么，与人发生矛盾后应遵循什么原则呢？中国人一贯主张应遵循调和沟通的原则。而为了尽快恢复或建立和谐的人际关系，以便减轻或消除由不和谐人际关系给自己心灵带来的压力与紧张，在调和与沟通的过程中，大多数中国人又倾向于将引起矛盾的过错归因于自己，认为只有这样做才可证明自己诚心修好的心意，也容易得到他人的谅解，从而使矛盾尽快化解。这就是俗话讲的"正人先正己"与"严以律己，宽以待人"的道理所在。用先哲的话

---

① Hall, E. T., *The Silent Language*, New York, Doubleday, 1959.

讲，即如《论语·卫灵公》说："躬自厚而薄责于人，则远怨矣。"人与人之间产生矛盾时，要求责于自己，而不是从对方身上挑毛病、找借口，这样就能远离怨恨，人际关系也就趋于和谐了。朱子《论语集注》说："责己厚，故身益修；责人薄，故人易从。所以人不得怨之。"责己厚、责人薄，本身就是一个道德提升、修身养性的途径。人们常说"小人无错，君子常过"，"君子求诸己，小人求诸人"等。这看似矛盾颠倒的两句话，实则包含了儒家推崇的反己修身的君子之风。因为遇事以后，小人从不会认为自己有过错，第一反应是寻他人之过；而君子恰恰相反，总会先从自身找原因，因此看起来常有过错。《礼记·坊记》说："君子贵人而贱己，先人而后己。"凡事看重别人，先去顾及别人的感受，这样人们相互之间就能多些宽容与谅解，社会自然也就会温馨和谐。如果矛盾产生后，只盯着对方的不是，而不反躬自省，从自身寻找原因，结果只有增加怨恨、激化矛盾。这些都是强调正己为先原则在化解矛盾中的重要性。"求诸己"的做法一般有以下方面。

（一）尽量减少冲突的发生

在中国传统文化中，不鼓励以正面攻击行为来解决人际关系中所引起的不满。因此，在处理人际关系时，如何控制人际冲突成了一大难题。俗话说得好，控制不了别人，但可以控制住自己。这方面的做法可包括以下三个方面。

1. 事先确立好处事的原则

无规矩不成方圆，事先立好规矩，大家循礼而行。有亲缘关系，就按亲情交往；没亲缘关系，就按公理交往。例如，黄光国提出的心理"区隔"策略的运用就能有效避免双方出现正面冲突。心理区隔策略的使用范畴可分为两种：一种是对"事"的区隔，一种是对"人"的区隔。就对"事"的区隔而言，其策略是严格限制自己：对于某些生活领域中的事物，必须以公平法则和别人交往，对于这些生活领域之外的事物，则可以人情法则和他人来往。使用这种方法规避人情时，其原则是，坚持以公平法则来处理自己只拥有支配权的资源；对于自己拥有所有权的资源，则可以用人情法则来处理。譬如，公务员在处理公务时，诉诸法律权威，强调"公私分明"的原则；在私人事务上，则重视人与人之间的人情关系，以保持人际关系的和谐。[①] 此外，中国人也讲究"亲兄弟，明算账"，其目的是将经济性交换与社会性交换分开。否则，不但经济账算不清，甚至连兄弟也做不成了。这方面的例子不胜枚举。例如，在中国农村，兄弟分家一直是个棘手的问题。在分家时，兄弟二人顾及兄弟情分，不便明明白白地制定分家产的原则，而一厢情愿地以为，做哥哥的一定会让着点做弟弟的，反之，做弟弟的一定也会让着些做哥哥的。如果事与愿违，兄弟二人心中定会感觉非常失落，进而反目成仇。不但农村兄弟分家如此，在现代中国的一些家庭式企业里也存在类似的问题。因此，为了兄弟照样做，又能将账目算得清，最好的办法就是按"亲兄弟，明算账"的法则处理人际关系。[②]

2. 采取间接的手法来表达不满情绪

当对对方的言语或行为不满时，人们尽量为双方都保留面子，做到点到为止，或宁可选择事后"各做各的"的"阳奉阴违"的办法，也不要发生正面冲突。所谓做人做事要"给人留有余地"，就是指凡事不要做绝，要给对方留下一定甚至足够的可以用作回转空间的做法。俗语说得好，"人要脸，树要皮""打人莫打脸，骂人莫揭短""君子不羞当面""得饶人处且饶人""不

---

① Hwang, K. K., "Face and Favor: The Chinese Power Game," *American Journal of Sociology*, 1987(4)，pp. 944-974. 黄光国、胡先缙等：《人情与面子：中国人的权力游戏》，北京，中国人民大学出版社，2010。

② 汪凤炎、郑红：《中国文化心理学》(第五版)，209—211 页，广州，暨南大学出版社，2015。

要强人所难"等，这些都是给别人留有余地的做法，也是有教养的人所奉行的待人原则，这样做的结果往往不会伤及别人的面子。

3. 通过"中间人"来交涉，减少正面冲突

为了避免正面冲突，事先找个中间人打听虚实，然后再做打算，这也是中国人为了避免人际失和而常用的一种方法。例如，甲想向乙借钱，又担心自己向他开口时他会拒绝（这种事情一旦发生，中国人通常会觉得很丢面子而导致关系破裂，甚至亲人反目），于是先请丙去探探乙的"口风"，若丙回来说乙愿意借，然后甲再向乙开口借钱；否则，最好就不要向乙提借钱一事，要不然既丢面子，又自讨没趣。

（二）坚持正己为先的原则

当人际交往中出现矛盾的时候，我们该如何处置呢？是从自身寻找原因，还是一味去追究别人的过错呢？中国传统思想一向强调"为仁由己"，突出强调个体的道德自律。例如，儒家强调，"君子有诸己，而后求诸人；无诸己，而后非诸人"（《大学》）。在道德上，中国人先己后人，"正己而不求于人"，要做到"上不怨天，下不尤人"（《中庸》）。在分歧出现的时候，孔子明确告诉人们，应先从自身去反省，而不是去"怨天""尤人"。在行为归因中，中国人提倡把矛盾引起的原因或过错归咎于自己，认为这样做能证明自己负责任或表示与他人和好的诚意。孟子说："有人于此，其待我以横逆，则君子必自反也：我必不仁也，必无礼也，此物奚宜至哉？其自反而仁矣，自反而有礼矣，其横逆由是也，君子必自反也，我必不忠。"（《孟子·离娄下》）若他人待我蛮横粗暴，君子首先就会反思自己，有没有以仁礼待他人。总之，"反求诸己"就是教人遇事要返还己身，先从自身找寻问题的症结所在。这种"严以律己，宽以待人""正人先正己"的宽大胸怀往往在人际交往中能使矛盾尽快解决，也能获得人们的赞赏和肯定。因

此，"正己为先"也是人际交往中的一个重要原则。

（三）要经常反躬自省

应该指出的是，现实的社会生活是复杂多变的，在各种利益与诱惑面前，人稍不留意就有犯错误的可能，而一犯错误就有可能威胁到人际关系的和谐。因此，人际交往中的道德修养过程是一个自觉发现自身的过错，并能不断改正错误的过程。为了及时改错，人们就需要经常反求内心，从自身做起、自我省察。这正如孔子的弟子曾参所说的："吾日三省吾身：为人谋而不忠乎？与朋友交而不信乎？传不习乎？"（《论语·学而》）可见，在为人处事中，修身的基本要求就是要经常反躬自问，从自己的方面找原因。在此，反省的主体是自我，反省的内容则是对他人的社会责任。孔子说："过而不改，是谓过矣。"（《论语·卫灵公》）人难免犯错误，有过错不是过，有过错却不改正，这才是过。而对于统治者来说，治国出现弊端，则必须首先从自身寻找原因，总结经验教训。孟子说："爱人不亲，反其仁；治人不治，反其智；礼人不答，反其敬。行有不得者，皆反求诸己，其身正而天下归之。"（《孟子·公孙丑上》）这是说，不管是与人交往的小事，还是治理国家的大事，行为若达不到目标，就要在自身寻找原因。

（四）掌握一些失和的预防与补救技巧

在有些情况下，有些事情不得不说或不得不做，但难免会有意或无意地得罪他人，这时可在说或做之前，做一些事先避免失和的行为，即预防性措施，具体如下。

1. 声名性行为

通常预期一项得罪人的行为将无法避免时，以声明在先的方式，解释或否认自己行为可能带来的不良后果，礼貌性地预先道歉，或指明观察者可能会有的误解及取得观众事先的谅解等，如"本人事先声明，我们是对事不对人"或"就事论事"。

2. 按规矩办事

这主要发生在人情与法则相冲突的人际困境中，是个体难以决策的有效方法。这时若按规矩办事，自可免除事后的失和。如事先制订好相关规矩或规章制度，行动时大家都遵守规则，这样互动双方都会降低失和的压力。

3. 加强社交能力

适当地学习各种整饰人际关系的策略与技巧，加强与他人的交流与沟通。逢人见面多打招呼，说话客客气气，俗话有"礼多人不怪，油多不坏菜"。一个左右逢源的人总能将人际关系处理得非常顺溜。

4. 自我防卫

这是一种消极的逃避方式，指事先避免社会接触，在一些难免会得罪人的场合不露面或少露面；或在一些场合不乱说话、不乱行事，对任何意见都不表达自己的真实看法，失和威胁就不会存在了。

5. 逢迎他人

讨好对方，给对方好处是极有利的投资。所以，曲意逢迎，甚至虚与委蛇，其目的无非是想与对方建立良好的人际关系，从而获取更多的资源回报。俗话说得好，"伸手不打送礼人""伸手不打笑脸人"。

在人际失和后，事后尽快做出一些挽回的行为（补救性措施）也相当重要。当然，欲补救失和，此时面临的压力，加上对行为后果的承担和受到的情绪干扰，处理起来倍增辛苦，具体如下。

1. 补偿性行为

及时给予形式上的道歉或物质上的赔偿以及其他远期性的赎罪行为，如重新努力或检讨改进，亦可挽回失和，常见的如"负荆请罪""登门道歉"。

2. 请和事佬

这在中国是最好的办法之一。在面临僵局时，人们找个有一定权威的第三方介入事件，以帮忙调停矛盾。

3. 自我防卫

这里是指想办法掩饰已经发生的事，必要时全盘否认，也可以用遗忘来处理。自我防卫通常指寻找合理的借口，或重新界定事情的状况。如有其他事情耽搁，或强调不可避免性，如"我那天酒喝多了，说了些不该说的话，您别往心里去""路上堵车"；也有自我贬低或自我嘲弄一番的，如"大人不记小人过"，以博得对方的宽容与谅解。

正所谓"世事洞明皆学问，人情练达即文章"。总的来说，要想获得和谐的人际关系，正道是，首先要注重养德，即塑造个体良好的道德品质与性格特质；其次要加强修身，即培养个体良好的待人接物的行为与方式。做到做人知礼守礼，做事真诚待人，处事善行中庸，遇事多求诸己，积极进行人际交往，不断提高交往的能力和素质，这样才是实现真正和谐人际关系的关键路径与策略。作为新时代的中国人也应该多从中华优秀传统文化中汲取营养，继承与弘扬中华"和"文化的精华，并顺应社会发展的潮流，培养适应现代社会的新式人际和谐方式，以一种更清晰、更理性、更自觉、更积极的姿态，在社会现代化进程中找到一种适宜的存在方式，健康而又幸福地生活在当下社会。

参考文献

班固.汉书[M].颜师古,注.北京:中华书局,1962.

边玉芳,滕春燕.教师心理健康内隐观研究[J].心理科学,2003,26(3):483-486.

波音.王莽的棋局[J].视野,2013(11):46-47.

蔡华俭.Greenwald 提出的内隐联想测验介绍[J].心理科学进展,2003,11(3):339-344.

常丹.当代大学生尚"和"心理测量量表的编制[D].成都:四川师范大学,2014.

陈道德.墨家"兼相爱、交相利"伦理原则的现代价值[J].哲学研究,2004(11):44-48.

陈江风.中国文化概论[M].南京:南京大学出版社,2002.

陈科华."和同之辨"及其对当代和平理论构建的意义[J].求索,1999(4):76-80.

陈守聪,王珍喜.中国传统文化的价值与现代德育构建[M].北京:光明日报出版社,2013.

程翠萍,黄希庭.我国古籍中"勇"的心理学探析[J].心理科学,2016,39(1):245-250.

程俊英,蒋见元.诗经注析.全二册[M].北京:中华书局,1991.

戴兆国.中国传统道德文化的整体和谐理念[N].中国社会科学报,2013-06-03(A06).

董苏云.中国研究生"男主外,女主内"刻板印象的实验研究[D].南京:南京师范大学,2011.

窦文宇,窦勇.汉字字源:当代新说文解字[M].长春:吉林文史出版社,2005.

杜运辉,吕伟."和合"与"和谐"辨析[J].高校理论战线,2010(4):51-58.

蒋宝德、李鑫生主编:对外交流大百科[Z].北京:华艺出版社,1991:356.

孟德斯鸠.论法的精神[M].张雁深,译.北京:商务印书馆,2004.

方克立.关于和谐文化研究的几点看法[J].高校理论战线,2007(5):4-8.

费孝通.乡土中国[M].北京:北京出版社,2004.

封周奇,白学军,陈叶梓.人际关系对青少年道德思维方式的影响[J].心理与行为研究,2014,12(6):800-805.

冯天瑜,何晓明,周积明.中华文化史:第3版[M].上海:上海人民出版社,2010.

冯天瑜.中国文化:一个以伦理意识为中心的系统(提要)[J].湖北大学学报(哲学社会科学版),1986(1):69-70.

冯友兰.中国哲学史[M].重庆:重庆出版社,2009.

郭本禹.道德认知发展与道德教育:科尔伯格的理论与实践[M].福州:福建教育出版社,2005.

郭沫若.甲骨文字研究[M].北京:人民出版社,1952.

汉语大字典:缩印本[Z].武汉:湖北辞书出版社;成都:四川辞书出版社,1992.

贺雪峰. 论半熟人社会：理解村委会选举的一个视角[J]. 政治学研究, 2000(3):61-69.

赫尔曼·凯泽林. 另眼看共和：一个德国哲学家的中国日志[M]. 刘姝, 秦俊峰, 译. 福州：福建教育出版社, 2015.

黄光国、胡先缙等. 人情与面子：中国人的权力游戏[M]. 北京：中国人民大学出版社, 2010.

黄光国. 儒家关系主义：文化反思与典范重建[M]. 北京：北京大学出版社, 2006.

黄囇莉. 华人人际和谐与冲突：本土化的理论与研究[M]. 重庆：重庆大学出版社, 2007.

金勇, 郭力平. 心理健康观的历史演进[J]. 心理科学, 1998(5):465-466.

乐国安, 陈浩, 张彦彦. 进化心理学择偶心理机制假设的跨文化检验——以天津、Boston 两地征婚启事的内容分析为例[J]. 心理学报, 2005, 37(4):561-568.

李彩晶. 儒家"贵和"思想及其当代价值[J]. 广西社会科学, 2009(8):42-45.

李方祥. 社会主义和谐文化与中国传统文化中的和谐思想[J]. 高校理论战线, 2007(8):49-52.

李宏斌. 和谐与竞争：中西文化精神新论[J]. 探索, 2005(5):162-165.

李洪伙, 柳杨军. 中层领导的说话技巧[M]. 北京：中国纺织出版社, 2014.

李庆善. 中国人新论——从民谚看民心[M]. 北京：中国社会科学出版社, 1996.

李雅斯. 影响中国人人情行为倾向三因素的实证研究——情境原则性、情感程度和功利考量[D]. 苏州：苏州大学, 2008.

李亦园. 文化的图像:文化发展的人类学探讨[M]. 台北,允晨文化实业股份有限公司,1992.

李振纲,方国根. 和合之境:中国哲学与 21 世纪[M]. 上海:华东师范大学出版社,2001.

李宗桂. 中国文化导论[M]. 广州:广东人民出版社,2002.

李宗桂. 中国文化概论[M]. 广州:中山大学出版社,1988.

理查德·格里格,菲利普·津巴多. 心理学与生活:第 16 版[M]. 王垒,等,译. 北京:人民邮电出版社,2003.

梁启超. 饮冰室合集:第 10 集[M]. 北京:中华书局,1989.

梁漱溟. 中国文化要义[M]. 上海:上海人民出版社,2005.

梁兴嗣,撰. 千字文释义[M]. 汪啸尹,纂集. 北京:中国书店,1991.

林语堂. 吾国与吾民[M]. 黄嘉德,译. 长沙:湖南文艺出版社,2016.

刘婷,秦琴,张进辅. 大学生心理和谐的维度探讨[J]. 西南大学学报(社会科学版),2010,36(2):14-20.

刘欣,汪凤炎. 中国大学生内隐尚"和"态度研究:来自 SC-IAT 的证据[C]. 广州:中国心理学会会议论文,2012.

陆洛. 人我关系之界定——"折衷自我"的现身[J]. 本土心理学研究,2003(20):139-207.

陆卫明,李红,赵述颖. 和谐思想的传统蕴涵及其现代诠释[J]. 西安交通大学学报(社会科学版),2013,33(1):95-101.

路琳. 和谐二元矩阵模型及其在冲突管理中的应用[J]. 心理科学,2007,30(5):1172-1174.

吕不韦. 吕氏春秋[M]. 高诱,注. 上海:上海古籍出版社,1989.

吕春莉. 当代中国大学生平和心态的心理学研究[D]. 南京:南京师范大学,2009.

罗祖基.论中和的形成及其发展为中庸的过程[J].南京大学学报(哲学社会科学版),1995(3):78-85.

罗素.中国问题[M].秦悦,译.上海:学林出版社,1996.

明恩溥.中国人的特性:西方人眼中的中国[M].匡雁鹏,译.北京:光明日报出版社,1998.

亚瑟·亨·史密斯.中国人的脸谱[M].李楠,译.北京:北京联合出版公司,2014.

朱熹.四书集注[M].欧阳玄,主编.海口:海南出版社,1992.

钱穆.从中国历史来看中国民族性及中国文化[M].香港:香港中文大学出版社,1979.

钱穆.民族与文化[M].香港:新亚书院,1962.

任继愈.中国哲学史[M].北京:人民出版社,2003.

涩泽荣一.论语与算盘——人生·道德·财富[M].王中江,译.北京:中国青年出版社,1996.

沈素珍.和:中华民族的民族精神[J].新疆社会科学,2009(5):10-15.

叔本华.叔本华论说文集[M].范进,等译.北京:商务印书馆,1999.

宋健.超越疑古　走出迷茫[J].文史哲,1998(6).

孙隆基.中国文化的深层结构[M].桂林:广西师范大学出版社,2011.

孙诒让,撰.孙启治,点校.墨子闲诂[M].北京:中华书局,2001.

谭小宏,江银.大学生自我和谐问卷的编制与信效度分析[J].绵阳师范学院学报,2016,35(10):51-55.

汤爱萍.尚和心理与和谐社会[J].中共四川省委党校学报,2005(3):69-71.

汤昊,范庭卫.内容分析法在心理学教材研究中的应用[J].心理技术与应用,2015(9):13-17.

汤一介.略论儒学的现代意义[J].未来与发展,1996(3):35-37.

田正学,张申平.两"和"发展战略的文化思想[M].成都:电子科技大学出版社,2008.

汪凤炎."和"的含义及其对当代中国德育的启示[J].中国德育,2009(3):25-30.

汪凤炎.论我国心理学研究的时代使命[J].南京师大学报(社会科学版),2017(4):126-133.

汪凤炎.尚"和":中国人的集体潜意识[J].江西师范大学学报(哲学社会科学版),2001,34(1):106-112.

汪凤炎,郑红.语义分析法:研究中国文化心理学的一种重要方法[J].南京师大学报(社会科学版),2010(4):113-118.

汪凤炎,郑红.中国文化心理学:第五版[M].广州:暨南大学出版社,2015.

汪凤炎.中国文化心理学:研究意义、内涵与方法[J].江西社会科学,2017(9):5-13.

王登峰,崔红.心理卫生学[M].北京:高等教育出版社,2003.

王登峰,黄希庭.自我和谐与社会和谐——构建和谐社会的心理学解读[J].西南大学学报(人文社会科学版),2007,33(1):1-7.

王罡.孔子思想中"和"的三种表达[J].安顺学院学报,2008,10(5):18-20.

王泽应.中华民族道德生活史基本价值旨趣和特质探论[J].湖南大学学报(社会科学版),2013,27(3):117-122.

魏昕,张志学.组织中为什么缺乏抑制性进言?[J].管理世界,2010(10):99-109,121.

文崇一,萧新煌.中国人:观念与行为[M].南京:江苏教育出版社,2006.

邬欣言.生活中的社会学[M].长沙:湖南大学出版社,2012.

吴九君,郑日昌.大学生心理和谐量表的编制[J].中国健康心理学杂志,2011,19(5):622-624.

武宝军,巩彦斌,郭胜忠.大学生心理和谐内隐观的调查研究[J].中国健康心理学杂志,2012,20(1):124-126.

夏静."尚和"思维论[J].中国社会科学院研究生院学报,2008(6):97-102.

辞海:第六版彩图本[Z].上海:上海辞书出版社,2009.

现代汉语词典:第7版[Z].北京:商务印书馆,2018.

肖群忠.尚和合[N].中国教育报,2014-06-06(6).

谢光辉.常用汉字图解[M].北京:北京大学出版社,1997.

修建军.中华伦理范畴·和[M].北京:中国社会科学出版社,2006.

徐伟,李朝旭,韩仁生.友谊的结构研究:一项对大学生友谊内隐观的调查研究[J].心理科学,2006,29(5):1096-1100.

徐元诰.国语集解[M].王树民,沈长云,校.北京:中华书局,2002.

严耀中.中国宗教与生存哲学[M].上海:学林出版社,1991.

阳泽,张向葵.现代中国人心理健康和谐观的理论构念[J].心理科学,2007,30(3):629-631.

杨伯峻.论语译注:简体字本[M].北京:中华书局,2006.

杨国枢,黄光国,杨中芳.华人本土心理学[M].重庆:重庆大学出版社,2008.

杨国枢,文崇一.社会及行为科学研究的中国化[M].台北:"中央研究院"民族学研究所,1982.

杨国枢.中国人的蜕变[M].北京:中国人民大学出版社,2013.

杨国枢.中国人的心理[M].南京:江苏教育出版社,2006.

杨伟才.中国人的尚"和"心理及其当代价值[J].长春理工大学学报:社会科学版,2006(5):43-46.

杨宜音.试析人际关系及其分类——兼与黄光国先生商榷[J].社会学研究,1995(5):18-23.

杨宜音.中国社会心理学评论:第一辑[M].北京:社会科学文献出版社,2005.

杨艺.从中国地缘文化看中国人"和为贵"的平和心理[J].西南民族大学学报(人文社科版),2004(6):256-263.

杨中芳.如何理解中国人:文化与个人论文集[M].重庆:重庆大学出版社,2009.

杨中芳.如何研究中国人:心理学研究本土化论文集[M].重庆:重庆大学出版社,2009.

杨中芳.试论如何深化本土心理学研究:兼评现阶段之研究成果[J].本土心理学研究,1993(1):122-183.

杨中芳,赵志裕.中国受测者所面临的矛盾困境:对过分依赖西方评定量表的反省[J].中华心理学刊,1987,29(2):113-132.

杨紫嫣,刘云芝,余震坤,等.内隐联系测验的应用:国内外研究现状[J].心理科学进展,2015,23(11):1966-1980.

曾仕强.传统中国文化中的价值观及其现代诠释[C]//中国人的价值观国际研讨会论文集.台北:汉学研究中心出版,1991.

翟学伟.面子·人情·关系网[M].郑州:河南人民出版社,1994.

翟忠义,李树德.中国人文地理学[M].济南:山东教育出版社,1991.

张岱年.中国文化的基本精神[J].齐鲁学刊,2003(5):5-8.

张德胜.儒家伦理与秩序情结:中国思想的社会学诠释[M].台北:巨流图书公司,1989.

张立文.和合、和谐与现代意义[J].江汉论坛,2007(2):7-11.

张立文.和合学:21世纪文化战略的构想[M].北京:中国人民大学出版社,2006.

张立文.中国哲学范畴发展史:人道篇[M].北京:中国人民大学出版社,1995.

张杉杉,徐祥刚,孟庆茂.探索性因素分析和变量聚类分析的比较[J].统计教育,2003(6):15-17.

张志学,姚晶晶,黄鸣鹏.和谐动机与整合性谈判结果[J].心理学报,2013,45(9):1026-1038.

赵彩花,黄希庭,岳彩镇,等.从《四库全书》看大我自强的人格特征[J].西南大学学报(社会科学版),2009,35(3):1-6.

赵凯.同人心,贵人和:中国传统人际关系心理学思想研究[M].济南:山东教育出版社,2012.

中共中央关于构建社会主义和谐社会若干重大问题的决定[M].北京:人民出版社,2006.

第十五届全国心理学学术会议论文摘要集[C].中国心理学会,2012.

钟明善,朱正威.中国传统文化精义:第二版[M].西安:西安交通大学出版社,2001.

朱绍侯.中国古代民族关系史研究[M].福州:福建人民出版社,1989:13-28.

朱熹.四书章句集注[M].北京:中华书局,1983.

Abbott, Kenneth A. Harmony and individualism: Changing Chinese Psychosocial Functioning in Taipei and San Francisco[M]. Taipei: Orient Cultural Service,1970.

Bond M H, Leung K & Wan C K. How does cultural collectivism

operate? The impact of task and maintenance contributions on reward distribution[J]. Journal of Cross-Cultural Psychology,1982,13(2):33-56.

Friedman,R. ,Chi,S. C. & Liu,L. A. An expectancy model of Chinese-American differences in conflict-avoiding [J]. Journal of International Business Studies,2006,37(1):76-91.

Greenwald, A. G. , McGhee, E. & Schwartz, J. L. K. Measuring individual differences in implicit cognition:The implicit association test[J]. Journal of Personality and Social Psychology,1998,74(5):181-198.

Hwang,K. K. Face and Favor:The Chinese power game [J]. American Journal of Sociology,1987,92(4):944-974.

Hwang, K. K. Guanxi and Mientze: Conflict Resolution in Chinese Society[J]. Intercultural Communication Studies,1997,7(1):17-37.

Huang, K. K. Chinese relationalism: Theoretical construction and methodological considerations [J]. Journal for the Theory of Social Behavior,2000,30(2):155-178.

Leung,K,Koch,P. T. & Lu,L. A dualistic model of harmony and its implications for conflict management in Asia[J]. Asia Pacific Journal of Management,2002,19(2-3):201-220.

后　记

　　2010年秋,我如愿以偿地考入南京师范大学,攻读心理学博士学位,导师是汪凤炎教授,研究方向是中国文化心理学。由于研究中国文化心理学需要"具备较扎实的国学功底",而我是"未受过良好的国学基础训练,几乎毫无国学功底"的,所以,在做毕业论文时,汪老师只好让我发挥"英语好"的特长,采用心理学实证方法做一个在西方心理学方兴未艾而在国内学界较少研究的"智慧"主题。虽然我顺利毕业,拿到博士学位,但若说我是"中国文化心理学"方向的博士时,心底仍不由得有些惶恐与不安。

　　还在读博士的时候,汪老师计划对其《中国文化心理学》一书进行修订与增补,并布置几位同门分别修订其中的章节。当时我提议与其每人修订其中的一个章节,不如每人按该主题写一本专著。汪老师欣然同意。于是,我就挑选了"中国人的尚和心态"这一主题,并迅速在汪老师的指导下制定了写作提纲。不想后来,我一直忙于博士毕业论文的撰写,毕业后的两年内又忙于工作和博士论文的后续研究,对该主题的研究与写作就一直停留在当初的几行字的提纲上。或许是对我们的拖沓习以为常,又或许是颇感失望,汪老师几年中关于该书的写作也没再过多提及。但在我心目中,该书就似我对老师未履行完的承诺一般,一直耿耿于怀。因此,此书的付梓,使我对老师的承诺终于得以实现,终于让我心中的一块大石头落了地。

自重拾旧笔之日算起，本书的整个写作过程断断续续花了近三年的时间，期间又多次得到汪老师的指导与教诲，其严谨的学术作风一次次"逼迫"我对书稿进行修改与调整，也让我对中国文化心理学研究有了许多新的认识与增进。因此，借本书的出版之际，我要再次诚挚感谢导师汪凤炎教授多年来一直对我的教诲与帮助。在本书的撰写过程中，我也算认真地恶补了一回中国文化心理学和中国本土心理学的研究知识，书中参阅和引用了黄曬莉、杨中芳、黄光国等许多专家和学者的论文与论著，这些在脚注和参考文献中都一一予以列出，在此谨向他们的辛勤劳动表示诚挚的谢意！本书的写作与付印获得江西科技师范大学2017年度著作出版资助基金项目以及江西省高校人文社会科学研究项目（项目编号：JY1529）的资助。同时，北京师范大学出版社的何琳编辑对本书的出版付出了大量心血。在此，谨向所有关心和帮助过我的领导、老师、同学、学生和亲人致以衷心的感谢！

　　本书是我们为描述、解释、理解、揭示和预测中国人人际和谐心理而做出的一种努力，尽量按照中国文化心理学和本土心理学的研究思路"由根至叶"进行研究，并将理论建构与实证验证相结合。我虽想努力将它做得更充实一些，但由于笔者学识有限，在写作与修改的过程中常有力不从心的感觉，疏误之处在所难免，恳请各位方家和读者予以批评指正。中国文化心理学正在中国心理学界得到重视与发展，《中国人的人际和谐心理》是我从事"研究中国人心理与行为规律"的中国文化心理学研究的第一本著作，但绝不是最后一本著作，我将在中国文化心理学研究的道路上"不忘初心，砥砺前行"。

陈浩彬

2019 年 3 月 30 日